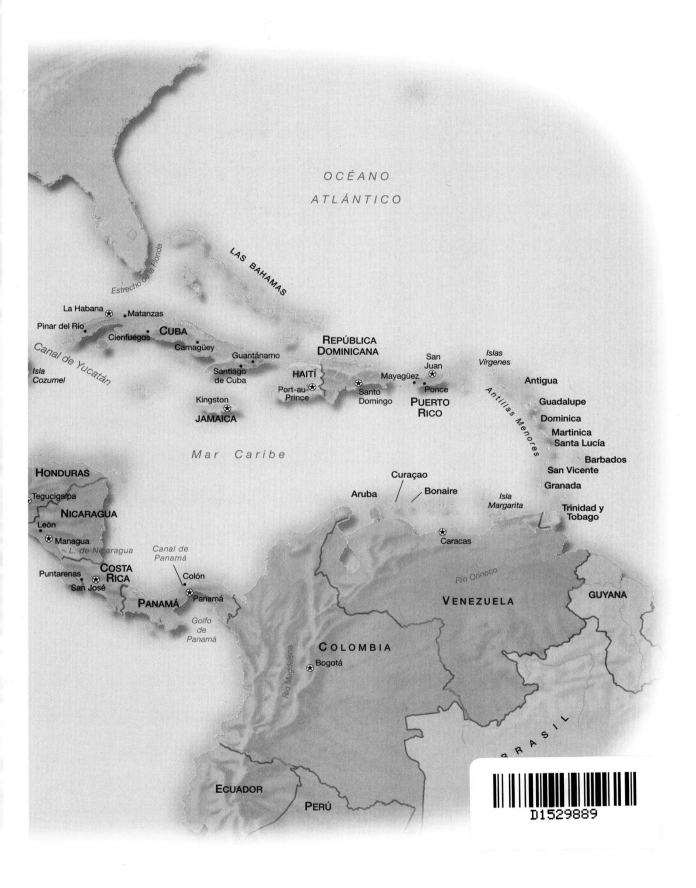

OCÉANO

ATLÁNTICO

LAS BAHAMAS

Estrecho de la Florida

La Habana ✪ • Matanzas
Pinar del Río •
Cienfuegos • **CUBA**
   • Camagüey
      Guantánamo
         •
Santiago
de Cuba **HAITÍ**
         Port-au-
         Prince
Kingston
   ✪
JAMAICA

Isla
Cozumel

Canal de Yucatán

REPÚBLICA
DOMINICANA

Mayagüez
Santo
Domingo **PUERTO**
         RICO

San
Juan
✪
• Ponce

Islas
Vírgenes

Antillas Menores

Antigua

Guadalupe

Dominica

Martinica
Santa Lucía

Barbados
San Vicente

Granada

Mar Caribe

HONDURAS

Tegucigalpa
•

NICARAGUA

León
•
• Managua
✪

L. de Nicaragua

Puntarenas
•
COSTA
RICA
San José ✪

PANAMÁ

Canal de
Panamá

Colón
•
✪
Panamá

Golfo
de
Panamá

Curaçao

Aruba
Bonaire

Caracas
•

Isla
Margarita

Trinidad y
Tobago

VENEZUELA

GUYANA

Río Orinoco

Río Magdalena

COLOMBIA

Bogotá
•

ECUADOR

PERÚ

B R A S I L

D1529889

Opiniones

A Four-Skills Approach to Intermediate Spanish

Victoria Rodrigo

Francisco Lluna-Mateu

Carmen Schlig

PEARSON

Prentice
Hall

Upper Saddle River, NJ 07458

Library of Congress Cataloging-in-Publication Data

Rodrigo, Victoria.
    Opiniones: a four-skills approach to intermediate Spanish/Victoria Rodrigo, Francisco
Lluna-Mateu, Carmen Schlig.
       p. cm.
    Includes index.
    ISBN 0-13-117884-9
    1. Spanish language—Textbooks for foreign speakers—English. I. Lluna-Mateu,
Francisco. II. Schlig, Carmen. III. Title.

PC4129.E5R53 2004
468.2'2421—dc22   2004059996

Sr. Acquisitions Editor: *Bob Hemmer*
Sr. Director of Market Development: *Kristine Suárez*
Production Editor: *Claudia Dukeshire*
Asst. Director of Production: *Mary Rottino*
Assistant Editor: *Meriel Martínez Moctezuma*
Media Editor: *Samantha Alducin*
Media Production Manager: *Roberto Fernández*
Prepress and Manufacturing Buyer: *Brian Mackey*
Cover Art Director: *Jayne Conte*
Cover Design: *Kiwi Design*
Interior Design: *GGS Book Services, Atlantic Highlands*
Director, Image Resource Center: *Melinda Reo*
Manager, Rights and Permissions IRC: *Zina Arabia*
Manager Visual Research: *Beth Boyd Brenzel*
Image Coordinator: *Robert Farrell*
Marketing Assistant: *William J. Bliss*
Publisher: *Phil Miller*

This book was set in 11/13 Sabon by GGS Book Services, Atlantic Highlands, and
was printed and bound by Courier-Kendallville. The cover was printed by Lehigh
Press.

10 9 8 7 6 5 4 3 2 1

ISBN 0-13-117884-9

Pearson Education LTD., London
Pearson Education Australia PTY, Limited, Sydney
Pearson Education Singapore, Pte. Ltd
Pearson Education North Asia Ltd, Hong Kong
Pearson Education Canada, Ltd., Toronto
Pearson Educación de Mexico, S. A. de C. V.
Pearson Education–Japan, Tokyo
Pearson Education Malaysia, Pte. Ltd
Pearson Education, Upper Saddle River, New Jersey

PEARSON
Prentice
Hall

Contents

Introduction   vii
Acknowledgments   xi

PARTE A Temas personales   1

UNIDAD 1 ¿Cómo somos?   3

1.1 Descripiones personales   3
   Escuchemos   3
   Conversemos   6
   Leamos   10
   Escribamos   16
1.2 Nuestra Familia   17
   Escuchemos   17
   Conversemos   21
   Leamos   23
   Escribamos   27

UNIDAD 2 ¿Cómo nos divertimos?   28

2.1 De viaje   28
   Escuchemos   28
   Conversemos   32
   Leamos   33
   Escribamos   38
2.2 Fin de semana típico   38
   Escuchemos   38
   Conversemos   41
   Leamos   44
   Escribamos   50

UNIDAD 3 Lo que hacemos   51

3.1 La universidad   51
   Escuchemos   51
   Conversemos   54
   Leamos   56
   Escribamos   64
3.2 Nuestra salud   64
   Escuchemos   64
   Conversemos   69
   Leamos   72
   Escribamos   79

UNIDAD 4 ¿Qué nos gusta?   81

4.1 La casa en que vivo 81
   Escuchemos   81
   Conversemos   83

Leamos   86
Escribamos   92

4.2 Cine y televisión   93
Escuchemos   93
Conversemos   95
Leamos   97
Escribamos   104

PARTE B Temas especulativos y controversiales   105

UNIDAD 5 ¿Qué pasará?   107

5.1 Vida en el futuro   107
Escuchemos   107
Conversemos   108
Leamos   111
Escribamos   117

5.2 Vida en otros planetas   119
Escuchemos   119
Conversemos   122
Leamos   126
Escribamos   134

5.3 Medio ambiente   135
Escuchemos   135
Conversemos   137
Leamos   141
Escribamos   148

UNIDAD 6 ¿Cómo sería...?   149

6.1 Pareja ideal. Cita perfecta   149
Escuchemos   149
Conversemos   150
Leamos   155
Escribamos   159

6.2 Tu trabajo ideal   160
Escuchemos   160
Conversemos   162
Leamos   165
Escribamos   170

6.3 Tres deseos   171
Escuchemos   171
Conversemos   175
Leamos   180
Escribamos   186

UNIDAD 7 ¿Qué opinas?   188

7.1 Los toros   188
Escuchemos   188
Conversemos   192

Leamos   194
Escribamos   202

7.2 Eutanasia   203
   Escuchemos   203
   Conversemos   204
   Leamos   207
   Escribamos   211

PARTE C Temas informativos   213

UNIDAD 8 Nuestros valores   215

8.1 Valores de la familia   215
   Escuchemos   215
   Conversemos   218
   Leamos   223
   Escribamos   230

8.2 Valores de la juventud   231
   Escuchemos   231
   Conversemos   234
   Leamos   234
   Escribamos   240

8.3 El papel de la mujer   241
   Escuchemos   241
   Conversemos   244
   Leamos   245
   Escribamos   251

8.4 Lo diferente: choque cultural   252
   Escuchemos   252
   Conversemos   254
   Leamos   255
   Escribamos   262

UNIDAD 9 Nuestras tradiciones   263

9.1 Fiestas latinoamericanas   263
   Escuchemos   263
   Conversemos   265
   Leamos   267
   Escribamos   273

9.2 Fiestas de España   274
   Escuchemos   274
   Conversemos   277
   Leamos   279
   Escribamos   288

UNIDAD 10 Nuestra música y comida   289

10.1 Música   289
   Escuchemos   289
   Conversemos   292
   Leamos   295
   Escribamos   300

10.2 Comida   301
 Escuchemos   301
 Conversemos   303
 Leamos   305
 Escribamos   312

Apéndice A: Narrow Listening Guidelines   313

Apéndice B: Estructuras lingüísticas para usar en «Conversemos» y «Escribamos»   315

Apéndice C: Topics available in the audio-library   323

Apéndice D: ¿Qué nos cuentan estas personas?   325

Apéndice E: Mapas   350

Apéndice F: Linguistic forms used by the speakers in the audio-library   362

Créditos   365

Índice   366

Introduction

Opiniones is a content-based, learner-centered book designed to bridge the gap between lower and upper division courses by providing students with optimal opportunities to develop and practice their Spanish at the high-intermediate/advanced level. *Opiniones* provides equal amounts of practice in all four language skills while making listening the cornerstone of the book, since it pays more attention to the practice of listening comprehension than most foreign language textbooks do. Listening is generally ignored or treated minimally in mainstream textbooks, but, as second language acquisition research has demonstrated, good listening comprehension skills correlate positively with higher rates of language acquisition (the more developed someone's listening skills are, the higher the rate and success of language acquisition will be). *Opiniones* capitalizes on these research findings by offering you and your students a novel way of approaching the Spanish language.

Main characteristics of *Opiniones*

1. **Spanish Audio-library (AL).**

   The explicit practice of listening skills is done through a collection of 24 topics of interest for students. Each topic exposes the learners to authentic language in a variety of speaking styles and accents. The AL contains recordings of 23 native speakers from twelve different Spanish-speaking countries.

2. **Four skills**

   Each chapter provides practice of the four language skills (listening, speaking, reading, and writing).

3. **Flexibility and customized learning**

   Opiniones is a flexible, learner-centered textbook that takes into consideration the students' needs, interests and opinions. The ideal approach for using *Opiniones* is:

   - Number of chapters: the instructor determines how many they will use in the course
   - Choice of skills: the instructor identifies which skills need more attention and chooses the activities accordingly
   - Freedom to choose topics: this is perhaps one of the most important advantages in using this book. Out of the 24 topics in the book, students will choose the chapters/topics they prefer to discuss. The choice of topics should stem not from a predefined curricular agenda but from students' interests. In the end, the students and the instructor agree on the topics they will discuss in class. (See Students' Topic Selection form.)
   - Vocabulary building: the students and the instructor decide the vocabulary that they find relevant to discuss each theme. Vocabulary is presented and used explicitly in two sections: *Para hablar de...* and *Descubre el significado: Identifica y empareja*. Further information is provided later.
   - Independent learning: from the topics that are not covered in class, students should be encouraged to choose additional topics and to work on them on their own for further listening practice. They may choose extra topics from the Audio-library and listen to their corresponding passages.

4. Culture

The content of the listening passages will lead to first-hand exposure to the target culture. By means of cultural notes and activities, cultural information underlying the speakers' comments and the reading selections will be brought to the students' attention.

Organization of *Opiniones*

Opiniones consists of 24 chapters, each of which focuses on a single theme. The chapters are grouped into 10 units that are classified according to three categories (*Personales, Especulativos y controversiales,* and *Informativos*), depending of the nature of the chapter theme. Each chapter begins with a section that introduces the theme and leads to the listening passages (*Escuchemos*). The second section (*Conversemos*) concentrates on in-class discussion of the theme, which is followed by the reading section (*Leamos*). Finally, *Escribamos* gives the students the opportunity to write about the topic. A typical chapter outline includes the following sections and activities:

I. **Escuchemos**
   1. **Piensa...** (Introduction and brainstorming)
   2. **Para hablar de...** (General vocabulary needed to discuss and understand the theme)
   3. **¿Qué nos cuentan estas personas?** (Listening: chart where the students report what they understood)
   4. **Adivina... ¿Quién diría esto?** (Applying inference skills to the recorded passages)
   5. **Información cultural: ¿Lo sabías?** (Information derived from the listening passages)

II. **Conversemos**
   6. **Y ahora tú...** (Speaking activities)

III. **Leamos**
   7. **Descubre el significado: Identifica y empareja** (Vocabulary from the reading)
   8. **Antes de leer** (Introduction and brainstorming followed by reading passage)
   9. **A vista de pájaro: ¿Cierto o Falso?** (Overall reading comprehension)
   10. **Vayamos por partes** (Detailed reading comprehension)
   11. **Adivina... ¿Quién lo diría?** (Reading comprehension based on inference)
   12. **Y, ¿qué piensas tú?** (Reflection and discussion about the reading)

IV. **Escribamos**
   13. **Diario** (Free writing activity)
   14. **Composición** (Task-based activity)

Introduction to Narrow Listening Activities

The listening materials in *Opiniones* were developed with the philosophy of the Narrow Listening (NL) approach in mind. Narrow Listening, as opposed to Traditional Listening, is conceived as an open, more natural approach to listening activities.

I. What is NL?

Narrow Listening is an approach that aids in fostering the development of listening skills at the intermediate and advanced levels of language learning. It consists of samples of real speech by native speakers who talk freely and spontaneously about a topic of interest to the student. It is important to underscore that the speech samples the students will be using are completely unscripted: the native speakers were not reading from a script. Learners listen for meaning (to find out what the speaker says or experiences about a specific topic). NL takes into consideration second language (L2) listening research. It is based on the concept of extensive listening (listening for content and in great amounts) and the principles of re-listening to the input, speech authenticity, topic familiarity, and focus on the message. The term "Narrow" (in Narrow Listening) refers to the fact that students focus on narrowing down their listening experience to a single topic or speaker.

II. Characteristics of NL

Three aspects (listening strategy, quality of the input authentic, and kind of activities) differentiate NL from more traditional listening activities. For the approach to be successful, it is crucial to know and understand these differences.

1. How to listen: listening strategy

The strategy students use while listening to the passages is crucial for successful implementation of this approach. Three key principles should be observed:

- *Re-listening*: Ask students to listen to the same passage several times. The more they listen to an individual segment, the more they will understand. A one-time listening session is generally not enough.

- *Uninterrupted listening*: Encourage students to listen to the passages from beginning to end without stopping (at least during the first two listening sessions). Tell them that it is fine not to understand much the first time they listen.

- *Listening extensively and for the gist*: Tell students to resist the temptation to try to understand every word. They will understand according to their proficiency level. They should not feel pressured to understand more than what they are able to.

2. What to listen for: content of the listening passages

- *Authentic and genuine input:* Native Spanish speakers were asked to talk about their personal experiences in different areas or topics. Their speech is unscripted, spontaneous, and natural. Pauses, hedging, and rephrasing are some of the features that the students are likely to encounter in the course of normal, daily interaction with native speakers. This is precisely what they will be exposed to as they listen to the recordings: *real world language*.

- *Interesting topics*: These topics will appeal to our target population. Intermediate level Spanish students were surveyed. The topics collected in the *Spanish Audiolibrary* result from student answers to the surveys.

3. What to do: the activities

- Allow different degrees of understanding. NL activities seek to create a low anxiety environment in which every student is expected to understand according to his or her real level of Spanish mastery. There is no penalty for not understanding everything the speakers say, nor should comparisons be made among students with different ability levels. It is a highly personalized learning experience. The recordings are not to be used as traditional teaching material for listening comprehension, in which students are encouraged to understand almost everything the speaker says.

- Let students choose the topics that are interesting to them. Teachers will decide how many topics will be completed during the course and how many topics students will do as individual Narrow Listening. Students, as a whole class, will be able to choose topics according to their own interests from the 24 topics available in the Audio-library. Furthermore, students will choose additional topics for individual work with Narrow Listening activities.
- We provide you with activities geared toward facilitating the transition from intensive Traditional Listening to extensive, gist-oriented Narrow Listening. The content and information in the listening passages have to do with real issues and real people.

Before students begin working on a Narrow Listening activity, they should receive basic information concerning the philosophy behind this approach and instructions on how to use the material. The students should read and understand the Narrow Listening Guidelines below. These will be available in Appendix A (pp. 313–314).

These are NL's main features:

	Narrow Listening
Focus	General comprehension. Exclusive focus on listening skills.
Target population	High-intermediate and advanced students.
Listening strategy	Re-listening to the whole passage. Get the gist of the passage.
Material/speech	Authentic, unscripted input.
Activity demand	Adaptable to each student. Get information to react to it afterwards.
Topic	Selected by the listener.

III. Audio-library (AL)

The NL materials are collected in an Audio-library (AL) consisting of 24 topics. Each topic has three different speakers expressing their opinions, feelings, experiences, and particular views on the topic. The speakers have different accents, speaking styles, and cultural backgrounds. There are a total of 23 speakers from 12 different Spanish-speaking countries (Argentina, Colombia, Chile, Mexico, Dominican Republic, Honduras, Panama, Puerto Rico, El Salvador, Spain, Uruguay, and Venezuela). On average, each of the 72 listening passages lasts about two minutes. The 24 topics were selected through a student survey. The 24 most popular topics were classified and divided into three categories: *Personales* (speakers talk about topics describing themselves and their lives), *Especulativos y controversiales* (speakers express their point of view about a controversial topic; speakers talk about topics that lend themselves to speculation), and *Informativos* (speakers give factual information as they describe their favorite foods or their preferred celebrations and festivities). (See Appendix C for the list of topics.)

IV. Advantages of using NL

The potential of NL for language acquisition is identified in three areas:

1. **Linguistic level**
   - NL develops listening skills and can increase fluency.
   - NL passages present authentic and spontaneous speech. It replicates what the students will find when confronting native speakers, thus, preparing them to cope with the target language in the real world.
   - NL efficiently exposes the learner to linguistic structures and vocabulary by having them focus on a single segment repeatedly and by providing a real, communicative context.

2. **Cognitive level**
   - NL exposes students to different accents and speaking styles.
   - NL provides information and exposes students to different cultures.
   - NL fosters the exchange of ideas and experiences.
   - NL helps to create opinions, develop critical thinking, and encourage analysis.

3. **Affective level**
   - NL promotes interest and motivation.
   - NL lowers the affective filter and increases students' self-esteem, because the student knows he/she is only expected to understand what they are able to understand.
   - NL can be adapted to the students' needs. It is a personalized learning experience.
   - NL is flexible and easy to use.

The reader interested in knowing more about the foundations of NL can find additional information in *www.prenhall.com/opiniones*.

Acknowledgments

The endeavor of writing *Opiniones* has been a long but rewarding one. However, without the contribution, support and advice of friends, colleagues, and family, *Opiniones* would not have been possible.

First and foremost, we would like to express our sincere and deepest gratitude to the extremely important contribution from our friends Larissa Bocanegra, Vielka Bonilla, Vicente Carmona, Irma Cobb, Andrea Fanta, Yaritza Ferrer-Valero, Jacqueline Girón, Alma B. Kuhlemann, María D. Martínez, Laura Martins, Estefanía Olid-Peña, Margarita Ravera, Sandra Reyes, María E. Russell, Elizabeth G. Sandstrom, Cristina Tarazona, Jesús Torrecilla, Sofía M.Tosello, Carmen Vasseur, Juan de Dios Villanueva, Alejandro, and Óscar. We truly appreciate their willingness and generous contribution.

We would like to acknowledge Elizabeth Stapleton and Alma B. Kuhlemann for their participation in the very initial stage of this project, when *Opiniones* was not even a project, but a collection of listening materials. In addition, we need to express our gratitude to all of our students and our colleagues, who used this material and gave us useful feedback. We also thank our colleagues Matthew Manson and Patricia Earl for assisting in different stages of the recording process.

Finally, we would like to thank Prentice Hall, especially Phil Miller, Publisher, and Bob Hemmer, Sr. Acquisitions Editor, for believing in our work and ideas. Lastly, we wish to acknowledge the anonymous reviewers for their comments and suggestions.

Thank you all.

Topic Selection

Dear student, below you will find the list of the topics contained in the Spanish audio-library. In this course you will discuss the topics that are more appealing and interesting for all of you. In order to make this possible, we ask you to select the topics that you would like to cover as part of this class. Your instuctor will tell you how many topics you should select. Please, select topics from the three categories (temas personales, especulativos/controversiales, and informativos), and write an X next to the topic. Your instructor will collect your responses and the most popular topics will be the ones used in class.

PARTE A. TEMAS PERSONALES
Unidad 1 ¿Cómo somos?
    1.1 Descripciones Personales: ¿Cómo eres? ¿Qué te gusta? ¿Qué haces? _____
    1.2 La Familia: ¿Cómo es tu familia? ¿Qué hace? _____
Unidad 2 ¿Cómo nos divertimos?
    2.1 De viaje: ¿Has viajado por el mundo? ¿Adónde has ido?
        ¿Qué has hecho? _____
    2.2 Fin de semana típico: ¿Cómo es un fin de semana típico en tu vida? _____
Unidad 3 Lo que hacemos
    3.1 La universidad: ¿Cómo es en tu país? ¿Es igual en los Estados Unidos? _____
    3.2 Nuestra salud: ¿Tienes buena salud? ¿Haces algo para cuidarte? _____
Unidad 4 ¿Qué nos gusta?
    4.1 La casa en que vivo: ¿Cómo es tu casa? ¿Cómo sería tu casa ideal _____
    4.2 Cine y Televisión: ¿Te gustan? ¿Cuál prefieres? ¿Qué programas ves? _____

PARTE B. TEMAS ESPECULATIVOS Y CONTROVERSIALES
Unidad 5 ¿Qué pasará?
    5.1 Vida en el futuro: ¿Cómo será la vida en el futuro? ¿Será mejor o peor? _____
    5.2 Vida en otros planetas: ¿Será verdad que existe vida en otras planetas? _____
    5.3 Medio ambiente: ¿Qué problemas hay en el medio ambiente?
        ¿Soluciones? _____
Unidad 6 ¿Cómo sería...?
    6.1 Pareja ideal. Cita perfecta.: ¿Crees que existen? _____
    6.2 Tu trabajo ideal: ¿Cómo sería tu trabajo ideal? _____
    6.3 ¿Qué tres deseos pedirías?: ¿Qué le pedirías al genio de Aladino? _____
Unidad 7 ¿Qué opinas?
    7.1 Los Toros: ¿Estás a favor o en contra? _____
    7.2 La Eutanasia: ¿Compasión o brutalidad? _____

PARTE C. TEMAS INFORMATIVOS
Unidad 8 Nuestros valores
    8.1 Valores de la familia _____
    8.2 Valores de la juventud _____
    8.3 Papel de la mujer: La mujer en la sociedad de hoy _____
    8.4 Lo diferente: choque cultural _____
Unidad 9 Nuestras tradiciones
    9.1 Fiestas latinoamericanas _____
    9.2 Fiestas de España _____
Unidad 10 Nuestra música y comida
    10.1 Música: Argentina, España y Chile _____
    10.1 La comida: El Salvador, España y Colombia. ¿Sabes cocinar...? _____

PARTE A

Temas personales

¿Cómo somos?

1.1 Descripciones personales

I. Escuchemos

1.1-1 Piensa...

En el tema que vas a escuchar, tres jóvenes nos hablan de ellos mismos. ¿Qué crees que van a decir?

1.1-2 Para hablar de...

Para tratar el tema de las descripciones personales, te presentamos cuatro categorías de vocabulario que puedes usar en la conversación y la escritura. ¿Consideras necesario añadir otra categoría? ¿Qué palabras incluirías en cada categoría? Te damos unos ejemplos.

Ocupación / Estudios   Rasgos físicos

Descripción personal

Preferencias   Personalidad

Ocupación / Estudios	Rasgos físicos	Preferencias	Personalidad	¿?
diseño gráfico	estatura media	parrandear	perezoso/a	
dependiente	pecas	hacer ejercicio	tranquilo/a	

1.1-3 ¿Qué nos cuentan estas personas?

Esta es la sección en la que debes escuchar lo que cada hablante expone y debes anotar en el cuadro las ideas y los conceptos que hayas comprendido. En este tema, Cristina, Vielka y Jacquelín nos hablan de ellas mismas: de dónde son, sus características y rasgos físicos, sus ocupaciones, sus pasatiempos y sus preferencias. En la sección «Otra información», anota aquello que hayas entendido y que no pertenezca a los apartados anteriores. Sigue las pautas de la audición extensiva y enfocada para hacer la actividad (ver Apéndice D).

1.1-4 Adivina... ¿Quién diría esto?

Después de escuchar a las tres hablantes y teniendo en cuenta lo que han contado, adivina quién diría esto. Identifica cada enunciado con una hablante y escribe el número de la hablante en el espacio que corresponda. Recuerda que hay sólo tres hablantes; un enunciado debe quedar en blanco.

H____: Si pudiera, estudiaría otras carreras. Me gustan tantas cosas.

H____: Cuando tenga hijos, vendrán conmigo a pasear y hacer excursiones.

H____: Todos los fines de semana salgo con mi novio a pasear.

H____: Me gusta tanto viajar en avión...

1.1-5 Información cultural: ¿Lo sabías?

A nuestras tres hablantes, Cristina (valenciana), Vielka (panameña) y Jacquelín (puertorriqueña) les gustaría que supieras algo más de sus países. Te ayudamos con esta información.

Valencia, España

España tiene diecisiete autonomías o regiones con cierta independencia administrativa similar, pero en muchos casos inferior en su poder, a los estados de EE.UU. Cada comunidad autónoma está integrada por demarcaciones administrativas menores llamadas provincias. España forma parte de la Union Europea. La población de España es de aproximadamente 40 millones de habitantes. Aparte del español (que se habla en toda España), se hablan también: el catalán (Cataluña), el eusquera o vascuence (País Vasco) y el gallego (Galicia). En Valencia se habla español y valenciano. (El valenciano es un sistema lingüístico que para algunos es una lengua propia y para otros es un dialecto del catalán.)

Geografía e historia: Valencia forma parte de la Comunidad Valenciana, situada en la costa centro-este (bañada por el Mediterráneo), e integrada por tres provincias: Castellón (al Norte), Valencia (al centro) y Alicante (al Sur). La ciudad está asentada en el lecho del río Turia y fue fundada por los romanos. También estuvo fuertemente influida por la dominación musulmana (Esto se observa en la toponimia—nombre de lugares—, arquitectura y costumbres, entre otros aspectos.).

Población: La población actual de la ciudad de Valencia es de unos 850.000 habitantes.

Economía: La mayor parte de los recursos económicos de la Comunidad Valenciana proviene de la agricultura, la industria y el turismo. Entre su vasta producción agrícola, se puede destacar el cultivo de cítricos (naranjas y limones), arroz, verduras, frutas, olivo, algarrobo (*carob tree*), almendro y la vid. La industria está muy diversificada: sus productos más destacables son el textil, el calzado, muebles, abanicos y automóviles (Ford en España). La moneda es el euro, moneda que se usa en toda la Unión Europea.

Las Fallas: Valencia es conocida por las Fallas, fiesta celebrada entre el 12 y el 19 de marzo y en la que los protagonistas son el fuego y la pólvora. La fiesta concluye el 19 a medianoche con la quema de la "falla", monumento de papel maché que representa las características más destacadas del pueblo valenciano: la vida en la calle, la fiesta compartida entre todos y la crítica, a veces mordaz, de todo aquello que no le gusta.

Panamá

Panamá, cuya capital es Panamá, es un país de Centroamérica (ver el mapa en el Apéndice E para su localización) y cuenta con una población de unos tres millones de habitantes. El clima es cálido y húmedo, consecuencia lógica de su situación geográfica entre el mar Caribe y el océano Pacífico.

Sus recursos económicos provienen sobre todo del sector agrícola: plátano, cacao,

continúa

azúcar, tabaco y café, productos que exporta a EE.UU. La moneda panameña es el *balboa* aunque el dólar también se usa. Su famoso canal de 82 kilómetros de longitud, comunica el océano Atlántico y Pacífico, y une Centroamérica con Sudamérica.

Puerto Rico

Puerto Rico es una de las islas del Caribe. (Ver el mapa en el Apéndice E para su situación geográfica.) Su nombre original era *Borinquén* y estaba poblada por indios taínos, una tribu amerindia extinguida que habitó en las Antillas. (*Taíno* también hace referencia a la lengua que hablaba esta tribu y que aún se conserva en el noroeste de Brasil.) Colón la descubrió en el segundo viaje (1493).

Hoy en día es un estado libre asociado a EE.UU. y algunos de sus habitantes son bilingües. Las lenguas oficiales son inglés y castellano, y la moneda oficial es el dólar estadounidense. Su fuente de riqueza es, además del turismo, el azúcar, el ron, el café y el tabaco. Puerto Rico tiene un clima tropical y una población aproximada de cuatro millones de habitantes. Su capital es San Juan.

De la información que has leído, escribe cinco cosas que hayas aprendido o que te hayan parecido útiles.

1. _____

2. _____

3. _____

4. _____

5. _____

II. Conversemos

1.1- 6 Y ahora tú...

En esta sección tendrás la oportunidad de conocerte un poco más a ti mismo y conocer a tus compañeros. Vas a discutir preguntas referentes a tu personalidad, tus gustos, tus pasatiempos, la carrera que estudias y lo que piensas que será de ti en el futuro. Trabaja siguiendo las indicaciones de cada actividad y las instrucciones del profesor. *1* significa que tienes que trabajar individualmente, *2* en parejas, *3* en grupo y *Todos* quiere decir que toda la clase trabaja junta.

A. Sobre ti y los demás

3 1. ¿Conoces a tus compañeros de clase? Conversa con ellos y háblales de ti: cómo eres, qué cosas te gustan, qué cosas odias, qué haces en tu tiempo libre, qué estudias (especialidad), etc.

3 2. ¿Qué es más importante en una persona: el físico o la personalidad? ¿Por qué? ¿Qué rasgos de tu físico o de tu personalidad te gustan más? ¿Qué aspectos de tu físico reciben más cumplidos?

3. ¿Te consideras un buen amigo o una buena amiga? ¿Por qué? ¿Cómo es el amigo ideal para ti? ¿Qué cualidades debe tener? Descríbelo. `3`

4. ¿En qué te fijas primero cuando conoces a una persona? Marca cinco aspectos. `1` `3`

Cara _____   Cuerpo _____   Manos _____   Ojos _____

Pelo _____   Ropa _____   Sonrisa _____   Dientes _____

Boca _____   Personalidad _____   Voz _____   Mirada _____

Ahora, compara tus respuestas con las de tu grupo. ¿Coinciden?

5. El siguiente *Test de Personalidad* es muy simple pero puede ser interesante. Hazlo. Puedes obtener resultados que te sorprenderán, y quizás, te ayudarán a conocerte mejor. ¡Adelante! `1` `T`

Escribe tus respuestas en el espacio provisto.

I. Pon en orden los cinco animales siguientes de acuerdo a tu preferencia.

a. colibrí	1
b. caballo	2
c. mariposa	3
d. perro	4
e. pájaro	5

II. Escribe una característica con la que asocies cada una de las siguientes palabras.

perro	
gato	
rata	
café	
mar	

III. Piensa en alguien que te conozca, que sea importante para ti y que puedas relacionar con los siguientes colores. Por favor, no repitas tu respuesta. Nombra sólo a una persona para cada color.

a. amarillo	
b. naranja	
c. rojo	
d. blanco	
e. verde	

RESULTADOS. Ahora interpreta tus resultados usando las claves siguientes.

Respuestas para #1: ¿Es verdad que éstas son tus prioridades en la vida?

Colibrí significa carrera.

Caballo significa orgullo.

Mariposa significa amor.

Perro significa familia.

Pájaro significa dinero.

Respuestas para #2: ¿Es así como percibes tu entorno?

Tu descripción de Perro implica tu propia personalidad.

Tu descripción de Gato implica la personalidad de tu pareja.

Tu descripción de Rata implica la personalidad de tus enemigos.

Tu descripción de Café es cómo interpretas el sexo.

Tu descripción de Mar implica tu propia vida.

Respuestas para #3: ¿Son así las personas que te rodean?

Amarillo es alguien que nunca olvidarás.

Naranja es alguien a quien puedes considerar tu verdadero/a amigo/a.

Rojo es alguien que realmente amas.

Blanco es tu alma gemela.

Verde es una persona que recordarás el resto de tu vida.

B. Tus gustos y pasatiempos

`1` `3` `T` `D` `C`   **1.** Piensa y escribe cuatro cosas que te gusta hacer y cuatro que odias. Después, comparte tu lista con tu grupo, y entre todos identifiquen aquellas actividades que se repitan. Al final, vamos a comparar las actividades de cada grupo. ¿Qué afinidades existen en las preferencias de la clase?

Me gusta	Odio
1. _____	_____
2. _____	_____
3. _____	_____
4. _____	_____

`2`   **2.** La hablante tres dice que, según el día, hay cosas que le gustan de ella y otras cosas que no. ¿Te pasa igual? ¿En qué te gustas o no, dependiendo del día? ¿Le pasa igual a tu compañero/a?

3. Haz una lista de tres personas famosas (del mundo de la música, arte, cine, política, periodismo, literatura, ciencia, etc.) que te gustaría conocer y las razones por las que te gustaría hacerlo.

Personaje	Razones
1. _____	_____
2. _____	_____
3. _____	_____

Una vez que hayas terminado, escoge a uno de tus personajes y, sin revelar su nombre, descríbeselo a tus compañeros. Empieza por los detalles más generales y termina por las cosas más específicas: por qué te gustaría conocerlo, su personalidad y su descripción física. Da el máximo número de detalles en tu descripción para que puedan adivinar a quién te refieres. ¿Alguien más en la clase mencionó a este personaje en su lista?

C. Tu carrera y tu futuro

1. La tercera hablante dice que le gustaría estudiar muchas cosas. ¿Qué carrera estudias tú? ¿Qué carrera querías estudiar o qué profesión te gustaba cuando eras niño/a? ¿Es muy diferente de lo que estás estudiando? ¿Te gustaría estudiar otra cosa cuando termines? ¿Qué y por qué?

2. Proyecciones de futuro. ¿Cómo crees que será tu vida dentro de quince años? ¿En qué trabajarás? ¿Estarás casado/a y con hijos? ¿Soltero? ¿Pobre pero contento? ¿Rico pero solo? ¿Cuánto crees que cambiará tu vida? Completa el cuadro con la información pertinente.

	Mi vida ahora	Mi vida dentro de quince años
Vida familiar	_____	_____
	_____	_____
Situación económica	_____	_____
	_____	_____
Ocupación	_____	_____
	_____	_____
Situación personal	_____	_____
	_____	_____
Lugar de residencia	_____	_____
	_____	_____

Ahora vas a trabajar con un/a compañero/a, pero antes de hacerlo, imagina cómo será su vida dentro de quince años. (Anota tu respuesta en la tabla de abajo.) Cuando terminen de especular por separado, van a intercambiar opiniones y discutir si están de acuerdo con la «visión» que cada uno tiene sobre el futuro del otro compañero. ¿Coinciden?

	La vida de mi compañero/a ahora	La vida de mi compañero/a dentro de quince años
Vida familiar		
Situación económica		
Ocupación		
Situación personal		
Lugar de residencia		

III. Leamos

Para el tema de «Descripciones personales», vas a leer el primer capítulo de *El libro invisible* de Santiago García-Clairac. Antes de leer, trabaja con el vocabulario que te presentamos a continuación y que viene de la lectura.

1.1-7 Descubre el significado: Identifica y empareja

Lee las siguientes oraciones y encuentra el significado de las palabras *en cursiva* ayudándote del contexto en que aparecen. Luego, empareja las palabras con su definición. Te presentamos las palabras en dos bloques.

1. *Por culpa de* los gobiernos incompetentes, todavía hay hambre en el mundo.

   Me castigaron *por culpa de* mi hermano: él dijo que yo había roto los platos.

2. El *bandido* que atracó el banco fue capturado por la policía.

   Los *bandidos* siempre se esconden de la justicia.

3. Necesito un minuto más, *lo justo para* terminar esta carta.

   Siempre nos quedamos en una ciudad *lo justo para* que mi padre escriba una novela y luego... nos mudamos.

4. Inés siempre *se atasca* cuando tiene que hablar en público, porque se pone nerviosa y no le salen las palabras con fluidez.

   En el examen de ciencias *me atasqué*, y no pude contestar ninguna respuesta.

5. Los vecinos *están de mudanza*. Mañana se van de la ciudad.

   El trabajo de mi padre es la causa de que *estemos* siempre *de mudanza*.

Ahora, empareja la palabra con su definición o sinónimo.

Palabras

_____ 1. por culpa de
_____ 2. bandido
_____ 3. lo justo para
_____ 4. atascarse
_____ 5. estar de mudanza

Definición o sinónimo

a. quedarse detenido, no funcionar bien (fig.)

b. lo necesario/suficiente

c. fugitivo; persona que actúa en contra de la ley

d. a causa de, debido a (expresión con carácter negativo)

e. cambiarse de casa o lugar de residencia, mudarse

6. El zorro lleva un *antifaz* negro en la cara.

En carnaval todos llevan *antifaz*.

7. No *seas pesado* y no me preguntes lo mismo tantas veces.

Las compañías telefónicas *son* muy *pesadas,* llaman a todas horas para que te inscribas a sus planes de llamadas.

8. No pongas esa cara de *bobo* y contesta la pregunta.

Juan es el payaso de la clase, siempre está diciendo *boberías*.

9. Estaba hablando por teléfono y *se cortó* la comunicación.

No hay cosa que me moleste más que me *corten* cuando estoy hablando.

10. No *aguanto* el humo del cigarrillo.

No *aguanto* que las compañías me llamen por teléfono para vender sus productos.

Ahora, empareja la palabra con su definición o sinónimo.

Palabras

_____ 6. antifaz
_____ 7. ser pesado
_____ 8. bobo; bobería
_____ 9. cortar(se) (en conversación)
_____ 10. aguantar (a personas o situaciones)

Definición o sinónimo

f. soportar, tolerar

g. tonto; tontería

h. ser fastidioso/molesto/insoportable; no dejar en paz, abrumar, agobiar

i. tipo de máscara que cubre los ojos y la nariz

j. detenerse o interrumpir

1.1-8 Antes de leer

Ahora vas a leer el primer capítulo de *El libro invisible*. En este capítulo encontrarás a César, un niño que tiene una vida un tanto especial debido al trabajo de su padre. Antes de leer el texto, di qué te sugiere el título *El libro invisible*. Ahora, piensa en estas dos preguntas.

1. ¿Cómo te sentirías si cambiaras de casa, colegio y ciudad frecuentemente?

2. ¿Cómo recuerdas tu primer día de colegio? ¿Te fue fácil hacer amigos?

Una vez que hayas leído, vamos a trabajar con la lectura. Habrá preguntas generales de cierto o falso (A vista de pájaro); otras que se centrarán en aspectos, situaciones o personajes de la lectura (Vayamos por partes) y la última que será de inferencia (¿Quién lo diría?). Ya puedes empezar a leer. ¡Que te diviertas!

El libro invisible

Me llamo César. Hoy empiezo el nuevo curso en un nuevo colegio. Por eso estoy de muy mal humor. Todos los años me pasa lo mismo: tengo que cambiar de colegio, de compañeros, de profesores, de barrio y, lo que es más grave, de casa. Eso ocurre *por culpa de* mi padre.

No es que mi padre sea un *bandido* perseguido por la policía como esos que tienen que cambiar continuamente de ciudad. No, no es eso..., mi padre es escritor.

Él dice que es un espíritu inquieto y no puede estar mucho tiempo en el mismo sitio. Por ese motivo, nos quedamos en cada ciudad *lo justo para* que escriba una novela y luego... ¡Adiós!

—*Mi imaginación* se atasca —nos explicó un día a mi hermano Javier, a mamá y a mí en un avión—. *No soy capaz de escribir dos libros en el mismo sitio. Necesito ver caras nuevas, otros ambientes...*

Escribe libros para niños, pero yo no he querido leer ninguno. Lo he intentado algunas veces pero me pongo de tan mal humor que no consigo terminarlos.

Estoy enfadado con los libros de mi padre, porque creo que son los culpables de que *estemos* siempre *de mudanza*. Y precisamente por eso, por culpa de esos libros, empiezo hoy en un nuevo colegio.

Por lo menos, esta vez he tenido suerte, y el colegio está cerca de mi casa. Aunque debería decir que el nuevo colegio está cerca de mi nueva casa. Hace apenas un mes que vivimos en esta ciudad, aún no tengo amigos y ni siquiera conozco a mis vecinos.

Este colegio es muy grande. Igual que la clase, que parece la habitación de un palacio de esos que salen en las películas.

He llegado temprano y he entrado el primero; sé por experiencia que así puedes elegir sitio. Me acabo de sentar en un pupitre de las filas traseras, cerca de la ventana. He aprendido que los profesores no se suelen fijar en los que se sientan detrás, y que estar cerca de la ventana tiene la ventaja de que, mientras miras al cielo, te distraes y el tiempo pasa más deprisa.

Ésas son las cosas que se aprenden cuando uno cambia tanto de colegio y se encuentra siempre solo.

La clase se está llenando poco a poco. Veo que casi todos se conocen y se saludan mientras que, a mí, me miran como a un bicho raro. La verdad es que ya estoy acostumbrado; siempre me pasa lo mismo.

Creo que el profesor y yo no nos vamos a entender. El otro día mi madre me lo presentó y es de esos a los que les gusta que todo el mundo les hable con respeto, como si fuesen más importantes que el resto del mundo.

—*¡Hola!*

—*¿Qué?* —respondo un poco sobresaltado.

—*¿Cómo te llamas?*

—*¿Quién? ¿Yo...? Me llamo César* —digo.

—*Y yo Lucía* —dice la chica que acaba de sentarse a mi lado.

No me había dado cuenta, pero son pupitres dobles y, tarde o temprano, alguien tenía que compartirlo conmigo. Pero no esperaba que me fuese a tocar una chica tan fea.

La estoy mirando de reojo, y veo que tiene una cara que me pone nervioso. Lo peor no son esas pecas marrones que le tapan casi toda la cara; lo peor son esas gafas tan grandes y tan redondas que lleva. Es como si se hubiera puesto un *antifaz*.

En fin, vaya curso que me espera.

—*Eres nuevo, ¿no?*

—*Sí, también soy nuevo en la ciudad.*

Además de fea *es* una *pesada*.

—*Yo vengo a este colegio desde que era pequeña* —me explica—. *Soy una veterana. Si quieres saber algo de aquí, pregúntamelo a mí.*

Lo que me temía, también es tonta.

—*Claro, claro...* —le digo para que se calle—. *Ya te preguntaré si se me ocurre algo.*

—*Oye, a mí no me trates como si fuese tonta, ¿sabes?* —dice de repente, como si me hubiera leído el pensamiento —. *Puedo tener cara de* boba, *pero no lo soy.*

—*Yo no...*

—*Tú sí* —me corta—. *Tú me has tomado por una estúpida, pero te equivocas.*

—*Oye, que yo no he dicho nada* —protesto.

—*Pero lo has pensado, que es lo mismo* —me reprocha.

—*¿Y cómo sabes tú lo que pienso?*

—*Porque soy escritora. Y los escritores sabemos mucho sobre las personas.*

—*¿Ah, sí?*

—*¡Sí!*

Prefiero callarme. Me ha tocado lo peor que me podía tocar: otro escritor.

—*Pues para que lo sepas, mi padre es escritor y publica libros, no como tú, que ni publicas ni nada.*

—*¿Y qué escribe tu padre? ¿Está escribiendo algo ahora? ¿Cómo se llama? ¿En qué editorial publica? ¿Cuántos libros...?*

—*¡Cállate!* —le ordeno—. *¿No ves que el profesor nos está mirando?*

Me lanza una mirada de enfado, pero no dice nada más.

Hoy ha sido uno de los días más duros de mi vida. Creo que mañana trataré de cambiarme de pupitre porque yo, a la tal Lucía, no la aguanto. ¿Qué le importará a ella lo que está escribiendo mi padre? A lo mejor, se cree que me cuenta lo que hace.

Mi hermano me está esperando a la salida del colegio. Nos vamos andando hacia casa.

—*¿Qué te pasa en la mejilla?* —le pregunto mientras observo algunos arañazos en su cara.

—*Me he pegado con uno de la clase* —me dice.

—*¿Estás bien?*

—*Sí, creo que sí* —me responde —. *¿Qué tal te ha ido a ti?*

—*Tengo problemas con una chica* —le explico—. *Me ha tocado la compañera de pupitre más tonta y más fea que he visto en mi vida. Te espantarías si la vieras.*

continúa

Prefiero no contarle que un grupo de chicos me ha estado molestando. Que se han pasado todo el día lanzándome pelotitas de papel a la cabeza con una goma. Y que creo que van a ser un problema aunque he tratado de no dar demasiada importancia al asunto.

Llegamos a casa y hacemos los deberes. Después, llega papá y cenamos.

—*¿Qué tal vuestro primer día de colegio?* —nos pregunta apenas nos sentamos.

Yo le miro y no respondo.

—*He tenido una pelea con un chico que me ha llamado novato* —dice Javier—. *Pero le he dado...*

—*Javier, hijo, te he dicho mil veces que no quiero que te pelees con tus compañeros de clase* —le regaña mamá—. *No tendrás nunca amigos si te comportas así.*

—*No tendremos nunca amigos* —intervengo.

—*He empezado una nueva historia* —dice mi padre, evitando una discusión que no le gusta nada.

—*¡Qué bien!* —dice mamá, tratando de crear un buen clima.

—*Y nosotros hemos empezado un nuevo curso* —digo, llenando mi cuchara de sopa y llevándomela a la boca.

—*¿De qué va tu libro?* —pregunta mi hermano Javier.

—*Se titula* El libro invisible ... *Estoy muy contento. Aún no puedo contaros muchos detalles porque estoy empezando.*

—¿El libro invisible? —repite sorprendido mi hermano.

—*Bueno, sí...* —dice mi padre—. *Es la historia de un libro que no todo el mundo puede ver y...*

—*¡Eh! ¿No decías que da mala suerte contar las historias mientras se están escribiendo?* —le corta mamá.

—*¡Mamá!* —protesta Javier.

—*Ella tiene razón* —dice mi padre—. *No voy a contaros nada más. Ya la leeréis cuando esté terminada.*

Yo no he dicho nada. Me da igual la historia de mi padre. Por culpa de sus libros nos pasamos la vida cambiando de ciudad, de casa y de colegio... y ahora, además, tengo que aguantar a Lucía.

—*Bueno, me voy a escribir* —dice mi padre después de cenar—. *Buenas noches a todos.*

Tiene la costumbre de escribir de noche. Durante el día escribe a mano en un cuaderno y luego, por la noche, lo pasa a su ordenador. Vamos, que escribe dos veces lo mismo. Por eso digo que los escritores son muy raros.

—*Hasta mañana, papá* —le despide Javier.

—*Que os vaya bien en el colegio* —dice, levantándose de la mesa y saliendo del comedor.

Nosotros nos quedamos un rato viendo la tele. Hoy ponen una película de aventuras y mamá nos deja verla.

1.1-9 A vista de pájaro: ¿Cierto o Falso?

Señala si las siguientes oraciones son ciertas (C) o falsas (F). Si son falsas, corrígelas.

_____ **1.**   Lucía se lleva muy bien con César.

_____ **2.**   A César le entusiasma mudarse de ciudad y colegio.

_____ **3.**   El padre de César debe cambiar de ciudad para escribir.

_____ **4.**   César nunca ha terminado de leer un libro escrito por su padre.

_____ **5.**   César es nuevo en la ciudad y en el colegio.

_____ **6.**   César comparte el pupitre con otro niño.

_____ **7.**   Javier, el hermano de César, no ha tenido un buen día en el colegio.

_____ **8.**   El padre de César cuenta su nuevo libro a la familia mientras cenan.

_____ **9.**   Después de cenar, todos se acuestan.

1.1-10 Vayamos por partes

Contesta las siguientes preguntas según lo que hayas entendido. Las preguntas hacen referencia a distintos aspectos de la vida de César.

César

1. ¿Quiénes componen la familia de César?

2. ¿Cuál es el principal problema de César? ¿Por qué?

3. Describe un día típico de César.

4. ¿Cómo es la relación de César con los libros de su padre?

El padre de César y su trabajo

5. ¿Qué sabemos del padre de César? ¿Y de su trabajo?

6. ¿Por qué cambia de lugar cada vez que escribe una novela?

César y el colegio

7. ¿Cómo fue el primer día del colegio de César?

_____

8. ¿Quién es la compañera de César? ¿Cómo es?

_____

1.1-11 Adivina... ¿Quién lo diría?

Intuye, según lo que has leído, quién diría lo siguiente: César (C), el padre (P), la madre (M) o Lucía (L). Justifica tu opinión.

_____ **1.** El profesor y yo no vamos a ser buenos amigos.

_____ **2.** Vámonos a otra ciudad. Tengo que escribir un libro.

_____ **3.** Soy escritora y lo sé todo.

_____ **4.** ¿Cuándo va a dejar de preguntarme cosas? ¡Qué pesada! ¡No la aguanto!

_____ **5.** ¡Me gustan tanto los libros!

_____ **6.** No cuentes el libro. Da mala suerte.

_____ **7.** ¡Ya he cenado! Me voy a trabajar.

1.1-12 Y, ¿qué piensas tú?

Ahora que has leído, contesta las siguientes preguntas.

1. ¿Cómo continuarías el libro si fueras el escritor? ¿Qué pasará con César y Lucía? ¿Terminará su padre el libro? ¿Se mudarán de nuevo?, etc.

2. ¿Has cambiado frecuentemente de casa, ciudad, barrio y colegio? ¿Recuerdas cómo te sentiste?

3. ¿Por qué les resulta difícil a los niños adaptarse a un nuevo colegio? ¿A qué situaciones se enfrenta un niño cuando llega a un colegio nuevo?

IV. Escribamos

Escribe sobre uno de estos temas según las indicaciones que te dé tu profesor.

1.1-13 Diario

En las grabaciones oíste cómo tres jóvenes se describían a sí mismas. Ahora descríbete tú. Recuerda incluir la siguiente información. Puedes ayudarte con el vocabulario de «Para hablar de...».

- cómo eres físicamente y cuáles son tus cualidades y defectos
- qué ocupación tienes (trabajas, estudias...)
- qué cosas te gusta hacer; qué cosas odias hacer
- cómo pasas el tiempo libre
- otra información que creas oportuna

1.1-14 Composición

La composición está relacionada con los personajes de *El libro invisible*. Escoge la opción que más te guste y escribe sobre ella.

A. Ya han pasado diez años, y César y Lucía están en la universidad. Después de mucho tiempo se acaban de reencontrar, pero al principio no se reconocen porque han cambiado mucho. Describe cómo son ahora César y Lucía, cómo se llevan, qué estudian y qué pasó con *El libro invisible*.

B. Te han contratado para rescribir la historia de César y Lucía para hacer un programa de televisión. Escribe una propuesta para la compañía productora donde expliques la trama brevemente. No olvides que es necesario cambiar, eliminar y añadir elementos que harán la historia más atractiva para los televidentes.

C. Has leído la historia desde el punto de vista de César, pero claro, es posible que su presentación de los hechos no haya sido muy imparcial. No sabemos mucho de lo que piensan los otros personajes, por ejemplo, Lucía, el papá o la mamá. ¿Por qué no escribes un breve relato donde cuentes los hechos desde el punto de vista de uno de ellos?

D. En la historia contaban que el papá está preparando un nuevo libro *El libro invisible*. ¿Cómo te imaginas ese libro según lo que han contado? Imagina que eres el papá de César y escribe el comienzo de ese nuevo libro. Por supuesto, es tu libro, así que... Demuestra tu creatividad.

1.2 Nuestra familia

I. Escuchemos

1.2-1 Piensa...

Las tres personas que vas a escuchar hablan de la familia.

1. ¿Qué aspectos crees que van a mencionar?

_____

2. ¿Tienes algún concepto o imagen de la familia latinoamericana? En caso afirmativo anota tus ideas antes de hacer la audición.

_____

_____

1.2-2 Para hablar de...

Para discutir el tema de la familia, te presentamos cuatro categorías que puedes usar cuando hables o escribas sobre el tema. ¿Crees necesario añadir otra categoría? ¿Qué incluirías en cada una de ellas? Te damos unos ejemplos.

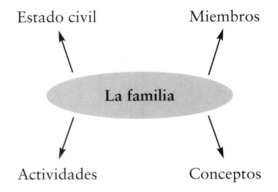

Estado civil	Miembros	Actividades	Conceptos	¿?
soltero/a	progenitores	mimar	apoyo	_____
divorciado/a	mellizos	criar	convivencia	_____
_____	_____	_____	_____	_____
_____	_____	_____	_____	_____
_____	_____	_____	_____	_____
_____	_____	_____	_____	_____
_____	_____	_____	_____	_____

1.2-3 ¿Qué nos cuentan estas personas?

En los segmentos que vas a escuchar, María Eugenia, Jesús y Elizabeth nos explican cómo son sus familias, las costumbres que tienen y cuáles son sus parientes favoritos. Siguiendo las pautas de la audición extensiva y enfocada, recoge en el cuadro siguiente la información que hayas entendido (ver Apéndice D).

1.2-4 Adivina... ¿Quién diría esto?

Ahora, con lo que sabes de cada hablante, adivina quién diría cada uno de estos enunciados. Un enunciado debe quedar en blanco.

H____: Mi familia vive lejos, pero los visito cada año.

H____: Los domingos tenemos una rutina que toda la familia respeta.

H____: El fin de semana viajamos a ver a los abuelos.

H____: Qué bien lo pasamos cuando nos reunimos todos en casa de la abuela.

1.2-5 Información cultural: ¿Lo sabías?

María Eugenia, Jesús y Elizabeth nos han explicado algunas cosas de su familia, cosas que representan aspectos culturales de los países latinoamericanos. Antes de seguir leyendo, ¿podrías mencionar algunos? Veamos.

Práctica religiosa

El domingo es un día importante donde se reúne toda la familia. Una gran mayoría de las familias de Latinoamérica, Centroamérica y España practica la religión católica. Por la mañana se suele ir a misa y después almuerza toda la familia junta.

Los apellidos

En los países de habla española, las personas tienen dos apellidos. El primero es el apellido paterno y el segundo es el materno. Cuando la mujer se casa, es normal que ella mantenga su apellido y no lo cambie por el de su marido, como es costumbre en los EE.UU. A veces, como en el caso de México, la mujer conserva el apellido paterno y agrega "de" más el apellido paterno de su esposo. Por ejemplo, si María Pérez Guzmán se casa con Juan Ramos Serrano, ella será María Pérez de Ramos.

El concepto de familia

El concepto de familia en Latinoamérica incluye lo que en los EE.UU. se conoce como familia extendida (primos, tíos, abuelos, etc.). El contacto con los miembros de la familia es lo normal y no tiene que ser un día o evento especial para reunirse (ej. cumpleaños, bodas, Navidad, etc.) sino que se hace de forma asidua, durante los fines de semana. Se juntan para conversar, compartir, etc.

Como con Elizabeth, muchos latinos que viven hoy en los EE.UU. son el resultado de una familia mixta: latina y norteamericana. Estas personas son afortunadas, porque tienen acceso a dos culturas y dos lenguas.

Aquí tienes alguna información sobre los lugares a los que ellas hacen referencia.

Chile

Santiago es la capital de Chile. Al estar en el Cono Sur, las estaciones son las opuestas a las de los EE.UU. (Por ejemplo, los meses de verano son noviembre, diciembre y enero). Chile es el país más desarrollado económicamente de Sudamérica. Es el primer productor de cobre del mundo. También es muy conocido por la industria

continúa

vinícola. El español es el idioma oficial, pero el pueblo araucano o mapuche habla el mapudungu en el sur de Chile. La población chilena es de unos catorce millones de habitantes y la moneda es el peso. (Ver el mapa en el Apéndice E para su localización geográfica.)

Cáceres, España

Cáceres es una provincia de la región de Extremadura, situada en el centro-oeste de España, en la frontera con Portugal. Cáceres es una ciudad muy antigua y se la considera una reliquia histórica por sus monumentos y calles.

La arquitectura de Cáceres muestra el arte musulmán (el barrio antiguo de la ciudad está rodeado por una muralla árabe), iglesias medievales y palacios renacentistas. (Ver el mapa en el Apéndice E para su exacta localización.)

La República Dominicana

La República Dominicana es una de las islas del Caribe. Santo Domingo es su capital. El español es el idioma oficial pero también se habla francés criollo. En 1697, España cedió parte del territorio a Francia (lo que hoy es Haití). Actualmente la República Dominicana tiene aproximadamente ocho millones de habitantes. La moneda es el peso. (Ver el mapa en el Apéndice Epara su exacta localización.)

¿Puedes contestar las siguientes preguntas teniendo en cuenta la información que has leído?

1. María Pérez Guzmán está casada con Juan Ramos Serrano. Van a tener un hijo al cual le van a poner *Pedro*. ¿Cuál será el nombre completo de Pedro?

_____

2. Vas a ir de viaje a Chile en agosto. Estás preparando las maletas. Menciona tres prendas que vas a llevar.

_____

3. Tus padres te han encargado que les traigas algo típico de Chile. ¿Qué les podrías comprar?

_____

4. Estás planeando tu próximo viaje. Esta vez quieres visitar un lugar histórico, con arte y tradición. ¿Adónde irás?

_____

5. ¿Qué lugar tiene como capital el nombre de un santo que se llamaba igual que un día de la semana?

_____

II. Conversemos

1.2-6 Y ahora tú...

Ahora es tu turno de expresar lo que piensas con relación a la familia. También vas a compartir con tus compañeros tus experiencias familiares, y vas a explicar cómo es tu familia y tu relación con sus miembros. Trabaja según las indicaciones que encuentres en la actividad y las instrucciones del profesor.

A. El concepto de familia

1. ¿Es importante la familia para ti? Piensa en el concepto que tú tienes de *familia* y escribe las ideas o conceptos que te vienen a la mente.   `1` `2` `T`

   _____

   _____

   _____

   Ahora, compara tus respuestas con un/a compañero/a y luego con toda la clase. ¿Cuáles son las ideas más sobresalientes? ¿Estás de acuerdo con lo que mencionan tus compañeros?

2. Después de escuchar a María Eugenia, Jesús y Elizabeth, ¿qué imagen tienes de la familia latinoamericana? Anota tus ideas en el cuadro de abajo. ¿Han cambiado tus ideas con respecto a la imagen que tenías antes de escuchar sus comentarios? Revisa las ideas que anotaste al inicio del tema, en la sección «Piensa...» y escribe los cambios que se han producido. Cuando hayas terminado, únete con tu grupo y comparen lo que piensa cada uno.   `1` `3`

FAMILIA LATINOAMERICANA

Imagen después de oír	¿Cambios?
_____	_____
_____	_____
_____	_____
_____	_____
_____	_____

3. Ahora, con tu grupo, contrasta las diferencias y semejanzas que observas entre tu idea de *familia* (como representativa de la familia estadounidense) y la «familia de los hablantes» (como representativa de la familia latinoamericana). Una vez terminado, cada grupo expondrá a la clase lo que discutió y las conclusiones a las que llegó.   `3` `T`

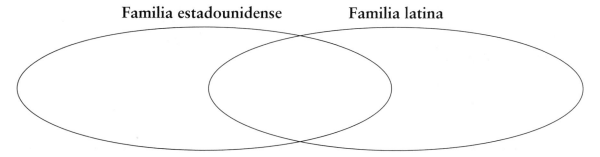

Familia estadounidense   Familia latina

3 **4.** ¿Crees que la familia está representada adecuadamente en la televisión, en los seriales? ¿Cómo son las familias de la tele? ¿Qué valores transmiten? ¿Se parecen a las familias de la vida real? ¿Cuál es tu familia favorita, los Brady, los Simpson, los Osbourne...? ¿Por qué?

B. Tu familia y tú

2 **1.** Habla con tu compañero sobre tu familia. Descríbela. ¿Dónde vive? ¿A qué se dedican sus miembros? ¿Qué es lo que más te gusta de tu familia? ¿Cómo son tus relaciones con tus padres o hermanos? ¿Qué actividades sueles hacer con ellos? Pregunta todo lo que se te ocurra.

2 **2.** De todos tus parientes, ¿cuál es tu preferido/a? Habla sobre esta persona.

	Familia numerosa	Hijo único
Ventajas	_____	_____
	_____	_____
	_____	_____
	_____	_____
Desventajas	_____	_____
	_____	_____
	_____	_____
	_____	_____

Ahora, formen dos grupos: uno para los que creen que hay más ventajas de estar en una familia numerosa y el otro para los que prefieren ser hijo a. En cada grupo, compartan su punto de vista e intercambien ideas para el debate. El grupo que aporte más razones para defender su punto de vista ganará.

C. Actividades y reuniones familiares

2 D O **1.** ¿Te gustan las celebraciones familiares o piensas que son 'una lata'? ¿Cuál es tu celebración familiar preferida? ¿Por qué? ¿Cómo se celebra?

2. *Role-play*. Algunas reuniones familiares se convierten en una batalla campal, porque los miembros de la familia no se llevan bien, y cuando se ven, se desatan las pasiones. Unos piensan que es mejor no decir nada para evitar una confrontación con los parientes. Otros prefieren decir lo que piensan y no les importa lo que pase. Escoge tu postura y haz un *role-play* con tu compañero. Deben decidir quiénes son los dos miembros familiares, cómo se llevan, el motivo de la reunión, el tema de la conversación, el motivo de la controversia, etc. ¡Sean creativos!

3. Debate: ¿Familia numerosa o hijo único? Nadie está contento con lo que tiene. Unos se quejan de que tienen que compartir el cuarto y los juguetes, esperar turno para usar el baño o heredar la ropa de sus hermanos, mientras otros se quejan de que no tienen con quién jugar, tienen demasiadas actividades extraescolares y no saben dónde poner tantos juguetes. ¿Qué ventajas y desventajas hay cuando se pertenece a una familia numerosa o cuando se es hijo único? Escribe tus ideas en el espacio siguiente.

III. Leamos

Antes de leer, trabaja con las siguientes palabras extraídas de la lectura.

1.2-7 Descubre el significado: Identifica y empareja

Lee las siguientes oraciones y descubre el significado de las palabras *en cursiva* ayudándote del contexto en que aparecen. Luego empareja la palabra con su definición.

1. La *convivencia* con mis compañeras de apartamento es imposible: no limpian, están siempre de fiesta y hacen mucho ruido por la noche.

   La *convivencia* es siempre difícil al principio; hay que conocerse bien y ser paciente con la otra persona.

2. Tu *comportamiento* no tiene explicación: ¿cómo has podido decirle eso a tu mejor amigo?

   El profesor está orgulloso de sus estudiantes: *se comportaron* extraordinariamente bien durante el recital del colegio.

3. El hambre en los países subdesarrollados es el resultado de la *carencia* de alimentos.

   Los niños maltratados tienen *carencia* de amor.

4. Mi madre se quedó *viuda* cuando yo tenía dos años porque mi padre murió en un accidente.

   La *viudedad* es frecuente cuando hay guerra: los hombres mueren, las mujeres se quedan sin esposos.

Ahora identifica la palabra con su definición o sinónimo.

Palabras	Definición o sinónimo
_____ 1. convivir; convivencia	a. persona a la que se le ha muerto el marido o mujer, el estado de haber perdido al cónyuge
_____ 2. comportamiento; comportarse	b. vivir en compañía de otros
_____ 3. carencia	c. la forma de actuar; la conducta
_____ 4. viudo/a; viudedad	d. falta, necesidad de

5. *Criar* a los hijos siempre ha sido una tarea difícil y con responsabilidad pero ahora, tal como están los tiempos, es mucho más.

   Hoy en día los niños se *crían* tanto con la madre como con el padre.

6. Se ha demostrado que el *rendimiento* académico de los niños es mejor cuando están bien alimentados.

   Dormir bien y descansar tiene un *rendimiento* positivo en los exámenes.

7. La teoría de Darwin *echó por tierra* la creencia de que las especies animales son inmutables y fueron creadas por separado.

   No voy a contar más contigo; siempre *echas por tierra* mis planes.

8. La fiesta ha sido un *fracaso*: la música era mala, la comida estaba fría, los refrescos estaban calientes y la gente...nunca llegó.

   La campaña del partido político de mi jefe *ha fracasado,* pero dicen que el próximo año lo intentarán de nuevo y esperan tener mejor suerte entonces.

Ahora identifica la palabra con su definición o sinónimo.

Palabras

_____ 5. criar; crianza
_____ 6. rendimiento
_____ 7. echar por tierra
_____ 8. fracaso

Definición o sinónimo

e. nivel de actuación y/o capacidad de producción; lo que una persona puede hacer

f. descartar, dejar a un lado, no considerar

g. educar; educación

h. contrario de "éxito"; cuando algo sale mal

1.2-8 Antes de leer

El artículo que vas a leer se titula *Modelos de familia en el siglo XXI*. Como puedes deducir por el título, trata de las diferentes estructuras familiares que tiene la sociedad actual. Antes de leer la lectura piensa en la siguiente pregunta: ¿cuántos modelos de familia hay en la sociedad de hoy y cuáles son las posibles causas?

Ahora lee el artículo.

MODELOS DE FAMILIA EN EL SIGLO XXI

La familia ha sido, es y será base de la sociedad y núcleo unificador en nuestra cultura. Sin embargo, hoy por hoy, en el siglo XXI, ya no es posible hablar de 'un modelo de *convivencia* familiar' sino de diferentes modelos de convivencia familiar. Este cambio en la concepción de la estructura familiar viene impuesto por las demandas de la sociedad actual y la ampliación de los valores sociales en nuestra vida. Revisemos algunos cambios en estos modelos familiares.

En la **familia convencional o heteroparental**, compuesta por el padre, la madre y los hijos, se ha observado un descenso en el número de hijos. Este hecho puede explicarse por dos razones. Por un lado, el aumento en el costo de la vida y el deseo de los progenitores de ofrecerles calidad de vida a sus hijos. Por otro, la incorporación de la mujer al mundo laboral, lo que conlleva la reducción del tiempo que antes les dedicaba a los hijos. También se observa un aumento de hijos adoptados por parejas que no pueden tener hijos o que optan por no tener sus propios hijos biológicos para darles una oportunidad a los niños huérfanos de tener un hogar donde educarse. Esto es una muestra innegable del *comportamiento* solidario de esta sociedad con esos niños sin padres. También, en este modelo familiar cabe mencionar el aumento de hijos criados por padrastros o madrastras como consecuencia del incremento de los divorcios y separaciones en las parejas.

Otro modelo de familia, que puede apreciarse en las últimas décadas, es el de la **familia homoparental**. Este modelo está caracterizado por la *carencia* de uno de los sexos en la pareja. Este modelo, formado por madres lesbianas o padres homosexuales, no es aún muy común en nuestra sociedad pero se está extendiendo cada vez más.

Sin embargo, un modelo familiar que sí está ganando protagonismo debido al aumento de divorcios, casos de madres solteras y *viudedad*, es el caso de la familia compuesta por un solo progenitor, padre o madre, el cual se encarga de *criar* a los hijos. Nos referimos a la **familia monoparental**. Este modelo familiar entraña mucha controversia por los peligros y trastornos que se les otorgaba a los hijos educados en el seno de un hogar que tradicionalmente se ha considerado carente de un balance natural. Se ha pensado por mucho tiempo que criar a un hijo sin el apoyo de uno de los padres podría tener graves consecuencias en el desarrollo del niño, especialmente de adaptación social, identidad sexual, desarrollo emocional y *rendimiento* escolar, en comparación con aquéllos educados en el seno de una familia convencional. Sin embargo, estudios realizados por especialistas en el campo de la psicología infantil han *echado por tierra* algunas de estas creencias y han defendido el papel de un solo padre como una alternativa más al modelo familiar de la sociedad actual. Por ejemplo, en un estudio realizado en la Universidad de Cornell con más de 1.700 niños se demostró que el *fracaso* escolar y rendimiento académico de los hijos criados con un solo padre dependían exclusivamente del nivel de educación del progenitor a cargo del hijo y de la capacidad innata en los niños, no, como se pensaba, del hecho de educarse en una familia no convencional que implicaba la carencia de uno de los progenitores.

1.2-9 A vista de pájaro: ¿Cierto o Falso?

Responde a las siguientes preguntas según la información que hayas encontrado. Señala si las oraciones son ciertas (C) o falsas (F); si son falsas, corrígelas.

_____ **1.** Una de las causas de que existan nuevos modelos familiares es el cambio en los valores de la sociedad.

_____ **2.** La familia homoparental está desapareciendo.

_____ **3.** La familia monoparental es aquella en la que los hijos se crían con el padre.

_____ **4.** La muerte de *uno* de los padres es la causa de que haya familias monoparentales.

_____ **5.** Los hijos criados en una familia no convencional tienen más trastornos y desventajas que los hijos criados en una familia convencional.

1.2-10 Vayamos por partes

Contesta las siguientes preguntas con la información del artículo.

1. ¿A qué se debe el descenso en el número de hijos en la familia convencional?

2. ¿Por qué existen cada vez más padrastros, madrastras e hijastros en las familias convencionales?

3. ¿Cuáles se creía que eran las posibles consecuencias de criarse con un sólo progenitor?

4. Según las últimas investigaciones, ¿cuáles son las causas del bajo rendimiento escolar en los niños?

_____

1.2-11 Adivina... ¿Quién lo diría?

Según el contenido de la lectura, especula quién diría cada una de estas afirmaciones: padres (P), madre (M), hijo (H), psicólogo (Ps).

_____ **1.** No se preocupe. El hecho de que críe a su hijo sola no significa que vaya a fracasar en la escuela.

_____ **2.** No podemos tener más hijos porque debo empezar a trabajar.

_____ **3.** Podemos educar a nuestra hija perfectamente.

_____ **4.** Gracias por criarme y educarme.

1.2-12 Y, ¿qué piensas tú?

Ahora que has leído la lectura contesta las siguientes preguntas según tu punto de vista.

1. ¿Estás de acuerdo con las razones del artículo con relación a las causas del descenso en el número de hijos en las familias convencionales?

_____

_____

2. ¿Qué opinas tú de la familia monoparental? ¿Crees que no tener el apoyo de los dos padres puede ocasionar graves problemas para el hijo? ¿Por qué y cuáles?

_____

_____

3. ¿Cuál es tu punto de vista respecto a la familia homoparental? ¿Existen otros ejemplos de familias no convencionales que no se hayan mencionado?

_____

_____

4. ¿Cómo es la rutina de un padre/madre solo/a y la de uno que comparte su vida con una pareja? ¿Qué tienen que hacer unos que no hacen los otros? Escribe una lista de las obligaciones de los padres y después evalúa las consecuencias de no poder compartirlas con nadie. ¿Qué consejos le darías a un padre o madre que tiene todas las responsabilidades de su hijo para que su vida sea más fácil?

_____

_____

_____

_____

IV. Escribamos

Escribe sobre uno de estos temas según las indicaciones que te dé tu profesor.

1.2-13 Diario

Ya has oído lo que los hablantes han contado sobre sus familias. Haz tú lo mismo. Escribe en tu diario una descripción de tu familia. ¿Quién la compone? ¿Qué hace cada uno de ellos? ¿Qué costumbres tienen? etc.

1.2-14 Situación

Las siguientes situaciones están relacionadas con el tema de la familia monoparental. Escoge la opción que prefieras y escribe sobre ella.

A. Eres el/la consejero/a matrimonial de una pareja que va a separarse. Uno de ellos va a irse a vivir a otro país y la pareja quiere saber las consecuencias que su separación puede traer a su único hijo de siete años. Tú, como consejero/a, debes exponerles los pros y los contras de que el hijo se críe sólo con uno de ellos y darles recomendaciones que les servirán para sobrellevar los cambios.

Éstas son algunas estructuras que te pueden servir:

- Es importante, necesario... que + *subjuntivo* (sepan)
- Por un lado... por otro
- Deben tener presente que + *infinitivo* (criar...)
- No es bueno que + *subjuntivo*
- Le/s aconsejo, recomiendo que + *subjuntivo*

B. Eres la madre (o padre) de un niño de cuatro años al que estás criando sola/o. Trabajas en una emisora de radio y con la llegada del nuevo jefe, te han cambiado el turno de trabajo. A partir del próximo mes, tendrás que trabajar de noche. Escríbele una carta al nuevo jefe explicándole tu situación familiar y las razones por las que no puedes trabajar en el turno de noche. La carta la puedes empezar:

Estimado Sr. Ramírez:

Me dirijo a usted para pedirle que + *subjuntivo*

Atentamente,

Firma

Éstas son otras estructuras que te pueden servir:

- No es justo que + *subjuntivo*
- Debo + *infinitivo*
- Si + *presente* .... + *futuro*: Si trabajo... no podré...
- Le ruego que + *subjuntivo*
- Le quedaría muy agradecida si + *imperfecto de subjuntivo*

¿Cómo nos divertimos?

2.1 De viaje

I. Escuchemos

2.1-1 Piensa...

En este tema, tres jóvenes comparten sus experiencias con nosotros y nos hablan sobre uno de sus viajes.

1. ¿Qué crees que oirás?

2. ¿De qué cosas hablarán?

3. ¿Qué lugares habrán visitado?

2.1-2 Para hablar de...

A continuación encontrarás siete categorías de vocabulario que se relacionan con el tema «De viaje» y que podrás usar cuando hables o escribas sobre él. ¿Quieres añadir otra categoría? Aquí tienes unos ejemplos.

Preparación del viaje	Transporte	Lugar	Alojamiento
equipaje	marítimo	zona histórica	albergue
temporada alta	terrestre	desierto	campamento

Clima	¿Qué hacer?	Características del viaje	¿ ?
húmedo	improvisar	espectacular	
fresco	divertirse	desorganizado	

2.1-3 ¿Qué nos cuentan estas personas?

Escucha lo que Jesús, Andrea y Vicente cuentan sobre el último viaje que realizaron y anota lo que hayas comprendido en el cuadro de abajo. Durante la audición vas a encontrar información referente adónde fueron, cuándo, con quién y qué hicieron (ver Apéndice D).

2.1-4 Adivina... ¿Quién diría esto?

Acabas de oír a los tres hablantes compartiendo sus experiencias en sus viajes a Costa Rica, Ecuador y Venezuela. Disfrutaron, ¿verdad? Teniendo en cuenta lo que nos han contado, adivina quién diría esto. Recuerda que un enunciado debe quedar en blanco.

H____: Me sorprendieron mucho los contrastes en este país.

H____: Fue el mejor viaje de mi vida y nunca lo olvidaré.

H____: Yo viajé con mi familia y me gustó mucho la experiencia.

H____: Visité a mi hermano y lo pasé muy bien. Me gustaría hacer un safari.

2.1-5 Información cultural: ¿Lo sabías?

Jesús, Andrea y Vicente, al narrarnos sus viajes, nos explican algo del país. ¿Lo recuerdas? Antes de leer la información sobre Costa Rica, Ecuador y Venezuela, di si estas oraciones son ciertas o falsas. Si son falsas, explica por qué.

____ **1.** En la costa caribeña de Costa Rica, una parte de la población es bilingüe (español e inglés).

_____

_____

____ **2.** Cahuita está en la costa del Pacífico de Costa Rica.

_____

_____

____ **3.** Quito es una ciudad colonial de Ecuador y hace mucho frío allí.

_____

_____

____ **4.** Existe un gran contraste geográfico entre Guayaquil (en la costa) y Quito (en los Andes).

_____

_____

____ **5.** El clima de Caracas es cálido.

_____

_____

Ahora, lee la información cultural.

Cahuita, Costa Rica

Costa Rica es un país centroamericano con dos partes muy diferentes. Una está bañada por el Mar Caribe (Puerto Limón y Cahuita) y la otra por el océano Pacífico (Puntarenas). Puerto Limón está en la costa del Caribe y tiene población afro-americana originaria de Jamaica. La mayoría es bilingüe (español e inglés). Tiene un clima muy agradable y playas preciosas.

Costa Rica, cuya capital es San José, cuenta con una población aproximada de tres millones.

Costa Rica es un país esencialmente agrícola. Se cultiva sobre todo café, bananas, mangos, frutas tropicales, cacao y azúcar. La moneda es el colón.

El 30% del territorio costarricense es selva y bosque. Un cuarto del país es una reserva biológica para animales y plantas. Un ejemplo es el «Coquí», un tipo de rana que se encuentra en Costa Rica. Costa Rica es conocida por su ecoturismo, que a la vez de proteger la naturaleza es un ingreso económico para el país.

Guayaquil, Ecuador

Ecuador está en América del Sur, en la costa del Pacífico, entre Colombia y Perú. Ecuador tiene tres regiones bien destacadas: el *altiplano andino* en la zona central con clima frío, la *costa* al oeste (húmedo al norte y desértico al sur) y la *región amazónica* al este.

Guayaquil está en la costa del Pacífico. Es el puerto principal de Ecuador y el segundo núcleo de población después de Quito. Existe un gran contraste geográfico entre Guayaquil (en la costa) y Quito (en los Andes).

Quito es la capital de Ecuador y es una ciudad colonial en la que hace mucho frío porque está muy elevada.

La población de Ecuador es básicamente indígena y cuenta aproximadamente con once millones de habitantes. La moneda es el sucre y el idioma oficial es el español pero también se habla el quechua (idioma indígena). La banana, cacao y café son los principales cultivos de exportación. El archipiélago Galápagos pertenece a Ecuador.

Caracas, Venezuela

Venezuela se encuentra en América del Sur, bañada por el mar Caribe y el océano Atlántico. Es un país de mucha belleza y muchos contrastes.

La población de Venezuela es de unos veinticuatro millones de habitantes. La mayoría es inmigrante (mestizos: europeos, africanos e indios) y sólo el 2% de la población es indígena.

Caracas es la capital de Venezuela y está situada cerca de la costa pero a una altura de 800 metros, lo que hace que su clima sea agradable.

La economía de Venezuela se basa principalmente en el petróleo. Sólo se cultiva el 6% del terreno (café, cacao, caña de azúcar y algodón). La moneda es el bolívar.

¡Veamos lo que has aprendido! Identifica cada una de estas palabras con el país al que hace referencia (Costa Rica, Ecuador, Venezuela) y con las categorías a las que se refieren (ej. moneda, lengua, animal, etc.).

1. Coquí _____

   _____

2. Bolívar _____

   _____

3. Colón _____

   _____

4. Mestizo _____

   _____

5. Quechua _____

   _____

6. Galápagos _____

   _____

7. Ecoturismo _____

   _____

8. Sucre _____

   _____

II. Conversemos

2.1-6 Y ahora tú...

Discute las preguntas indicadas por el/la profesor/a. La primera actividad se relaciona con tu impresión sobre los viajes realizados por Jesús, Andrea y Vicente. La segunda trata de tus viajes y experiencias. La tercera requiere que evalúes las consecuencias de viajar.

A. Los hablantes y tú

3 **1.** ¿Has visitado algunos de los lugares mencionados por los hablantes? Si lo has hecho, ¿compartes sus opiniones? Si no los has visitado, ¿cuál te gustaría visitar? ¿Por qué?

3 **T** **2.** En tu opinión, ¿cuál de los tres hablantes realizó el mejor viaje? ¿Por qué lo crees así?

El mejor viaje fue de _____ que viajó a _____

Razones   1. _____

   _____

   2. _____

   _____

   3. _____

   _____

Comparte tus respuestas con la clase.

B. Tus viajes y experiencias

2 **1.** Describe tu último viaje: ¿Adónde fuiste? ¿Cuándo? ¿Con quién? ¿Qué hiciste? ¿Tuviste algún problema? ¿Conociste a alguien interesante?

2 **2.** Cuando viajas, ¿qué tipo de actividades prefieres? ¿Culturales e históricas (museos, iglesias, etc.)? ¿Turísticas (atracciones típicas del lugar)? ¿Deportivas (esquiar, bucear, nadar, etc.)? ¿O simplemente quieres descansar? Explica tus razones.

2 **3.** ¿Cuál es el próximo viaje que te gustaría hacer? ¿Por qué?

2 **4.** ¿Eres aventurero? ¿Has estado en una situación límite o arriesgada en alguno de tus viajes? Cuéntanos.

C. Viajar y sus consecuencias

1. ¿Crees que los viajes ilustran, te enseñan sobre la vida? ¿Consideras que una persona   `3` `T`
que viaja tiene ventajas respecto a otra que nunca lo ha hecho? ¿En qué aspectos? ¿En
qué se puede observar? Con tu grupo, menciona tres ventajas que se derivan de viajar.

Ventajas de viajar	Se observa en...
1. _____	1. _____
2. _____	2. _____
3. _____	3. _____

Ahora, compara las respuestas de tu grupo con las de tus compañeros. ¿Comparten las
mismas ideas?

2. *Role-play*. Trabajen en grupos de tres para resolver la siguiente situación. Son las 7:00   `3`
de la mañana. Tu compañero y tú acaban de llegar a su destino (Madrid, Buenos Aires,
Bogotá, etc.). Están en el hotel y el recepcionista les dice que no tiene ninguna reserva
para ustedes. Como hay una fiesta muy popular en la ciudad este fin de semana, lo
único que puede ofrecerles es una *suite* que cuesta tres veces más de lo que iban a pagar
por la habitación doble. Si deciden quedarse en la *suite*, no tendrán dinero para hacer
todas las actividades que han planeado. Tu compañero y tú tienen que llegar a un
acuerdo sobre lo que van a hacer y después negociar con el recepcionista o con un
agente de viajes.

3. Recuerdos de los viajes.   `3`

Parte I: Muchas personas se sienten obligadas a comprar recuerdos de sus viajes para
sus seres queridos. ¿Cuáles son los recuerdos más típicos de tu ciudad / pueblo? ¿Qué
compra la gente para llevarle a sus amigos? Describe este producto, cómo es, cuánto
cuesta, dónde se vende, etc.

Parte II: ¿Eres de las personas que compran recuerdos para sus amigos y seres queridos? Si es así, ¿cuánto dinero gastas? ¿A quién le llevas algo después de hacer un viaje?
Si no compras regalos, explica por qué no lo haces.

Parte III: ¿Quién te trae recuerdos de sus viajes? ¿Hay alguno que te guste muchísimo?
¿Te ha traído algo que te ha parecido horrible? ¿Qué era y qué hiciste con el regalo?

III. Leamos

Para el tema «De viaje», vas a leer un texto que trata de un viaje organizado. Antes de
leerlo, trabaja con el vocabulario que aparece a continuación y que viene de la lectura.

2.1-7 Descubre el significado: Identifica y empareja

Lee las siguientes oraciones, y con la ayuda del contexto, descubre el significado de las palabras en cursiva. Después, identifica y empareja la palabra con su definición o sinónimo.
Recuerda que el significado que aquí encontrarás es el que tienen las palabras en la lectura.

1. Enrique está *resentido* con su jefe porque no le aumentó el sueldo.

María estaba *resentida* con su marido porque él no se acordó que ayer era su aniver-
sario.

2. En el congreso son normales los *enfrentamientos* entre los demócratas y los republicanos.

Los *enfrentamientos* entre hermanos no son buenos.

3. El hecho de que sus padres fracasaron en su matrimonio, no fue *cortapisa* para que Alejandro quisiera intentar la vida matrimonial y casarse con su novia.

Hay que leer, investigar y aprender sobre todo lo que nos rodea. El no saber puede ser *cortapisa* para nuestro futuro.

4. Los dos hermanos hicieron un *pacto*: nunca más se pelearían por cosas sin importancia.

Me dijeron que las últimas elecciones estuvieron *pactadas* y que nos engañaron a todos.

Ahora que sabes lo que significan las palabras en cursiva, identifícalas y emparéjalas con su sinónimo o definición.

Palabras	Definiciones o sinónimos
_____ 1. resentido	a. impedimento, obstáculo
_____ 2. enfrentamiento	b. acuerdo hecho de antemano, trato acordado previamente
_____ 3. cortapisa	c. pelea o discusión por una diferencia de opiniones
_____ 4. pacto; pactado	d. enfadado, disgustado

5. Las personas sin ideas propias *se dejan llevar* por lo que piensa la mayoría.

A veces es bueno *dejarse llevar* por las intuiciones y hacer lo que tu sexto sentido te dice.

6. Enrique no esperaba la muerte de su madre: fue un *imprevisto* que lo trastornó por mucho tiempo.

Siempre me han gustado las reuniones y fiestas de *imprevisto*: prefiero improvisar porque es cuando mejor se pasa.

7. La prosperidad económica *fomenta* que los ciudadanos derrochen y gasten su dinero en cosas innecesarias.

No es bueno *fomentar* en exceso la competitividad entre los niños.

8. El vecino es un *glotón*: siempre está comiendo algo.

Las personas *glotonas* suelen estar gorditas porque comen en exceso y nunca se sienten satisfechas.

Ahora, empareja la palabra o expresión con su definición o sinónimo.

Palabras	Definiciones o sinónimos
_____ 5. dejarse llevar	e. persona que come mucho, más de lo que necesita
_____ 6. imprevisto	f. promover, impulsar
_____ 7. fomentar	g. situación no esperada
_____ 8. glotón	h. actuar sin pensar demasiado o siguiendo los impulsos

2.1-8 Antes de leer

El texto que vas a leer se titula *Convivir en un viaje organizado* y trata de la experiencia que tuvieron tres amigas, Pilar, María y Luisa, en un viaje organizado que hicieron a Marruecos. Encontrarás información sobre lo que les pasó y algunos consejos para que los viajes organizados sean un éxito. Antes de leer piensa en estas dos preguntas.

1. ¿Qué significa para ti *viajar*?

2. ¿Qué es lo más importante para que un viaje organizado sea un éxito?

Cuando hayas leído, contesta los tres bloques de actividades. ¡Que disfrutes la lectura!

Convivir en un viaje organizado

Para sacar el máximo partido a este tipo de vacaciones, lo mejor es tener una gran tolerancia.

Luisa no quería pensar; sólo deseaba que le dijeran por dónde tenía que ir y adónde tenía que mirar. Pilar deseaba conocer lugares nuevos, relajarse y descansar. María intentaba sentirse acompañada y olvidar a su «ex» en compañía de sus amigas. Por estas variadas razones, las tres habían decidido irse juntas de vacaciones en un viaje organizado por una agencia.

Fueron unas vacaciones peculiares. A la vez que descubrieron paisajes espléndidos y una cultura diferente (Marruecos), también aprendieron mucho de sí mismas. Pues, aunque estuvieron a punto de romper su amistad, las tres salieron enriquecidas con la mayor experiencia. Luisa era la mayor: organizada, eficaz y muy trabajadora, tapaba con una jornada laboral interminable los deseos que tenía de encontrar pareja, pero no divertirse. Pilar, por el contrario, un poco aventurera, anárquica e imprevisible, tenía una capacidad especial para sacar el lado bueno de todo y disfrutar. Tuvo un romance con un guía, un chico francés con el que compartió una historia fantástica.

María criticaba a Pilar; hasta cierto punto estaba un poco celosa. *Resentida* con el género masculino por su fracaso matrimonial, le molestaba la excitación de su amiga. Tuvieron muchas peleas porque la exigencia, la pulcritud y la puntualidad de Luisa se oponían al desorden, la flexibilidad y la impuntualidad de Pilar.

Hubo *enfrentamientos*, rivalidad y complicidad. Cada una aprendió algo de las otras. Y ese viaje organizado al que acudieron juntas, porque no querían pasar las vacaciones solas, les sirvió para conocerse mejor a sí mismas.

Viajar significa embarcarse en una aventura en la que hay que estar dispuestos a acercarse a lo desconocido, a incorporar paisajes, personas nuevas y todo aquello que nuestros sentidos sean capaces de percibir sin *cortapisas*.

Si el viaje es organizado, significa que siempre estaremos con el mismo grupo de gente, que las excursiones están *pactadas* y las visitas a los monumentos y curiosidades de la zona también. *Dejarse llevar* un poco es conveniente para pasarlo bien en este tiempo de descanso. Las personas que necesitan controlarlo todo y no soportan *imprevistos* quizá no se sientan cómodas en un viaje organizado porque no

continúa

controlan ellas o se sienten controladas y no tienen la libertad para decidir no hacer algo de lo que les proponen. Si tenemos una actitud abierta y tolerante, podemos aprovechar más un viaje organizado. Si eres muy exigente y puntilloso, puede que lo pases peor porque te encontrarás con personas que no respetan las reglas, que les gusta transgredir constantemente, que llegan tarde y que protestan. Esta actitud de tolerancia *fomenta* el respeto por las opciones personales y por las ajenas, por lo que no hay por qué aceptar realizar una excursión que no nos apetece y nos podemos desmarcar de lo trazado si así lo decidimos. Algunas personas dicen que sí a todo por miedo a perderse algo importante. No hay que devorar, sino que saborear.

En los viajes se puede ser un "gourmet" o un *glotón*. La calidad es preferible a la cantidad. No tenemos por qué hacer siempre lo que hace el grupo, ni siquiera lo que hacen nuestros amigos. Debemos respetar nuestros gustos y así no nos sentiremos incómodos con lo que hemos hecho. Un viaje organizado puede ser una aventura memorable o todo lo contrario. La adaptación a unas vacaciones de este tipo depende de lo que vayamos buscando, pero, sobre todo, de los rasgos de carácter y de la sexualidad que se tenga. Algunos se pueden preguntar: «¿Qué tiene que ver la sexualidad con las vacaciones?» Pues bastante. En este tiempo de descanso nos planteamos nuestras relaciones personales, pues nos preguntamos con quién nos gustaría estar y en dónde. Cuando nuestra vida sentimental no es como realmente la deseamos, no es raro que al acercarse las vacaciones aparezcan síntomas de irritabilidad y desánimo.

2.1-9 A vista de pájaro: ¿Cierto o Falso?

Con la información que has extraído de la lectura, señala si las siguientes oraciones son ciertas o falsas. Si son falsas, explica por qué.

_____ **1.** Tres amigas con características similares decidieron hacer un viaje juntas.

_____

_____ **2.** El viaje que realizaron fue la causa de que la amistad entre ellas se terminara.

_____

_____ **3.** Una razón por la que Luisa no tiene novio es que trabaja mucho.

_____

_____ **4.** María y Pilar tienen la misma actitud hacia los hombres.

_____

_____ **5.** Para que un viaje tenga éxito, hay que ir con una disposición tolerante y flexible.

_____

_____ **6.** Un aspecto positivo de los viajes organizados es que pueden servir para relajarte ya que te puedes dejar llevar, no tomar decisiones y descansar.

_____

_____ **7.** Si eres una persona a la que no le gustan los imprevistos, es posible que no disfrutes el viaje.

_____

_____ **8.** Un viaje organizado te da la opción de seleccionar las actividades y excursiones programadas a las que quieres asistir.

_____

2.1-10 Vayamos por partes

Contesta las siguientes preguntas con la información de la lectura.

1. Incluye en el siguiente cuadro las características que tienen Luisa, Pilar y María y la razón de este viaje.

	¿Por qué viajan?	¿Cómo son?
Luisa	_____	_____
	_____	_____
Pilar	_____	_____
	_____	_____
María	_____	_____
	_____	_____

2. ¿Qué aprendieron de este viaje?

_____

3. ¿Por qué fueron a un viaje organizado?

_____

4. Según el texto, ¿qué características tiene un viaje organizado?

_____

5. ¿Qué valores debería tener el viajero ideal para que la experiencia fuera positiva?

_____

6. El texto menciona que «No hay que devorar, sino que saborear». ¿Por qué lo dice y qué significa?

_____

7. El texto apunta que la sexualidad tiene bastante que ver con las vacaciones. ¿Qué significa? ¿Estás de acuerdo?

2.1-11 Adivina... ¿Quién lo diría?

Según lo que sabes de las tres amigas, infiere quién diría lo siguiente: Luisa (L), Pilar (P) o María (M).

_____ **1.** Ya es la hora y aún no está aquí. Vamos a llegar tarde.

_____ **2.** He disfrutado este viaje como nunca y aún me escribo con el chico que conocí.

_____ **3.** Todos los hombres son iguales... No quiero uno cerca.

_____ **4.** A pesar de nuestras diferencias y casi nuestra ruptura, he aprendido mucho de mí misma y me alegro que hayamos hecho el viaje juntas.

2.1-12 Y, ¿qué piensas tú?

Ya que has leído y contestado las preguntas, danos ahora tu opinión y comenta con tus compañeros.

1. Los viajes organizados son comunes para las personas ancianas, de la tercera edad, pero hay pocos jóvenes que se apuntan a ellos. ¿Por qué crees que esto es así?

2. ¿Hiciste alguna vez un viaje organizado por medio de tu colegio? ¿Cuántos años tenías? ¿Adónde fueron? ¿Qué medio de transporte utilizaron? ¿Fue una experiencia agradable o desagradable?

3. ¿Hay algún lugar en particular que solamente/nunca visitarías en un viaje organizado? Explica por qué tiene que ser (o nunca sería) con un viaje organizado.

IV. Escribamos

Selecciona una de las dos opciones y sigue las instrucciones que te dé tu profesor.

2.1-13 Diario

Después de escuchar a Jesús, Andrea y Vicente, intenta recoger en tu diario tu propia experiencia con relación a un viaje que hayas realizado y que te haya resultado atractivo. Usa las siguientes preguntas como guía y el vocabulario de la sección «Para hablar de...»

- ¿Fuiste a una agencia o lo organizaste tú?
- ¿Cómo viajaste? ¿En tren, en avión, en barco?
- ¿Qué lugares visitaste?
- ¿Cuánto duró el viaje?
- ¿Con quién(es) fuiste?
- ¿Qué actividades realizaste allí?
- ¿Qué tiempo hacía? ¿Dónde te alojaste?
- ¿Qué fue lo más positivo y lo más negativo del viaje?
- ¿Qué te aportó ese viaje?
- ¿Otras cosas importantes?

2.1-14 Composición

Unos amigos tuyos van a ir de vacaciones con un viaje organizado. Tú ya tienes experiencia en ellos y por eso vas a darles unos consejos.

- Empieza contándoles tus experiencias en el último viaje organizado al que asististe: adónde fuiste, con quién, cuándo y cómo lo pasaste.
- Menciona tres aspectos positivos y tres negativos de tu viaje organizado.
- Aconséjales lo que deben y no deben hacer para que su viaje organizado sea un éxito.

2.2 Fin de semana típico

I. Escuchemos

2.2-1 Piensa...

En este tema, tres personas nos hablan sobre su fin de semana típico.

1. ¿Qué actividades reservas para el fin de semana?

2. ¿Cuáles son las actividades típicas del fin de semana entre la gente de tu edad?

2.2-2 Para hablar de...

A continuación verás varias categorías de vocabulario relacionado con el tema. Trabaja con toda la clase y con la ayuda de tu profesor/a, y piensa en palabras asociadas a cada bloque que puedan ser de utilidad para hablar sobre el tema. ¿Qué palabras quieres incorporar? Te damos un ejemplo de cada una.

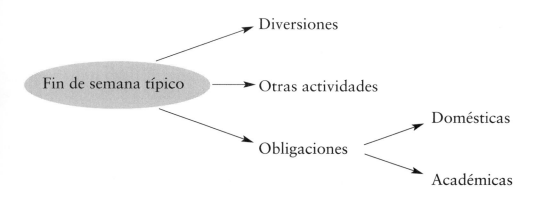

Diversiones	Obligaciones domésticas	Obligaciones académicas	Otras actividades
Salir a bailar	cortar el césped	dar clases/enseñar	aburrirse
_____	_____	_____	_____
_____	_____	_____	_____
_____	_____	_____	_____
_____	_____	_____	_____
_____	_____	_____	_____
alquilar un vídeo			
_____	_____	_____	_____
_____	_____	_____	_____
_____	_____	_____	_____
_____	_____	_____	_____
_____	_____	_____	_____

2.2-3 ¿Qué nos cuentan estas personas?

En esta sección María Eugenia, Estefanía y Alejandro nos cuentan cómo es su fin de semana. Escucha y apunta en el cuadro tus ideas y conceptos sobre «Los quehaceres» y «Las diversiones». En la última columna «Otra información», debes recoger datos que no correspondan a las otras dos secciones (ver Apéndice D).

2.2-4 Adivina... ¿Quién diría esto?

Después de escuchar a los hablantes y teniendo en cuenta lo que han contado, adivina quién diría esto. Identifica cada enunciado con un hablante y escribe el número del hablante en el espacio que corresponda. Recuerda que solamente hay tres hablantes; un enunciado debe quedar en blanco.

H____: El fin de semana aprovecho para estudiar y para limpiar. A veces hago algo divertido.

H____: Los fines de semana me levanto muy tarde y nunca trabajo.

H____: Los viernes a veces salgo con mi esposo, a veces me quedo en casa.

H____: El sábado voy a ir de compras y después iré a tomar una cerveza con mis compañeros de trabajo.

2.2-5 Información cultural: ¿Lo sabías?

María Eugenia (chilena) y Estefanía (española) son estudiantes internacionales en Estados Unidos. El fin de semana de Alejandro (uruguayo) podría verse como representativo del papel que juega el fin de semana para nosotros: descansar, relacionarse con los amigos y retomar fuerzas para empezar con ánimo la próxima semana. Veamos algo más sobre estos puntos.

Estudiantes internacionales en Estados Unidos

Muchas personas, procedentes de todas partes del mundo, visitan cada año Estados Unidos para hacer estudios de postgrado. Una forma de financiar sus estudios es dando clases en la facultad donde estudian. De esta manera, mientras completan su maestría o doctorado, reciben entrenamiento profesional y un salario que les permite vivir modestamente y permanecer en ese país.

La vivienda

Como el caso de Estefanía, muchos estudiantes internacionales comparten un apartamento o una casa con varios compañeros. En los países hispanos, es más normal compartir piso que vivir en una residencia estudiantil. En España la palabra «piso» se refiere a cualquier tipo de vivienda que no sea una «casa»—como apartamento o condominio. En México y Chile, por ejemplo, se usa la palabra "departamento" en lugar de apartamento.

Tiempo libre

El concepto de tiempo libre es especial en los países hispanos. Como menciona María Eugenia y como nos cuenta Alejandro, las personas buscan desconectarse del trabajo, salir con los amigos y pasarlo bien. Con frecuencia el fin de semana se dedica a pasar tiempo con la familia y los amigos y olvidarse del trabajo. Esta idea se resume muy bien en el siguiente dicho: «Los españoles trabajan para vivir, no viven para trabajar».

¿Puedes contestar las siguientes preguntas, teniendo en cuenta la información que has leído?

1. ¿Qué pueden hacer los estudiantes internacionales para financiar sus estudios en Estados Unidos?

2. ¿Puedes dar otros ejemplos de palabras que se usan en diferentes países para designar el mismo objeto?

3. ¿En qué se diferencia el concepto de tiempo libre en tu país y en los países hispanos?

II. Conversemos

2.2-6 Y ahora tú...

En esta sección vas a discutir con tus compañeros tus gustos y hábitos del fin de semana. Trabaja siguiendo las indicaciones de las actividades y las instrucciones de tu profesor/a.

A. Fines de semana: los hablantes y tú

1. Completa el siguiente cuadro con las actividades del fin de semana de los hablantes y con las tuyas. Cuando termines, compara tus resultados con los de tu compañero/a. ¿Qué palabra usarías para caracterizar un fin de semana típico? ¿Se parecen tus respuestas a las de tu compañero/a? ¿A las de los hablantes? ¿A ninguno de los dos? ¿Cuál actividad nunca haces o harías durante el fin de semana?

Hablante	1	2	3	yo
Viernes	_____	_____	_____	_____
Sábado	_____	_____	_____	_____
Domingo	_____	_____	_____	_____

2. Encuesta. De la información recabada en la actividad anterior, la clase debe hacer una lista de actividades populares durante el fin de semana y preparar una encuesta. La clase se divide en cuatro grupos. Los grupos 1 a 3 estarán a cargo de las actividades de los días viernes, sábado y domingo, respectivamente. Los miembros del grupo 4 se harán cargo del conteo. La encuesta consiste en identificar las actividades más divertidas y las más aburridas entre la clase y explicar por qué lo son.

3. Hay cosas que hacen que un fin de semana sea especialmente bueno o malo. ¿Qué cosas son? Averigüémoslo. Piensa en buenos fines de semana que hayas pasado y apunta lo que los hizo «bueno». Después, haz lo mismo con un fin de semana que prefieras olvidar. Ahora, con tu grupo, intercambien sus opiniones. ¿Qué tienen en común los fines de semana buenos y malos de tus compañeros con los tuyos?

Características de un buen fin de semana	Características de un mal fin de semana
_____	_____
_____	_____
_____	_____
_____	_____
_____	_____
_____	_____

Ahora, cada grupo va a presentar las cualidades que encontraron en común de ambos fines de semana ¿Han encontrado la receta para pasar un buen fin de semana y para no sufrir un fin de semana malo?

B. ¡De juerga!

1. En España una noche estupenda sería quedar con los amigos alrededor de las ocho para ir de tapas (a comer algo), y a las diez u once, se va de copas a los pubs hasta que cierran. Después, se va a la discoteca hasta la hora de cerrar (seis o siete de la mañana). Más tarde, se toma chocolate con churros y... ¡a dormir! ¿Alguna vez has hecho algo similar? ¿Cómo sería una noche de juerga para ti? ¿Cómo empieza y cómo termina? `1` `3`

Mi noche de juerga típica

Primero _____

Luego _____

Después _____

Más tarde _____

Por último _____

Ahora, compara tus respuestas con las de los miembros de tu grupo. ¿Se parecen? ¿Son diferentes?

2. ¿Cuáles son las actividades que se consideran peligrosas cuando los jóvenes se van de juerga? ¿Es posible evitarlas si se sale con un grupo? ¿Cómo? En el columna de la izquierda, anota las actividades que consideras peligrosas, y en el columna de la derecha, las recomendaciones que darías a otros jóvenes para que tengan un fin de semana divertido y seguro. Después, coméntalo con un/a compañero/a. `1` `2`

Actividades peligrosas	¿Cómo evitarlas? Recomendaciones
_____	_____
_____	_____
_____	_____
_____	_____

3. ¿Qué hacías los fines de semana cuando tenías dieciséis años? Narra detalladamente un fin de semana típico y compara tus experiencias con las de tus compañeros. `2`

C. Y... después del fin de semana... ¿qué?

1. Muchas personas se sienten deprimidas el domingo por la tarde porque se acaba el fin de semana. ¿Cómo te sientes tú? Si te sientes deprimido/a, ¿qué haces para combatir la depresión? Si no te sientes deprimido/a, ¡danos tu secreto! `3`

2. Cuando se bebe demasiado, al día siguiente uno se siente mal, con resaca. Hay algunos remedios caseros que funcionan muy bien y que son propios de cada región o país. Por ejemplo, en España, cuando uno se levanta con resaca, la combate tomando un vasito de cerveza y... ¡se queda nuevo! En México, la gente va al mercado a comer «menudo» (*tripe soup*) o sopa de camarones, y en Chile, desayunan sopa de marisco. ¿Qué hacen ustedes para eliminar o combatir la resaca? ¿Qué le recomiendas a tus compañeros que hagan el día después de la juerga? `T`

III. Leamos

Para el tema de «Fin de semana típico», te sugerimos una lectura que habla sobre las aventuras de Jordi Rivero, un joven español. Antes de leer, trabaja con el vocabulario que aparece a continuación y que viene de la lectura.

2.2-7 Descubre el significado: Identifica y empareja

Lee las siguientes oraciones y encuentra el significado de las diez palabras *en cursiva,* ayudándote del contexto en que aparecen. Luego, empareja las palabras con su definición. Te presentamos las palabras en dos bloques de cinco.

1. El tío de mi marido es amable, cómico, sabe cocinar y tiene muy buen sentido del humor; *es todo un personaje.*

   La abuela de Nieves nunca sale de casa sin maquillaje, siempre lleva pantalones y zapatos de tacón alto; *es todo un personaje.*

2. Dolores no sabe *ponerle ganas* a nada, es un poco apática.

   Si todos *le ponemos ganas,* podremos pintar el cuarto en un par de horas.

3. Menos mal que tengo un *garrote* en caso de que encontremos serpientes.

   Cuando vamos al campo Marcos lleva un *garrote* para defenderse.

4. Vamos a *emprender* el regreso a las 7:00 de la mañana, así que tienen que levantarse muy temprano.

   Todos los alpinistas están preparados para *emprender* el ascenso a la montaña.

5. Son las seis de la mañana, a Justa no le gusta levantarse temprano; por eso está de **mala leche.*

   Todo salió mal el día de hoy, se me olvidó traer el almuerzo, no pude sacar dinero del cajero automático, empezó a llover cuando iba al coche y no tenía paraguas; por eso estoy *de tan mala leche.*

Ahora, empareja la palabra o expresión con su definición o sinónimo.

Palabras

_____ 1. ser todo un personaje
_____ 2. ponerle ganas (a algo)
_____ 3. garrote
_____ 4. emprender
_____ 5. de mala leche* (vulgar)

Definiciones o sinónimos

a. palo, pedazo grande de madera que se usa para golpear

b. tener características especiales, tener una personalidad sobresaliente

c. estar de mal humor, no ser muy amistoso o amable; hacer algo con mala intención

d. hacer algo con gusto, con energía

e. empezar

---

mala leche es una expresión coloquial que no se considera apropiada en algunas situaciones.

6. ¿Has hablado con Cecilia? Su hermana va a cancelar la boda, a pesar de haber mandado las invitaciones la semana pasada. ¡*Vaya tela*!

   Solamente dejé el coche aparcado en doble fila por un minuto y me han dado una multa. ¡*Vaya tela*!

7. Dame el bolígrafo. Yo me encargo de escribir esta carta. Tú no sabes *redactar*.

   Algunos escritores solamente pueden *redactar* si tienen absoluto silencio y tranquilidad.

8. Margarita decidió no *ingresar* en el convento; ahora tiene otros planes.

   Antonia *ingresó* en el hospital el martes pasado a causa de un dolor en la espalda.

9. Matilde no quiere *apuntarse* al recorrido en helicóptero. Dice que se marea en vehículos tan pequeños.

   Cristina *apuntó* a sus hijas en el club de niñas exploradoras.

10. Ofelia estaba muy cansada. Había trabajado doce horas en el hospital y su relevo no llegaba.

    Si tú tomas el turno de la mañana para cuidar la tienda, yo te *relevo* a la hora de comer.

Ahora, empareja la palabra o expresión con su definición o sinónimo.

Palabras

_____ 6. vaya tela

_____ 7. redactar

_____ 8. ingresar

_____ 9. apuntar(se)

_____ 10. relevo; relevar

Definiciones o sinónimos

f. inscribirse, comprometerse a hacer algo

g. escribir

h. el que sustituye a otra persona para hacer algo; sustituir

i. entrar

j. expresión enfática, equivale más o menos a "¡qué problema!"

2.2-8 Antes de leer

Ahora vas a leer el texto titulado *Las aventuras de Jordi Rivero*. En esta lectura, Jordi describe tres fines de semana totalmente diferentes, uno lo pasó solo en Madrid, otro con la familia de Patricia, su novia, cuando visitaron Barcelona y el último en Vigo donde tuvo oportunidad de convivir más con la familia de Patricia.

Antes de empezar a leer, reflexiona un poco.

1. ¿Disfrutas siempre del fin de semana?

2. ¿Tienes una rutina o haces algo diferente cada fin de semana?

Una vez que hayas leído, vamos a trabajar con la lectura. ¡Ya puedes empezar a leer! ¡Diviértete!

LAS AVENTURAS DE JORDI RIVERO

Crónica del fin de semana en Madrid

Este mes el destino elegido ha sido Madrid y el viaje lo he tenido que hacer en bus, porque fue un poco improvisado, por lo que me quedé sin avión.

Ya la salida fue un poco precipitada porque llegué muy justo a la estación de autobuses del norte. Junto a mí, iba un chico bastante movido, *era todo un personaje*. En la primera parte del viaje no paraba de levantarse y hacer cosas raras; en la segunda, aprovechó la parada para comprarse un video-juego. Nunca había visto a alguien tan malo, pero por otro lado le *ponía unas ganas* dignas de recordar. En ese bus había más personajes pintorescos. Por ejemplo, delante de mí iba un viejecito con un *garrote* que tenía muchas ganas de pasarse el viaje durmiendo. Cualquier ruido que se escuchaba, hacía que el señor saltase con furia y amenazara a la persona que lo hubiese originado. La acción mas fuerte que *emprendió* fue con una sudamericana a la que no paraba de sonarle el teléfono.

Una vez llegué a Madrid, cogí el metro hasta la estación de trenes de Atocha y allí el tren hasta Pinto, que es donde he dormido.

Lo que es Pinto, me gustó bastante. Se trata de un poblado con aires residenciales, muy limpio, bonito, con gente amable que saludaba al pasar junto a ella, un lugar que no está a más de veinte minutos de la capital. Como cositas de interés, me encontré con un parque con patitos y una iglesia minimalista, después un parque botánico bastante grande, del estilo del parque de la ciudadela.

La vuelta fue aún más pintoresca que la ida, un conductor con muy *mala leche* y un bus pequeñajo en el que era imposible moverse. El señor, éste, paró varias veces en medio del viaje a insultar a alguien que hacía ruido, amenazando de que si se enteraba quien era, llamaría a la Guardia Civil[1] y lo haría bajar. Al llegar a Zaragoza, con el cambio de conductor, alguien quedó abajo y nos fuimos sin él, por consejo del primer conductor. ¡Vaya tela!

Aunque agotador, lo pasé bien.

Crónica del fin de semana en Barcelona, con la familia de mi nena

Mi fin de semana quedará marcado a fuego por la visita de mi novia, sus padres y hermanos. Llegaron el jueves por la tarde tras once horas de viaje por carretera. El resto de la tarde la pasamos en el súper comprando cosas para el fin de semana y poco más.

Llegó el viernes y nos fuimos a hacer turismo por Barcelona, empezando por Montjuic[2]. Después seguimos con el Palau Sant Jordi[3], el Camp Nou[4], Después comimos en Sant Boi[5] y terminamos por Tibidabo[6] y por supuesto, las Ramblas[7].

El sábado pasé toda la mañana con el padre de mi novia y su hermano en el Camp Nou, haciendo el tour de los vestuarios, el palco y el campo... fue en principio un poco aburrido porque la entrada era a las dos y llegamos antes de las once, así que tocó esperar. Tomé mucho sol y creo que me sentó mal porque pasé el resto del día un poco descompuesto. Por la tarde estuvo lloviendo.

Llegó el domingo. Nos levantamos y nos fuimos a la estación a buscar un tren para irnos a Port Aventura. Hubo suerte y conseguimos unos billetes para las 13:30. Me divertí mucho en Port Aventura a pesar de encontrarme un poco mal. Montamos prácticamente en todo y regresamos a las 21:30, cuando empezaba a llover otra vez.

El lunes bien temprano se fueron a casa, la extraño más de lo normal... y pasé un día fatal, estoy muy, muy triste.

Crónica del fin de semana en Vigo

Ya hace prácticamente una semana que fui a Vigo, regresé y no había tenido tiempo hasta ahora de *redactar* las memorias. Ha sido un fin de semana bastante bueno a pesar de que poco antes de irse *cambiaron* la mayoría de los planes que había montado con Patri.

Mi futuro cuñado estaba a la espera de *ingresar* en el hospital para que le aplicaran un tratamiento nuevo y se precipitó la llamada para este fin de semana, así que me *apunté* a los turnos para cuidarlo. Cierto es que no era lo que me apetecía más para estos días señalados de «enamorados», pero tuvo cosas muy positivas, como, por ejemplo, el tiempo que hemos pasado juntos, hasta ahora por las distancias sólo habíamos mantenido conversaciones superficiales y apenas sabía cosas de él, me gustó conocerlo más.

También conocí mejor al resto. Hablé varias veces de forma animada con su padre; me gustó bastante el debate de la guerra. Además tuvo un bonito gesto adelantando su llegada para el *relevo* todos los días para que pudiéramos pasar más tiempo a solas mi nena y yo. También me sentí muy bien con los mimos de su madre; eran como los que tenía antes de la mía. Jugué con mi otro cuñadito, cenamos con su tío y su novia un montón de gambas después de una partida de ajedrez donde fui arrasado y me presentó otra bueeeeena parte de su familia.... uff, la de cosas que hecho....

Me lo pasé muy bien, como siempre que estoy con ella.

---

[1]*La Guardia Civil* es un grupo independiente de seguridad nacional en España. Es similar a la policía, pero tiene rangos como el ejército.

[2]*Montjuic* es una montaña en Barcelona que tiene la mejor vista de la ciudad desde todos los ángulos. Las colinas se encuentran adornadas con flores, árboles y cactus.

[3]*Palau Sant Jordi* es el estadio más espectacular diseñado para los Juegos Olímpicos de 1992. Tiene capacidad para 17.000 espectadores.

[4]*Camp Nou* es uno de los estadios de fútbol de Barcelona.

[5]*Sant Boi* es un pueblo en el río Llobregat; es un destino muy popular para pasear. Aquí se celebra cada año el Festival de la Música y la Canción.

[6]*Tibidabo* es el primer parque de atracciones en España. Ha reabierto sus puertas recientemente como parque urbano y espacio natural. Su funicular data de 1901.

[7]*Las Ramblas* significa «flores secas» en árabe. Es una zona en Barcelona que se divide en cinco secciones de acuerdo a lo que se ofrece. Es el lugar preferido de los habitantes de Barcelona para encontrarse con los amigos, comprar libros, revistas, flores, artesanía y arte.

2.2-9 A vista de pájaro: ¿Cierto o Falso?

Ahora que ya has leído, señala si las siguientes oraciones son ciertas o falsas. Recuerda que si las oraciones que aparecen a continuación son falsas, tienes que modificarlas para que reflejen el contenido que verdaderamente aparece en la lectura.

_____ **1.** Jordi tuvo que ir a Madrid en autobús porque no hizo planes con anticipación para ir en avión.

_____

_____ **2.** Uno de los pasajeros del autobús era un hombre mayor que quería conversar y se enfadaba con la gente que quería dormir.

_____

_____ **3.** La gente de Pinto es muy amable y esto le molestó a Jordi...

_____

_____ **4.** El conductor del autobús de regreso estaba de mal humor.

_____

_____ **5.** La familia de Patricia, la novia de Jordi, llegó a Barcelona el viernes y él fue a buscarlos al aeropuerto.

_____

_____ **6.** Jordi se sintió un poco mal porque pasó demasiado tiempo afuera y hacía mucho calor cuando llevó al padre de Patricia y a su hermano al estadio.

_____

_____ **7.** El fin de semana en Vigo fue bueno porque salió todo como lo había planeado.

_____

_____ **8.** El padre de Patricia, su novia, se opone a sus relaciones.

_____

_____ **9.** El fin de semana en Vigo, Jordi conoció a muchos otros miembros de la familia.

_____

_____ **10.** Jordi quiere mucho a Patricia.

_____

2.2-10 Vayamos por partes

Contesta las siguientes preguntas con la información de la lectura.

Crónica del fin de semana en Madrid

1. Cuando Jordi fue a Madrid, ¿cómo eran sus compañeros de viaje? ¿Por qué dice que eran pintorescos? ¿Por qué se enojó el señor mayor con la chica sudamericana?

_____

_____

2. ¿Dónde está Pinto? ¿Qué cosas de interés encontró ahí?

_____

_____

3. ¿Cómo fue el viaje de regreso? ¿Qué hizo el conductor del autobús?

_____

_____

Crónica del fin de semana en Barcelona, con la familia de mi/nena

4. ¿Quién visitó a Jordi este fin de semana? ¿Qué hicieron el jueves? ¿Y el viernes? ¿Por qué se sentía mal Jordi?

_____

_____

_____

5. ¿Qué hicieron el domingo? ¿Cómo lo pasó Jordi?

_____

_____

_____

6. ¿Cómo se sentía el lunes? ¿Por qué?

_____

_____

_____

Crónica del fin de semana en Vigo

7. ¿Por qué tuvo que cambiar sus planes este fin de semana? ¿Qué le pasó a su futuro cuñado? ¿Qué tuvo oportunidad de hacer Jordi con su futuro cuñado?

_____

_____

_____

8. ¿De qué habló Jordi con el padre de su novia? ¿Qué hizo el padre para que Jordi pasara más tiempo con su hija?

_____

_____

_____

9. ¿A qué otras personas de la familia conoció? ¿Qué hizo con cada una de ellas?

_____

_____

_____

2.2-11 Adivina... ¿Quién lo diría?

¿Quién diría lo siguiente, Jordi (J), el conductor del autobús (C), el viejecito (V), el padre de Patricia (PP), o C Patricia (P)?

_____ **1.** ¡No hagan ruido, quiero dormir!

_____ **2.** Me gusta mucho estar con Patricia.

_____ **3.** ¿Quién está haciendo ruido? ¡Voy a llamar a la guardia civil!

_____ **4.** Éstos son mis padres y mis hermanos...

_____ **5.** Mi hijo tuvo que ingresar al hospital.

_____ **6.** He jugado mucho con el hermano de mi novia.

_____ **7.** Esta mujer hace mucho ruido; su teléfono no deja de sonar...

_____ **8.** Fui al Camp Nou con Jordi y mi hijo...

_____ **9.** No dejes que esta persona se suba al autobús, me ha dado muchos problemas.

_____ **10.** La gente de Pinto es muy simpática.

2.2-12 Y, ¿qué piensas tú?

Ya has terminado de leer. Ahora, contesta según tu opinión.

1. ¿Haces excursiones durante el fin de semana? ¿Con qué frecuencia? ¿Adónde vas? ¿Te gusta planear tu fin de semana o prefieres improvisar?

_____

_____

_____

2. De los fines de semana que comenta Jordi, ¿cuál te pareció el mejor? ¿Para cuál de ellos no te gustaría estar en su lugar?

_____

_____

_____

3. ¿Crees que pasar tiempo con la familia de tu pareja es divertido? Piensa un poco y luego compara tus respuestas con las de tus compañeros. ¿Coinciden o son diferentes?

_____

_____

_____

IV. Escribamos

Escribe sobre uno de estos temas según las indicaciones que te dé tu profesor/a.

2.2-13 Diario

Describe tu rutina del viernes, sábado o domingo, menciona qué haces, con quién, adónde vas, qué comes y otra información que te parezca relevante al tema. Puedes ayudarte con el vocabulario de «Para hablar de...».

2.2-14 Composición

¿Cómo sería el fin de semana ideal? Describe tan detalladamente como puedas el fin de semana idílico y menciona lo que harías, con quién, dónde, etc. No olvides explicar por qué sería un fin de semana perfecto.

Aquí tienes ejemplos de estructuras que puedes utilizar:

Mi fin de semana perfecto sería...

Yo preferiría + _infinitivo_

Lo que haría es + _infinitivo_

Lo que hacemos

3.1 La universidad

I. Escuchemos

3.1-1 Piensa...

En este tema, tres personas nos hablan sobre sus experiencias en algunas universidades de otros países y sus experiencias en algunas universidades estadounidenses.

1. ¿Has estudiado en el extranjero alguna vez?
2. ¿Te interesaría estudiar en otro país?
3. ¿Conoces a algunos de los estudiantes extranjeros que asisten a tu universidad?

3.1-2 Para hablar de...

A continuación verás cuatro categorías de vocabulario relacionado con el tema. Trabaja con toda la clase y, con la ayuda de tu profesor/a, piensa en palabras asociadas a cada bloque que puedan ser útiles para hablar sobre el tema. ¿Qué palabras incluirías? Te damos un ejemplo de cada una.

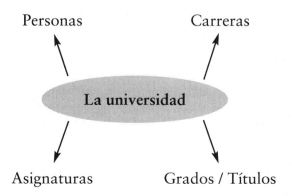

Personas	Carreras	Grados
docente	arquitectura	pregrado

Títulos	Actividades/verbos	Otras palabras
licenciatura	aprender	aula

3.1-3 ¿Qué nos cuentan estas personas?

En esta sección, Yaritza, Jesús y Jacquelín discuten sus experiencias universitarias y comparan el sistema universitario de su país con el de Estados Unidos. Apunta en el cuadro las ideas y conceptos que hayas entendido (ver Apéndice D).

3.1-4 Adivina... ¿Quién diría esto?

Después de escuchar a los hablantes y teniendo en cuenta lo que han contado, identifica cada enunciado con un hablante. Un enunciado no corresponde a nadie y debe quedar en blanco.

H____: Tengo tanto trabajo que no tengo tiempo para disfrutar de la vida.

H____: El sistema educativo de mi país es similar al estadounidense. Me gusta lo que hago.

H____: El haber estudiado en varias universidades ha sido importante en mi carrera.

H____: En mi país las reglas de comportamiento en el aula son más estrictas.

3.1-5 Información cultural: ¿Lo sabías?

Yaritza, Jesús y Jacquelín han sido estudiantes en Estados Unidos y nos han explicado las diferencias que han visto entre el sistema educativo de sus países y el de Estados Unidos. Veámoslo con más detalle.

Diferencias en los sistemas educativos

Examen de ingreso a la universidad: Los estudiantes que quieren entrar a la universidad deben tomar un examen especial (de «selectividad» en España, «prueba de aptitud académica» en Chile, etc.). Aún cuando se pase este examen, cada carrera universitaria tiene una nota establecida que el estudiante debe alcanzar para ser aceptado. El promedio de notas (GPA) obtenidas en la licenciatura se tienen en cuenta, pero si el estudiante no obtiene la nota esperada, tendrá que esperar un año para tomarlo de nuevo y tener otra oportunidad.

Relación entre el profesor y el estudiante: En ciertos países de América Latina, la distancia que existe entre el profesor y el alumno refleja respeto. En contraste, las relaciones más informales, y hasta cierto punto amistosas, no son aceptables entre profesores y alumnos.

Escalas de notas: El sistema de notas en los países de América Latina y España no es uniforme. Por ejemplo, en Venezuela la escala es del 1–20, en Chile es de 1–7, en México y España es de 1–10.

Selección de asignaturas: En España y en algunos países de América Latina, los estudiantes universitarios tienen un programa establecido de las clases que deben tomar cada semestre, dependiendo de la carrera que hayan escogido. Los estudiantes de una generación son compañeros en casi todas las clases y desarrollan amistades y relaciones muy sólidas durante cuatro años.

Bachillerato: En Puerto Rico, debido al contacto con el inglés, la palabra «bachillerato» se refiere al grado o título que obtienen los que terminan sus estudios universitarios de pregrado. En España y la mayoría de los países de Latinoamérica, el bachillerato es el grado que se obtiene al terminar la escuela secundaria.

Con la información que recuerdes, decide si los siguientes enunciados son ciertos o falsos. Si son falsos, explica por qué.

_____ **1.** Los estudiantes en España y en Colombia tienen que tomar un examen de admisión antes de ser admitidos en la universidad.

_____ **2.** El promedio de notas es tan importante en los países hispanos como en Estados Unidos para ingresar a la universidad.

_____ **3.** La relación entre estudiantes y profesores en las universidades latinoamericanas es bastante informal.

_____ **4.** El sistema de notas es diferente en cada país hispano.

_____ **5.** En los países hispanos, los estudiantes universitarios no tienen oportunidad de desarrollar relaciones amistosas con sus compañeros.

II. Conversemos

3.1-6 Y ahora tú...

En esta sección vas a discutir con tus compañeros preguntas relacionadas con tus experiencias universitarias. Trabaja siguiendo las instrucciones de las actividades y del / de la profesor/a.

A. Los hablantes y tú

2 **1.** Yaritza menciona las relaciones entre maestro-alumno en su país y lo que no se permite a los estudiantes hacer en el aula. ¿Cómo son estas situaciones en Estados Unidos? ¿Cómo te relacionas con tus profesores? ¿Qué no se permite en las aulas de tu institución? ¿Crees que es cuestión de opiniones o es una cuestión cultural? ¿Por qué opinas eso?

2 **2.** Ella también habla del sistema de notas en Venezuela. ¿Qué piensas de este sistema? ¿Es mejor o peor que el sistema empleado por tu universidad? Justifica tu respuesta.

3 **3.** Jesús menciona que estudió en varias universidades en diferentes países. ¿Cuáles son las razones por las que alguien cambia de universidad? ¿Crees que es mejor hacer todos los estudios en la misma institución? ¿Por qué? ¿Cuáles son las ventajas o desventajas de hacer esto?

T **4.** ¿Te gustaría que todas las clases que tomas estuvieran determinadas por tu facultad? ¿Por qué?

3 **5.** Jacquelín menciona algunas diferencias entre el sistema de semestres y el sistema anual. ¿Qué opinas tú? ¿Qué clases deberían durar todo el año? ¿Qué ventajas o inconvenientes tendría prolongar los cursos de esta manera?

2 **T** **6.** ¿Qué sabes sobre las diferencias entre el sistema educativo de Estados Unidos y el de otros países? Completa la siguiente tabla con la información que han dado Yaritza, Jesús y Jacquelín y la que te proveemos en el apartado de «Información cultural: ¿Lo sabías?»

	Estados Unidos	América Latina	Otros países
relación profesor / estudiante	_____	_____	_____
programa de estudios	_____	_____	_____
sistema de evaluación	_____	_____	_____
vestido / ropa	_____	_____	_____

7. Usando la información de la actividad anterior, prepara seis preguntas que te gustaría hacer antes de ir a estudiar al extranjero. Tres de las preguntas son para los estudiantes de la universidad, y las otras tres, para los funcionarios. Cuando termines, forma un grupo de cuatro compañeros/as y compartan sus preguntas. Escojan las mejores y preséntenselas al resto de la clase.

B. Tu experiencia universitaria

1. ¿Qué aspectos de tu universidad te gustan más? ¿Cuáles no te gustan? ¿Qué cambiarías? Completen el siguiente cuadro y después presenten sus ideas al resto de la clase.

Mi universidad		
Lo que me gusta	Lo que no me gusta	Lo que cambiaría

2. ¿Cómo elegiste tu carrera? ¿Qué caracteriza las carreras en humanidades y las de ciencias? En el futuro, ¿qué carreras tendrán más demanda? ¿Por qué?

3. *Role-play.* ¿Qué opinas sobre los estudiantes que hacen trampa en los exámenes o que plagian documentos para una clase? ¿Qué harías tú si vieras a uno de tus compañeros haciendo trampas en un examen? Trabaja con dos compañeros. Uno de ustedes va a ser un estudiante que hizo trampa en un examen o entregó un trabajo final copiado del Internet. Otro va a representar al profesor que lo atrapó «con las manos en la masa». Entablen un diálogo en el cual el profesor explica las consecuencias de hacer trampas, y el estudiante se defiende y trata de justificar su comportamiento.

C. La universidad

2 **1.** En algunos países solamente un número limitado de personas puede asistir a la universidad, ya sea por el coste o porque los requisitos son muy estrictos. ¿Crees que todas las personas deben tener un grado universitario? ¿Por qué? ¿Cuáles son las alternativas a no estudiar en la universidad? ¿Se puede tener éxito en la vida sin un título universitario? ¿Cómo?

3 **2.** Menciona las características de un buen y un mal profesor y de un buen y un mal estudiante. Después, compara tus respuestas con las de tus compañeros. ¿Coinciden? ¿Qué características se repiten en cada apartado?

El buen profesor	El mal profesor	El buen estudiante	El mal estudiante
_____	_____	_____	_____
_____	_____	_____	_____
_____	_____	_____	_____
_____	_____	_____	_____

2 **3.** ¿Qué opinas de la práctica de evaluar a los profesores al final del semestre? ¿Crees que la mayoría de los estudiantes son objetivos o que se dejan llevar por la nota que llevan en clase? ¿Qué otros factores menos objetivos pueden influir en la evaluación de un profesor? ¿Qué sugerirías para mejorar este sistema?

III. Leamos

Antes de leer, trabaja con el vocabulario que aparece a continuación y que viene de la lectura.

3.1-7 Descubre el significado: Identifica y empareja

Lee las siguientes oraciones y encuentra el significado de las diez palabras *en cursiva*, ayudándote del contexto en que aparecen. Luego, empareja las palabras con su definición. Te presentamos las palabras en dos bloques de cinco.

1. Jennifer López no es solamente *tipazo*, también es buena actriz.

Es importante que las adolescentes entiendan que para ser atractiva no es necesario ser *tipazo*, porque no todas las mujeres tienen el mismo tipo de cuerpo.

2. Alejandra se compró un *jersey* de lana muy caro.

Si vas a ir a Colorado en el invierno, debes llevar *jerseys*, un abrigo, guantes y una bufanda, porque hace mucho frío.

3. Pilar no estuvo satisfecha con la decisión de los jueces y la *recurrió* inmediatamente. Ahora debe esperar la decisión de la corte.

Si no estás de acuerdo con tu evaluación, tienes treinta días para *recurrir* el resultado.

4. Este método para estudiar *es una bomba*; gracias a él, mis notas han mejorado muchísimo.

Todos se sorprendieron cuando la película sobre la boda griega resultó *ser una bomba*, puesto que generalmente las películas con presupuestos modestos no tienen tanto éxito.

5. Pilar estableció las *pautas* para estudiar y tener éxito en las clases.

Gregorio dejó el ejército. Como es desorganizado, le costaba seguir las *pautas* tan estrictas de la vida militar.

Ahora, empareja la palabra o expresión con su definición o sinónimo.

Palabras
_____ 1. tipazo
_____ 2. jersey
_____ 3. recurrir
_____ 4. ser una bomba
_____ 5. pauta

Definiciones o sinónimos
a. norma o reglas que sirven para hacer algo
b. suceso extraordinario (coloq.)
c. prenda de vestir que se usa cuando hace frío, suéter
d. persona con un cuerpo muy atractivo
e. protestar, reclamar

6. El perro de Carlos es muy *pillo*, siempre se acerca a los niños cuando están comiendo, en caso de que se caiga algo al suelo.

Los niños de Renata son unos *pillos*, no tienen hambre cuando hay ensalada, pero nunca les falta el hambre cuando hay dulces.

Los niños de Renata son unos *pillos*, pero cuando están en casa de su abuela se portan como angelitos.

7. No me gusta ir al campo en el verano, porque los mosquitos y el calor son muy *puñeteros*.

No quiero que José vaya conmigo de compras porque es muy *puñetero* y no me deja en paz.

8. Está muy claro que Joaquín no *se decanta* por ninguno de los candidatos.

Cada vez más los estudiantes *se decantan* por una carrera que los satisfaga tanto económica como intelectualmente.

9. Cuando les dije a mis padres que no quería estudiar medicina, empezó la *bronca*.

Rubén no entiende que si sigue con esa actitud arrogante, va a tener una *bronca* en el trabajo.

10. De acuerdo con el *baremo* de la compañía, esos productos no pasaron el control de calidad.

Matías no tiene ni idea de cómo evaluar los méritos de una propuesta, así que necesitamos establecer un *baremo* para que haya uniformidad en las decisiones.

Ahora, empareja la palabra con su definición o sinónimo.

Palabras	Definiciones o sinónimos
____ 6. pillo	f. astuto, sagaz
____ 7. puñetero	g. pelea, riña
____ 8. decantarse	h. fastidioso, que molesta
____ 9. bronca	i. medida para evaluar, sistema de evaluación
____ 10. baremo	j. inclinarse por algo

3.1-8 Antes de leer...

Ahora vas a leer el texto titulado *La estudiante 10*. En esta lectura aprenderás sobre Pilar Navarro, una joven española que se ha destacado en los estudios, ha escrito un libro (*Mis claves del éxito para estudiar mejor*) y se postula a la alcaldía de su ciudad. Ella no se considera extraordinariamente inteligente, y cree que su éxito se lo debe al trabajo.

Antes de empezar con la lectura, lee esta información que te ayudará a entender algunos conceptos o situaciones que se mencionan en ella.

¿Lo sabías?

Matrícula (de honor): 10 es nota más alta que se puede obtener en un examen en un curso y le da derecho al estudiante a no pagar matrícula en el curso siguiente.

El árbol de la ciencia: Este proyecto compila definiciones precisas, en todas las áreas del conocimiento científico, escritas por expertos en el área de manera que puedan ser entendidas por el público general.

El ritual de la vestimenta: Se refiere al ritual en el cual los toreros se visten antes de una corrida. La ceremonia es privada y solamente se permite la presencia de los asistentes más próximos al matador. El no seguir el ritual con rigor trae mala suerte.

Tongo: Expresión que se usa para indicar que una competición deportiva ha sido arreglada. Es decir, una persona ha ganado por razones ajenas a sus habilidades deportivas.

Almería: Provincia situada al sureste de la Península Ibérica y hace frontera con las provincias de Granada y Murcia. Es una provincia muy calurosa de Andalucía y su paisaje desértico ha servido de escenario para películas como *Lawrence de Arabia* y numerosas películas del Oeste.

Audiencia Nacional: Tribunal con jurisdicción en toda España para ciertas causas sociales y penales.

El Supremo: Tribunal supremo.

Comisión Nacional de Valores: Organismo que controla las transacciones del mercado de valores.

RTVE: RadioTelevisión Española es el grupo más grande de telecomunicaciones de España y se encuentra entre los más importantes del mundo.

PSOE: Partido Socialista Obrero Español, al cual pertenece el actual presidente de gobierno de España, José Luis Rodríguez Zapatero.

Ahora estás casi listo/a para leer, pero antes, reflexiona un poco.

1. ¿Qué haces cuando se comete una injusticia? ¿Actúas inmediatamente o te quedas callado?
2. ¿Has recibido alguna vez una nota más baja de la que merecías? ¿Qué hiciste al respecto?

Una vez que hayas hecho la lectura, vamos a trabajar con ella. ¡Ya puedes empezar a leer!

La estudiante 10

Ésta es una historia de 10. Su protagonista es una mujer morena, 1,70 de altura, monilla, *tipazo,* risueña a veces, veloz. Me espera estudiando el periódico, tomando notas en un bloc. Lleva puesto un suave aire de Loewe, pantalón y *jersey* negros, y chaqueta de cuero marrón; en la silla reposa un attaché estampado de Louis Vuitton. Pilar Navarro es la estudiante de derecho que *recurrió* el segundo Premio Nacional de fin de Carrera de 2001: 24 matrículas, su 10 de nota media fue el único en la promoción de aquel año en las universidades de España. Perdió el recurso, ganó el favor de la opinión pública, sigue recurriendo y va por el Supremo. La editorial *Planeta* le encargó un libro sobre su método de estudiar, que ha resultado *ser una bomba:* 7.500 ejemplares agotados en dos semanas: ¿Un método infalible? «Ni mejor ni peor que otros muchos publicados, pero cualquiera que siga las *pautas* de estudio que ofrezco sacará seguro buenas notas».

Es probable que Pilar Navarro haya sido una niña *pilla,* pero su madre (astróloga) se negó en su día a hacerle las pruebas para niños superdotados. Continúa sin hacérselas: «No tengo interés en comprobarlo, mi inteligencia es media, pero soy muy trabajadora: lo más importante es el trabajo».

Habla la madre: «Pilar fue una niña muy rápida, con un año hablaba ya por los codos, construía frases largas... Su padre quería hacerle los tests, y no paraba de hablar de ellos, pero yo siempre pensé: si la trato de una manera especial, esta niña se me vuelve insoportable. Así que nada de test ni de nada. Siempre ha sido súper responsable e independiente, y nada influenciable, muy *puñetera*». Ahora Pilar agradece a su madre el haber tenido una educación normal, en colegio público.

A la hora de elegir la carrera, decidió hacer Derecho, a disgusto de su familia, que esperaba de ella algo más brillante. «La elegí porque no sabía qué quería ser en el futuro y aquello no me cerraba ninguna puerta». La sorpresa fue que le gustó (cuatro matrículas en primer curso), porque aprendía: «Para mí lo más importante es aprender y el estudio es un camino para el conocimiento». ¿Y adónde se llega con el conocimiento?

«A la realidad, a la conciencia de todo lo que te falta por saber, a mayores decepciones», responde cual lectora de *El árbol de la ciencia.*

Su método (*Mis claves del éxito para estudiar mejor*) plantea el estudio como una suerte de juego de la memoria, y le pregunto si no sería más apropiado transmitir el placer del estudio. «Es que eso no se puede enseñar, uno tiene que quererlo por sí mismo y, luego ya, está la voluntad, que mueve montañas». Y la memoria, que se ejercita.

continúa

«Lo más fascinante de Pilar es ver el espectáculo de su inteligencia en ejercicio, la rapidez con la que piensa y duda y plantea preguntas muchas veces sin respuesta», así lo cuenta Fausto Romero, profesor de Mercantil en la Facultad de Derecho de Almería. «Además es divertida, guapa, se implicó siempre en los asuntos de la universidad (delegada de clase) y es una muchacha excepcionalmente normal».

También es supersticiosa (¡!), mucho, y devota del zodíaco: Acuario con ascendente de Libra (la duda, el sentido de la justicia o la equidad, dice, le vienen de ahí).

Sus manías: llevar a los exámenes un bolígrafo nuevo, sentarse en la cuarta fila y seguir el ritual de la vestimenta, como un torero. A saber: cada cuatrimestre tiraba las monedas al cielo que, al caer, se decantaban por este vaquero, este otro, aquel pulóver, tales calcetines. Y la madre pensaba, «Esta niña es tonta». Y ella cumpliendo fiel el rito, colocando la ropa, desvistiéndose con ceremonia al volver del burladero, o sea, de las aulas. ¿Y le parece serio desaconsejar las bibliotecas para estudiar y reconocer que prefería el cuarto de baño? Se ríe. «Empecé a hacerlo por no perder tiempo cuando iba al aseo después de comer, pero luego se convirtió en una costumbre, por variar un poco de escenario. Con lo inquieta y nerviosa que soy, atada a la mesa ocho y nueve horas al día... ». Y a la puerta, la *bronca* de la familia (numerosa), «que salgas de ahí».

El asunto fue el 10. Y pese al 10, recibió el segundo Premio Nacional Fin de Carrera, por detrás de Cristian Oliver Lucas Mas, un 9,93. Lo primero que hizo fue llamar al Ministerio de Educación, porque antes que pleitista, que lo es («todo abogado para serlo debe tener espíritu pleitista»), Pilar es justiciera: así pues buscó que le hicieran justicia. Le dijeron que el ganador le superaba en su currículum vitae. No es que el suyo fuera malo, qué va, premiada y becada allí y allá, pero es que ella afirma que este premio se otorga al mejor expediente académico y no al currículum, «y es un premio que pagamos todos los españoles, en base a unas notas objetivas, mientras que no todos tenemos las mismas oportunidades para desarrollar nuestro currículum extraacadémico, ni tampoco existe un *baremo* para valorarlo». ¿Tongo? «No tengo las pruebas materiales para acusar, pero algo raro sí que había». Allá que se fue, a Madrid, tan guapa en su vestido rojo, a estrecharle la mano a Pilar del Castillo por darle el segundo premio, y la madre que le decía, «Díselo», pero Pilar no quiso. «La sensación fue agridulce, o más aún: lo recuerdo casi como el peor día de mi vida».

Lo pensó mucho durante el camino de vuelta y nada más bajar del tren en la estación de Almería se puso a ello. Con poca o ninguna esperanza, pero llena de razón, recurrió el fallo en los tribunales y llamó al periódico local, *La voz de Almería*. La que armó, llamadas de premiados, de periódicos, de radios, todas ellas de apoyo. Cuando la Audiencia Nacional (hace tres meses) denegó el recurso, hacía tiempo que Pilar Navarro había ganado la batalla, que es el favor unánime de la opinión pública. Ahora planteará el asunto ante el Supremo, que tardará cuatro o cinco años en responderle. «Lo hago por simple cuestión testimonial, porque mi batalla ya la he ganado, no quiero ni el dinero ni el número uno en mi diploma».

¿Sabe perder? «Sí, siempre que no pierda por mi culpa, sino porque hay otros mejores». No conoce el fracaso. Terminó la carrera hace dos años y ya lleva hechos dos cursos de doctorado, se ha colegiado y ha trabajado en la asesoría jurídica de una entidad bancaria. «Me fue bien, sí, aunque en la vida laboral es más difícil destacar, es algo a más largo plazo». Habla en pretérito porque lo ha dejado, por una beca de investigación que le está sirviendo para su tesis doctoral sobre algo tan complejo como el control jurisdiccional de las administraciones independientes, que vienen siendo la Comisión Nacional de Valores, la RTVE y así hasta un total de 13 organismos.

Sus sueños de futuro son compatibilizar la docencia con el ejercicio de la profesión, seguir aprendiendo, tener hijos... Además de esto y de su amor de toda la carrera, a Pilar le ha salido un novio que se llama PSOE. Como lo oyen. Se afilió hace un año. Y comenzaron los rumores, «¿Por qué no me comprometo, por qué no aprovecho mi notoriedad para poder transmitir lo que pienso?». Va de número ocho en la lista a la alcaldía de Almería, sin cartera, de momento. «Estoy a disposición de mi partido».

Pilar, ¿y qué es la duda? «La duda es sana; te da la posibilidad de pensar más. Los impulsos son siempre malos». Resulta difícil imaginársela dudando. «Las cosas importantes las tengo claras, pero en lo pequeño...». Camarero, un sándwich vegetal, ¿y usted qué toma? «Pues, pues...lo mismo». Así es Pilar.

3.1-9 A vista de pájaro: ¿Cierto o Falso?

Ahora que ya has leído, señala si las siguientes oraciones son ciertas o falsas. Recuerda que si las oraciones que aparecen a continuación son falsas, tienes que modificarlas para que reflejen el contenido que verdaderamente aparece en la lectura.

_____ **1.** Pilar es la única estudiante que no sacó promedio de 10 en su universidad.

_____

_____ **2.** Su libro, un método para estudiar, tuvo mucho éxito.

_____

_____ **3.** Los padres de Pilar no quisieron hacerle pruebas de inteligencia cuando era niña.

_____

_____ **4.** La familia estaba un poco a disgusto por la carrera que escogió.

_____

_____ **5.** Según Pilar, el amor por el estudio se debe enseñar en las universidades.

_____

_____ **6.** Fausto Romero piensa que Pilar es muy atlética e insegura.

_____

_____ **7.** Pilar es supersticiosa; para los exámenes escoge su ropa con mucho cuidado.

_____

_____ **8.** Pilar recomienda estudiar en el cuarto de baño.

_____

_____ **9.** Pilar protestó el segundo lugar antes de ir a Madrid a recoger el premio.

_____

_____ **10.** Pilar piensa graduarse dentro de dos años.

_____

3.1-10 Vayamos por partes

Contesta las siguientes preguntas con la información de la lectura.

Pilar

1. ¿Cómo es Pilar Navarro? ¿Cómo la describe su madre?

_____

_____

2. ¿Por qué no le interesa a Pilar tomar pruebas de inteligencia? Según su madre, ¿qué efecto tendrían los resultados en su hija?

_____

_____

3. ¿Qué carrera eligió Pilar? ¿Por qué? ¿Cuál fue la reacción de su familia ante su elección?

_____

_____

4. ¿Dónde prefiere estudiar Pilar? ¿Por qué? ¿Dónde estudias tú?

_____

_____

El premio

5. ¿Quién ganó el Premio Nacional Fin de Carrera? ¿Cómo justificaron la decisión?

_____

_____

6. ¿Qué hizo Pilar al respecto? ¿Qué resultados obtuvo?

_____

_____

El futuro

7. ¿Qué planes tiene Pilar para el futuro?

_____

_____

3.1-11 Adivina... ¿Quién lo diría?

¿Quién diría lo siguiente: Pilar (P), su madre (M), uno de sus profesores (Prof.), un representante del Ministerio de Educación (E)?

_____ **1.**   Pilar está interesada en todos los aspectos de la vida estudiantil, es simpática y muy normal.

_____ **2.**   Cristian merece el primer premio.

_____ **3.**   Tengo que comprar un bolígrafo, porque mañana tengo examen.

_____ **4.**   El currículum vital de Cristian es mejor que el de Pilar.

_____ **5.**   No quiero que le den pruebas de inteligencia.

_____ **6.**   Es muy importante trabajar duro y ejercitar la memoria para tener éxito en los estudios.

3.1-12 Y, ¿qué piensas tú?

Ya has hecho la lectura. Ahora, contesta según tu opinión.

1. ¿Qué tipo de estudiante eres? ¿Tienes un método para estudiar? ¿Un lugar preferido?

_____

_____

_____

2. ¿Qué piensas de las pruebas de inteligencia? ¿Has tomado una de estas pruebas alguna vez en tu vida? ¿Cuándo? ¿Por qué?

_____

_____

_____

3. ¿Eres supersticioso? Si lo eres, describe uno de tus rituales o los objetos que te traen buena/mala suerte. Si no lo eres, ¿qué piensas de las supersticiones de Pilar? ¿Crees que tener este tipo de creencias es inofensivo o peligroso? Explica.

_____

_____

_____

4. ¿Qué piensas de los premios? ¿Son algo positivo o negativo? ¿Has ganado un premio académico alguna vez en tu vida? Comparte tu experiencia con el resto de la clase.

_____

_____

_____

5. ¿Es importante saber perder? ¿Cómo es un buen perdedor? ¿Y uno malo?

_____

_____

_____

6. Si tuvieras la oportunidad de entrevistar a Pilar, ¿qué le preguntarías? Escribe cinco preguntas que te gustaría hacerle a esta joven.

_____

_____

_____

_____

_____

IV. Escribamos

Escribe sobre uno de los temas según las indicaciones que te dé tu profesor.

3.1-13 Diario

Has escuchado a los hablantes describir sus experiencias en la universidad. Ahora es tu turno de hablar sobre las tuyas. Puedes ayudarte con el vocabulario de «Para hablar de...». Empieza describiendo tu primer semestre en la universidad. Menciona lo que recuerdas de la transición entre la escuela secundaria y la universidad. Explica las diferencias más obvias, como el horario, el estilo de vida, las clases y otras cosas relevantes a tu experiencia. ¿Es muy diferente o es similar a lo que narran los hablantes?

3.1-14 Composición

Selecciona la opción que te guste más.

A. Si no fuera estudiante...

¿Cómo sería tu vida si no fueras estudiante? Piensa en lo que harías si no asistieras a la universidad.

- ¿Tendrías un trabajo? ¿Dónde?
- ¿Cuánto ganarías? ¿Qué horario tendrías? ¿Cómo serían tus compañeros de trabajo?
- ¿Vivirías con tus padres? ¿Dónde? ¿Cómo te llevarías con ellos? ¿Cuáles serían tus responsabilidades en la casa? ¿Cuánto tiempo duraría esta situación?

B. Investiga y escribe: Para ir a estudiar a...

En el ejercicio A, #7 de la sección «Conversemos», preparaste algunas preguntas que te gustaría hacer si fueras a estudiar al extranjero. Piensa en el país al que quieres ir y busca la información a tus preguntas en la red. Después, escribe un informe para el periódico de tu universidad donde expliques lo que hay que hacer para ir a estudiar a...

Éstas son algunas estructuras que te pueden servir:

- Si (*imperfecto del subjuntivo.*)... + (*condicional*): Si no fuera... trabajaría...
- Si (*presente*).... + (*presente/futuro*): Si quieres... debes/deberás...
- Para + *infinitivo*
- Es necesario que + *subjuntivo*
- Es mejor si + *presente*

3.2 Nuestra salud

I. Escuchemos

3.2-1 Piensa...

En esta ocasión, tres personas nos hablan sobre su salud.

1. ¿Qué te parece que van a decir los hablantes sobre este tema?
2. ¿Qué significa para ti tener una «vida sana»?

3.2-2 Para hablar de...

A continuación verás seis categorías de vocabulario relacionado con el tema de la salud que te resultarán útiles en la conversación y en la escritura. ¿Consideras necesario añadir otra categoría? ¿Qué palabras incluirías en cada categoría? Te damos un ejemplo de cada.

Personas   Lugares

Estados ←   **Salud**   → Problemas

Tratamientos y   Hábitos
procedimientos

Personas	Lugares	Estados
médico	consulta	estar débil

Problemas	Tratamientos y procedimientos	Hábitos
estornudar	quimioterapia	comer bien

3.2-3 ¿Qué nos cuentan estas personas?

Ahora vas a escuchar a Jesús, Óscar y Elizabeth. Nos comentan cómo es su salud, qué hacen para estar sanos y dan consejos. Debes tomar notas de las ideas y los conceptos que hayas entendido e incluirlas en la sección apropiada del cuadro (ver Apéndice D).

3.2-4 Adivina... ¿Quién diría esto?

Según lo que han contado Jesús, Óscar y Elizabeth, identifica cada enunciado con un hablante y escribe el número (1, 2 o 3) en el espacio correspondiente. Un enunciado no corresponde a nadie; en ese caso, déjalo en blanco.

H____: Tengo buena salud y llevo una vida muy sedentaria aunque antes hacía ejercicio.

H____: Aunque ahora también me preocupa la salud, antes hacía más ejercicio.

H____: Cuido mucho mi salud: hago mucho ejercicio y tengo una dieta sana.

H____: Desde que llevo una vida tan sedentaria, mi salud es mucho peor que antes.

3.2-5 Información cultural: ¿Lo sabías?

A continuación te presentamos más información sobre algunos aspectos, actividades o lugares que mencionaron los hablantes. Después de leer, responderás a unas preguntas para averiguar si entendiste la información.

Las Islas Canarias

Geografía: Las Islas Canarias forman un archipiélago de origen volcánico situado al noroeste de África y que pertenece al territorio español, aunque está lejos de la Península Ibérica. Como puedes ver en el mapa en el Apéndice E, lo forman siete islas. Tenerife es la isla más grande (1.928 km^2): El Teide, que es un volcán activo situado en la isla, es el pico más alto (3.718 m) del territorio español, y suele estar cubierto de nieve casi todo el año. La isla de la Palma (662 km^2) también ha tenido actividad volcánica recientemente: En ella destacan las Calderas de Taburiente y su pico más elevado es el Roque de los Muchachos (2.426 m).

Clima: Las temperaturas son suaves todo el año y las precipitaciones son escasas. Fuerteventura y Lanzarote son las más áridas. Los vientos procedentes del Desierto del Sáhara (al norte de África) suelen transportar polvo en suspensión y provocan subidas importantes en las temperaturas.

Agricultura: Hasta hace pocos años, era la principal actividad económica del archipiélago. La tierra de cultivo sólo ocupa el 10% de la superficie de las islas debido al relieve muy accidentado o a la extrema aridez de algunas zonas.

Turismo: El 74,6% de la riqueza regional proviene del turismo o de actividades relacionadas con él. Las islas que tienen la mayor actividad turística son Gran Canaria, Tenerife, Lanzarote y Fuerteventura. La mayor parte de los turistas son españoles, seguidos de alemanes e ingleses.

No todo en la vida son bebidas carbonatadas

En algunos países hispanos existen bebidas alternativas que se toman en lugar de las bebidas carbónicas o refrescos. Aquí tienes algunos ejemplos:

En México beben «aguas frescas», que se elaboran con frutas—por ejemplo, el agua de melón, mango o sandía. También son populares la limonada y la naranjada, así

continúa

como el agua de chía, que se hace con semillas de chía. Estas semillas, cuando se ponen a remojar en agua, segregan una sustancia dulce, el mucílago (*mucilage*), que después se mezcla con agua de limón. Por si no lo sabías, la chía es una planta originaria de México aunque también se encuentra en lugares como Nuevo México.

La horchata se elabora con diferentes productos según los países. En México es de arroz; en Valencia (España), se toma muy fría en verano y habitualmente se hace con chufas (*tiger nuts*), que son unos tubérculos pequeños y de color marrón. Aunque es menos común, también se puede usar almendras en su elaboración.

Cambios en las costumbres deportivas

El ejercicio aeróbico no era muy común en los países latinoamericanos hasta hace unos años.

Igual que el fútbol, el ciclismo o el alpinismo han ido ganando adeptos en Estados Unidos, la conciencia de la importancia que tiene cuidar el cuerpo ha crecido considerablemente en muchos países de habla hispana, lo cual ha favorecido que el número de gimnasios haya aumentado espectacularmente.

Ahora... ¿es cierto o falso? Con la información que recuerdes, decide si los siguientes enunciados son ciertos o falsos. Si son falsos, corrígelos.

_____ **1.** La actividad volcánica ha jugado un papel muy importante en la configuración de las Islas Canarias.

_____ **2.** El clima canario es muy caluroso durante todo el año.

_____ **3.** La agricultura es la actividad económica que provee más dinero a la economía canaria.

_____ **4.** Las aguas frescas mexicanas se elaboran exclusivamente con limón y naranja.

_____ **5.** La horchata valenciana es igual que la mexicana.

_____ **6.** Los países hispanos están incorporando hábitos deportivos de la cultura «anglo» y viceversa.

II. Conversemos

3.2-6 Y ahora tú...

En esta sección, vas a discutir con tus compañeros preguntas relacionadas con la salud y las diversas facetas que pueden influir en la salud—por ejemplo, el deporte o la alimentación. También hablarás sobre avances médicos, terapias alternativas y asuntos de salud asociados al abuso de sustancias tóxicas.

A. Deporte y salud

1. Óscar y Jesús aluden a la práctica de deportes como medio para mantenerse sanos. `2`
¿Cuáles son tus hábitos y los de tus compañeros? Con otro/a compañero/a de la clase, discutan entre Uds. sus preferencias y costumbres en materia deportiva y posibilidades para practicar deportes. Anoten en la tabla la información que descubran.

	Mi compañero/a	Yo
¿Dónde? (Al aire libre, en instalaciones deportivas, etc.)		
¿Con qué frecuencia?		
¿Qué hacen?		

2. Últimamente se han puesto de moda algunas disciplinas —como yoga y pilates—que `2`
fueron muy populares en los 70. ¿Qué sabes de este tipo de ejercicios? ¿Por qué han vuelto a la popularidad? ¿Quiénes practican yoga y pilates? Comenta tus ideas con tu compañero.

B. Alimentación y salud

1. Los tres hablantes mencionan la dieta como un factor determinante y decisivo del `3`
estado de salud de una persona. Piensa y comenta después con dos compañeros. ¿Cuáles son los componentes de una dieta equilibrada? Usando tus opiniones o tus conocimientos previos (si los tienes), completa la tabla, marcando con una X aquellos componentes que creas que son necesarios para cada grupo de población indicado.

	niños	jóvenes	adultos	ancianos
hidratos de carbono				
grasas				
proteínas				
vitaminas				

Ahora comenten en grupo. Según el grupo al que perteneces en la tabla, ¿se corresponde lo que dices que es bueno hacer con lo que realmente haces para tener una dieta equilibrada? ¿Qué deberías hacer más que no haces ahora? ¿Qué deberías dejar de hacer? ¿Tienes algún «pecadillo» alimenticio? ¿Cuál es?

2 3 **2.** ¿En qué se diferencia la comida sana de la comida basura / chatarra (o comida rápida)? ¿Tomas comida rápida con frecuencia? ¿Qué te hace consumirla (o no hacerlo)? ¿Qué repercusiones tiene en el cuerpo el consumo de esta comida?

2 3 **3.** Los trastornos de la alimentación (anorexia, bulimia...) son un problema grave entre algunos jóvenes (y los menos jóvenes) nacidos y criados en la sociedad industrializada.

¿Cuáles son las repercusiones psicológicas de querer seguir los cánones de belleza impuestos por la moda (y los famosos) y el deseo de estar atractivo/a?

¿Qué relación crees que puede haber entre el síndrome de dismorfia corporal, la «esclavitud» a la moda y la proliferación de enfermedades como la bulimia y la anorexia?

C. Medicina y salud: curación y prevención

2 3 **1.** Óscar cita la tendencia cada vez más generalizada a entender la salud desde el punto de vista de la prevención. Hay un viejo refrán en español que dice: «Más vale prevenir que curar». ¿Qué crees que significa? ¿Cómo se relaciona el refrán con lo que comenta Óscar? ¿Qué hacen Uds. en relación con esto?

T **2.** Hitos en la historia de la medicina

Pensando un poco en lo que la ciencia ha hecho hasta ahora, ¿qué grandes eventos y personajes recuerdan o conocen Uds. de la historia de la medicina? Lean las siguientes categorías y completen la información necesaria en grupos de cuatro.

a. Personajes: _____

b. Pequeños y grandes inventos / avances médicos

    1) Técnicas de exploración y diagnóstico: _____
_____

    2) Medicamentos: _____
_____

    3) Cirugía: _____
_____

c. Enfermedades

    1) Plagas y epidemias: _____
_____

    2) Enfermedades degenerativas o potencialmente mortales: _____
_____

2 3 **3.** Cuando se habla de la salud, mucha gente piensa en la salud física y olvida el componente emocional. ¿Qué entiendes por salud mental? ¿Conoces el refrán latino «mens sana in corpore sano» (mente sana en cuerpo sano)? ¿Qué se puede hacer para seguir la recomendación de este refrán, es decir, mantener o favorecer la salud mental?

D. Medicina tradicional y terapias alternativas

En los últimos tiempos han proliferado las terapias alternativas, como la acupuntura, `3` `T`
y prácticas que buscan la salud integral, como la aromaterapia o la curación espiritual.

  a. ¿Qué otras conoces?

  b. ¿En qué casos se puede aplicar estas terapias?

  c. ¿Conoces a alguien que haya recurrido a ellas? ¿Cómo le fue?

  d. ¿Las usarías? ¿Por qué sí o por qué no?

E. Salud y vida social

1. Juventud, noche y drogas: ¿un cóctel explosivo?

Hay jóvenes que usan sustancias tóxicas cuando salen por la noche y quieren «divertirse». Esto les puede llevar a caer en el alcoholismo, el tabaquismo o la drogadicción.

  a. Algunos jóvenes toman drogas alucinógenas (LSD y éxtasis), drogas de diseño y `3` `T`
  otras como el crack, la cocaína o la heroína. ¿Creen que son más perjudiciales que
  otras drogas «legales» como el tabaco o el alcohol? ¿O se trata de un estigma social
  sin base científica?

  b. ¿Cómo afecta el uso de drogas o alcohol a la conducta del individuo y a las personas `3` `T`
  que lo rodean?

  c. ¿Qué propondrías para ayudar a los drogodependientes a salir de este círculo `3` `T`
  vicioso y evitar que otros entren en él?

2. De la lista siguiente, ¿cuáles son los problemas que afectan a los jóvenes más directa- `T`
mente? ¿Cuál es el más serio, según tú? ¿Y el menos serio? ¿Cómo se pueden prevenir y
combatir?

  • el uso y abuso de las drogas

  • el consumo excesivo de alcohol

  • el sexo sin protección y las enfermedades de transmisión sexual (SIDA, sífilis, herpes
  genital, gonorrea...)

  • los embarazos no deseados

  • los problemas emocionales: el estrés, la ansiedad, la depresión...

  • los malos hábitos alimenticios

  • los trastornos de la alimentación: la bulimia, la anorexia...

Aparte de los problemas mencionados anteriormente, ¿se te ocurren otros problemas
relacionados con la salud que no estén en la lista? ¿Cuáles son?

F. Debate. ¿Medicina tradicional o medicinas alternativas?

`1` `T`

Antes de formar un grupo de debate y empezar a debatir, vas a hacer una lluvia de ideas
individualmente. Prepara una lista de los pros y de los contras que, en tu opinión, tienen
las medicinas alternativas y la medicina tradicional. Antes que nada, completa la lista de
abajo.

| Medicina tradicional | | Medicina alternativa | |
pros	contras	pros	contras
1. _____	1. _____	1. _____	1. _____
2. _____	2. _____	2. _____	2. _____
3. _____	3. _____	3. _____	3. _____
4. _____	4. _____	4. _____	4. _____

Según esta lluvia de ideas, ¿qué es mejor para ti: la medicina tradicional o las medicinas alternativas? Una vez que hayas decidido, busca a otros 3 estudiantes que compartan tu opinión y formen un grupo. Luego, elaboren una lista con sus argumentos para defender un tipo de medicina u otro. Con esta lista, empezarán a debatir. ¡Prepárate!

III. Leamos

Para el tema de la salud, te invitamos a leer *La Hierba ¿buena?* en el que descubriremos cómo se está usando el cannabis para tratar diversas dolencias físicas. Antes de leer, trabaja con el vocabulario que aparece a continuación y que viene de la lectura.

3.2-7 Descubre el significado: Identifica y empareja

Lee las siguientes oraciones y descubre el significado de las palabras *en cursiva*, ayudándote del contexto en que aparecen. Luego, empareja la palabra con su definición. Te presentamos el vocabulario en dos bloques de cinco palabras.

1. Los barcos no pudieron salir del puerto porque empezó a *arreciar* el temporal y temían que ocurriera una catástrofe similar a la del año anterior.

   Cuando *arreció* la tormenta, pudimos comprobar la devastación de la que era capaz un huracán en toda su furia.

2. La vieja bruja del pueblo les dio a los chicos una *pócima* que los convirtió en superhéroes.

   Cuando quería transformarse en el hombre invisible, sólo tenía que tomarse la *pócima* preparada.

3. El doctor me *recetó* unos antibióticos para la infección que tenía.

   No puedes comprar algunos medicamentos si el médico no te los *receta* antes.

4. Recuerdo que cuando era niña, mi abuelo se *liaba* los cigarrillos porque no se vendían en paquetes como ahora.

   Me gusta más fumar tabaco si yo lo *lío*; nunca se sabe lo que hay en los cigarrillos que venden en las tiendas.

5. Juan Antonio se sintió devastado cuando descubrió que era *portador* de anticuerpos del virus del SIDA.

   Ser *portador* de anticuerpos del virus no significa que vayas a enfermar de SIDA.

Ahora, empareja la palabra con su definición o sinónimo.

Palabras	Definición o sinónimo
_____ 1. arreciar	a. enrollar (cigarrillos); formar un rollo/cilindro de papel y tabaco para hacer un cigarrillo y fumarlo después
_____ 2. pócima	b. prescribir una medicina
_____ 3. recetar	c. aumentar, crecer (ej. tormenta en el mar)
_____ 4. liar	d. el que lleva o transporta algo consigo
_____ 5. portador/a	e. bebida que supuestamente tiene efectos o poderes especiales

6. Nunca pensé que *superaría* la depresión, pero con el tratamiento que me dieron y mucha voluntad, hace ya seis años que no he vuelto a sentirme deprimido.

Mariano demostró que todo se puede *superar* en la vida. Después del divorcio y quedarse en la ruina, hoy figura entre los hombres más poderosos de la ciudad.

7. La policía estuvo *persiguiendo* al asesino en serie durante mucho tiempo, pero al final acabaron atrapándolo.

Como muchos opositores al régimen de Franco, los «rojos» fueron *perseguidos*, y muchos tuvieron que abandonar España durante la dictadura.

8. Lo paró la policía y le puso una *multa* de 1.000 dólares por exceso de velocidad.

Cuando se descubrió que estaba vendiendo alcohol a menores, lo *multaron* y le obligaron a cerrar el bar.

9. Los médicos descubrieron que Joaquín tenía cáncer de *médula* ósea y, a pesar de la quimioterapia, no se pudo salvar.

Gracias al transplante de *médula* espinal, Marina pudo superar la leucemia y hoy está totalmente recuperada.

10. Chica, para mí no hay nada como un sándwich *untado* con mantequilla de cacahuetes y mermelada de fresa.

No, no lo hagas con el dedo. Mira, para *untar* la mantequilla, tienes que usar el cuchillo y extenderla bien sobre el pan.

Ahora, empareja la palabra con su definición o sinónimo.

Palabras	Definición o sinónimo
_____ 6. superar	f. extender una sustancia (por ejemplo, mantequilla) sobre una superficie
_____ 7. perseguir	g. parte blanda en el interior de un hueso
_____ 8. multa; multar	h. demostrar superioridad ante un obstáculo
_____ 9. médula	i. ir detrás de alguien; (judicialmente) buscar a alguien con la intención de penalizar actividades ilegales
_____ 10. untar	j. sanción económica impuesta por la violación de una ley; recibir este tipo de sanción

3.2-8 Antes de leer

Ahora vas a leer el texto titulado «*La Hierba ¿buena*» En esta lectura descubrirás cómo les cambió la vida a cuatro españoles afectados por diversas enfermedades cuando empezaron a usar marihuana.

Antes de empezar a leer, reflexiona un poco.

1. ¿Para qué tipos de problemas de salud crees que puede ser beneficiosa la marihuana?

2. ¿Te parecería bien usar drogas como la marihuana si te lo recomendara un médico? ¿Por qué lo dices?

Después de leer, vamos a ver tres bloques de preguntas relacionadas con el contenido de la lectura. Ahora... ¡ponte a leer!

DROGA O MEDICINA NATURAL: LA HIERBA ¿BUENA?

POR LAURA HURTADO

Dolores insoportables, ansiedad, falta de apetito... Para algunos doctores, la marihuana es el mejor alivio contra los terribles efectos secundarios de tratamientos contra el cáncer o el SIDA. En Gran Bretaña su consumo acaba de ser declarado legal, y en Cataluña, Aragón, Baleares y Andalucía, se reclama su uso terapéutico. Mientras *arrecia* la polémica, cuatro enfermos nos cuentan cómo un buen día el «cannabis» cambió su vida. Dejaron de sufrir.

«Me fumé un cigarrillo de marihuana y el efecto fue inmediato: las náuseas y las ganas de vomitar desaparecieron y toda la angustia se esfumó. De pronto me sentía mejor.» María Dolores Albulo inspira hondo. La primera vez que probó el cannabis fue como descubrir una *pócima* mágica. Espira. Después de perder un pecho, pasó por tres sesiones de quimioterapia y, en la última, estuvo a punto de morir debido a un choque clínico. Ahora está recuperada pero todavía tuerce el gesto[1] cuando recuerda el dolor. «La 'quimio' te cura y te mata al mismo tiempo. No puedes comer porque todo te da asco», detalla esta mujer de 48 años que encontró en esta hierba natural la única ayuda para mitigar los fuertes dolores que sentía.

---

[1]«Torcer el gesto» significa usar una expresión facial, generalmente con la boca, para indicar una emoción negativa (desagrado, disconformidad, enfado...).

Cuando lo recuerda, no puede dejar de lamentarse de que nadie le hubiera informado antes, porque se habría ahorrado mucho sufrimiento. Pero la marihuana es una droga ilegal. Por lo tanto, muchos médicos y enfermeras no pueden *recetarla*, aunque conocen sus cualidades para disminuir las náuseas provocadas por la quimioterapia, aumentar el apetito en las personas afectadas por el SIDA y reducir los espasmos de las personas con esclerosis múltiple, entre otras aplicaciones. Es como un secreto que circula en voz baja por los pasillos de los hospitales. Actualmente sólo se puede recetar un derivado sintético, la Nabilona, para los enfermos que no toleren bien la quimioterapia.

María Dolores se enteró porque una amiga le dio un cigarro de marihuana y le dijo: «Pruébalo». Nunca en su vida había fumado nada parecido. Por suerte, su marido había aprendido a *liar* cigarrillos en la «mili»[2] y cada noche le preparaba unos cuantos, mezclando hierba con tabaco. «Me fumaba tres o cuatro al día en función de la sensación de náusea. Era como tomarme un medicamento un poco raro», sonríe dos años más tarde y totalmente recuperada. Ahora no puede ni soportar el olor. «Cuando oigo decir que crea adicción me muero de risa. No podría volver a fumarlo por nada del mundo porque me recuerda la pesadilla de la quimioterapia», concluye.

Fernando Pujol, con 42 años, fuma cannabis y hachís (resina que se extrae de la planta) desde los dieciocho. Empezó haciéndolo por pura diversión, pero después descubrió que también le servía para suavizar su hiperactividad innata. Para él, esta sustancia se convirtió definitivamente en una medicina el día que le diagnosticaron que era *portador* del virus del SIDA. «Era 1986 y entonces apenas había tratamientos. Los cigarrillos de cannabis me sirvieron para combatir la ansiedad que supone saber que tienes esta enfermedad.» Más adelante también los utilizaría para superar los efectos de los tratamientos antirretrovirales como son las náuseas, la pérdida de apetito, etcétera. «Es un fármaco más, igual que las doce pastillas diarias que me tomo», afirma. Por eso le indigna tener que comprarlo en el mercado «negro» a un precio desorbitado, sin garantías de calidad.

El cannabis está considerado por la ONU[3] como una droga peligrosa (física, mental y socialmente) desde 1961. En España, la ley penaliza el tráfico como delito contra la salud pública. El consumo propio no puede *perseguirse*, según el Código Penal, pero sí que puede ser castigado por la vía administrativa. Las *multas* pueden ir de 300 a 30.000 euros. «La legislación española es de las menos represoras de Europa para el consumidor,» explica el abogado Jaume Torrens, de la Asociación Ramón Santos de Estudios sobre el Cannabis (ARSEC). «No somos como Holanda, donde están autorizados el consumo, la posesión e incluso la venta—siempre que se haga dentro de un *coffee shop*. Pero tampoco estamos tan mal como Francia, Bélgica o Reino Unido, donde las penas pueden llevarte a la cárcel.»

Nuria Pratdesaba tiene 65 años y no se atreve a buscar un camello[4] que le proporcione esta planta, que le alivia un terrible dolor en los huesos fruto de un cáncer de

---

[2]«La mili» = «servicio militar» o «milicia» es el sistema de reclutamiento que obligaba a los hombres españoles mayores de dieciocho años a pasar por un programa de entrenamiento militar que duraba nueve meses. Concluyó en el año 2000 y desde entonces, como en EE.UU., el ejército español está formado por soldados profesionales que reciben un sueldo a cambio de su servicio a la patria.

[3]ONU = Organizacion de la Naciones Unidas.

[4]«camello» (coloquial, España) es alguien que vende drogas en la calle.

continúa

médula diagnosticado hace cinco años. Las primeras muestras las consiguió dando voces. «Los hijos de unos amigos cultivaban en su casa y me dieron una bolsita», comenta divertida, porque parece que sus amigos no lo sabían. Cuando se le acabó, no se atrevió a pedir más y optó por el autocultivo, aunque sin éxito. «Es muy complicado», lamenta. Lo que más le preocupa no es conseguirla, sino saber cuál es la dosis indicada. «Cuando el dolor te tortura, no hay barreras para conseguir una sustancia que lo calme. El problema es que nadie sabe cuánto tengo que tomarme». Su médico es incapaz de ayudarla por falta de conocimiento.

Después de llamar a muchas puertas, Nuria dio con ARSEC, la primera asociación antiprohibicionista de España, donde el doctor Ignasi Peña atiende a decenas de desesperados ansiosos por oír una voz experta. En una de estas consultas, Nuria descubrió varios detalles que desconocía: el método de la infusión no funciona. Los principios activos de esta sustancia (Tetrahidrocannabinoides, THC) sólo hacen efecto cuando se fuman o se comen disueltos en grasas (aceite o mantequilla). Nuria Pratdesaba optó por cocinarla. «La tomo cada noche mezclada con aceite caliente y *untada* en pan. Así consigo conciliar el sueño pero sigo con la duda: ¿con mayores dosis, podría suavizar otras dolencias?» El camino no está siendo fácil y su marido no lo ve con buenos ojos. Ahora se ha enterado de que puede tomarla en forma de píldora, con lo que se ahorraría el ritual del aceite. Pero, «¿Dónde conseguirla?», se pregunta de nuevo. La respuesta no existe fuera del tráfico ilegal. Hasta hoy, la industria y la ciencia han considerado anecdótico el caso de personas que certifican que la marihuana les alivia el dolor. Es más, en nuestro país no se ha hecho ningún ensayo clínico con seres humanos para conocer los efectos de esta droga.

A pesar de su aspecto hippy, Susi Monge nunca ha tomado drogas. Trabaja como cocinera en un gran hotel y es defensora de las medicinas naturales. Estas Navidades las pasó francamente mal debido a la quimioterapia. Por suerte, sus amigos le trajeron marihuana. «Después de la primera sesión de 'quimio', me dieron tantas pastillas que estuve dos días sedada, incluso llegué a tener alucinaciones», explica. «A la segunda sesión, dije que no quería fármacos y lo pasé tan mal que me planteé tirar la toalla. Hasta que me dieron esta hierba. Fue como si me regalaran bienestar». Una vez comprobados los efectos positivos, decidió sustituir las pastillas por la hierba y por la acupuntura. Su oncóloga está sorprendida por lo bien que su cuerpo soporta la quimioterapia, pero Susi cree que el secreto está en el recurso a técnicas alternativas.

La despenalización de la marihuana terapéutica en los parlamentos de Cataluña, Aragón, Baleares y Andalucía ha dado sus primeros frutos. Desde mayo de 2001, los oncólogos españoles pueden solicitar un derivado sintético llamado Nabilona que se importa del Reino Unido. Sólo pueden recetarlo para los enfermos que no toleran bien el tratamiento. Pero todos los especialistas no la recetan, en parte por falta de información. Y además hay problemas de suministro—los hospitales no disponen de reservas y el proceso es muy largo, porque se necesita la aprobación del Ministerio de Sanidad. «Lo más normal es que cuando llega la Nabilona, el paciente ya ha terminado el tratamiento», certifica el oncólogo Pere Gascón, del Hospital Clínico de Barcelona, a partir de la experiencia de su equipo. «Mientras tanto—resume—los pacientes fuman marihuana.»

3.2-9 A vista de pájaro: ¿Cierto o Falso?

Según lo que has leído, indica si las siguientes oraciones son ciertas (C) o falsas (F). Si son falsas, modifícalas para que reflejen lo que dice la lectura.

_____ **1.** Algunos doctores españoles dicen que la marihuana cura el cáncer o el SIDA.

_____ **2.** Para algunos especialistas, la marihuana ayuda a combatir los efectos secundarios de la quimioterapia.

_____ **3.** El consumo de marihuana puede beneficiar a personas con problemas emocionales y esclerosis múltiple.

_____ **4.** La opción más barata que tienen los enfermos para consumir cannabis en España es la Nabilona.

_____ **5.** Aunque con ciertas restricciones, en Holanda se puede comprar y consumir marihuana en algunos lugares públicos.

_____ **6.** Excepto en Holanda, en el resto de Europa la posesión, venta o consumo de marihuana no están penalizados.

_____ **7.** Varias regiones españolas han despenalizado el uso de la Nabilona.

_____ **8.** Aunque es legal, la administración de Nabilona no está muy extendida por desconocimiento y problemas en la importación.

3.2-10 Vayamos por partes

Contesta las siguientes preguntas con la información de la lectura.

1. En líneas generales, ¿cuál es el estatus legal del cannabis y sus derivados en España? ¿Y en el resto de Europa? Completa la tabla con la información pertinente en cada caso.

	¿Está legalizada? ¿Qué restricciones hay?	Otra información
España	_____	_____
	_____	_____
Resto de Europa	_____	_____
	_____	_____

2. ¿Qué son los THC? ¿Qué propiedades beneficiosas les atribuyen los médicos a estas sustancias? Explícalo con tus palabras.

_____

_____

_____

3. En la lectura se menciona a un hombre (Fernando) y tres mujeres (María Dolores, Nuria y Susi) que cuentan sus experiencias con la marihuana para *aliviar* sus problemas de salud. Completa esta tabla con las ideas más destacadas sobre su experiencia.

	Causas para empezar a consumirla	Formas en que consume o ha consumido	Beneficios del consumo	Problemas asociados al consumo
María Dolores				
Fernando				
Nuria				
Susi				

4. ¿Qué es la ARSEC? ¿Qué funciones cumple?

_____

_____

5. ¿De qué maneras pueden acceder los enfermos españoles a la marihuana? ¿Qué dicen los protagonistas de la lectura sobre su disponibilidad?

_____

_____

6. ¿Qué opinan en general estas cuatro personas sobre los efectos del consumo de marihuana en su estado de salud? ¿Y sobre su legalización?

_____

_____

3.2-11 Adivina... ¿Quién lo diría?

¿Quién diría lo siguiente Fernando (F), María (M), Nuria (N), Susi (S)?

_____ **1.** La quimioterapia casi me mató.

_____ **2.** Me quita el dolor, pero lo malo es encontrarla.

_____ **3.** El VIH* me llevó al cannabis.

_____ **4.** Los malos recuerdos de la enfermedad no me dejan fumarla otra vez.

*VIH = Virus de la Immunodeficiencia Humana (en inglés HIV)

_____ **5.** Por suerte descubrí pronto la marihuana.

_____ **6.** Lo peor es encontrar alguien que te aconseje bien sobre cómo tomarla.

_____ **7.** El tratamiento contra el SIDA se me hizo más soportable gracias al cannabis.

_____ **8.** Sin las medicinas alternativas, no habría mejorado.

_____ **9.** Fue el mejor remedio contra el sufrimiento de la quimioterapia.

3.2-12 Y, ¿qué piensas tú?

Ya has leído. Ahora, contesta según tu opinión.

1. En la lectura se mencionan los _coffee shops_ de Holanda.

   a. ¿Qué te parece la idea de legalizar este tipo de tiendas en nuestro país?

   _____

   b. ¿Es buena o mala idea o depende? ¿De qué depende?

   _____

   c. ¿Optarías por la legalización total o preferirías que fuera parcial y solamente para ciertos casos como el uso con fines terapéuticos? ¿Por qué elegirías una u otra opción?

   _____

   _____

2. En esta lectura se habla de los beneficios que una droga concreta (la marihuana) puede tener en ciertos aspectos de la salud. Sin embargo, hay mucha gente preocupada por su uso entre los jóvenes, porque la ven como una puerta a otras drogas. ¿Piensan Uds. que está justificada esta opinión? ¿Por qué?

   _____

   _____

IV. Escribamos

Escribe sobre uno de los siguientes temas, según las indicaciones que te dé tu profesor/a.

3.2-13 Diario

Has escuchado a los hablantes, has leído una lectura y has discutido en clase sobre la salud. Ahora tienes todo lo que necesitas para ir a tu diario y escribir sobre este tema. El vocabulario de la sección «Para hablar de...» puede ayudarte.

3.2-14 Composición

Elige uno de estos temas para escribir una composición.

A. Tus compañeros y tú han observado un aumento alarmante en los casos de obesidad entre los niños de su ciudad. En grupos pequeños, preparen un panfleto para niños de seis a diez años que estén en peligro de ser obesos. Explíquenles de forma sencilla qué es la obesidad, cuáles son los riesgos para la salud y qué pueden empezar a hacer estos muchachos para prevenir la obesidad. No olviden elaborar e incluir un plan de hábitos de vida para que estos niños puedan llegar a la vejez lo más sanos que puedan tanto física como emocionalmente.

B. En la pregunta dos del ejercicio E de la sección «Conversemos» se discuten problemas que, de una forma u otra, están relacionados con la salud de los jóvenes. Elige los temas que, según tú, sean de mayor importancia, y prepara un panfleto similar al que se describe en el tema anterior (A), pero, en este caso, tu audiencia son adolescentes de doce a veinte años.

C. Entra en Internet o en la biblioteca de tu universidad, e investiga sobre el sistema de salud predominante en un país de habla hispana. Te sugerimos España, pero podría ser cualquier otro. Después, vas a comparar el sistema sanitario de ese país con el de tu país. Para orientarte un poco, aquí tienes algunos aspectos que podrías investigar y discutir:

- **Sistema público o privado:** ¿Hay un sistema público o no? ¿Qué sistema predomina entre la población general: el público o el privado?

- **Características de los sistemas público y privado:**

  1) Financiación: ¿Cómo se financian? ¿Existe el seguro médico privado?

  2) Tratamientos: ¿Qué tipos de tratamientos están cubiertos y cuáles no? ¿Hay alguno en especial que te haya sorprendido por su inclusión u omisión? ¿Cuál y por qué?

  3) Coste del tratamiento y de las medicinas

  4) Calidad general de ambos sistemas sanitarios: compáralos y señala cuál te parece mejor y por qué

- **Atención médica y social a la población menos favorecida:** pobres, desempleados, ancianos, niños, discapacitados... ¿Qué derechos tiene esta gente? ¿Qué ocurre, por ejemplo, si alguien pierde su empleo o pertenece a uno de estos grupos?

Recuerda que estos puntos son una guía; puedes incluir o excluir aquellos aspectos que consideres más oportunos. Después, termina tu reporte haciendo lo siguiente:

  1) Compara lo que ocurre en tu país con lo que has aprendido sobre el país investigado. ¿Qué sistema sanitario te parece mejor?

  2) ¿Qué tipo de sistema propondrías como sistema sanitario universal para todos los países del mundo? No te olvides de explicar por qué e incluir las posibles ventajas y desventajas que preveas en el caso de que se implantara tu sistema.

Aquí tienes algunas estructuras que te podrían ser útiles:

- ser / estar + *adjetivo*
- constar de / consistir en
- tener el derecho a / de + *infinitivo*
- estar obligado a + *infinitivo*
- tener la obligación de + *infinitivo*
- deber + *infinitivo*
- tener que + *infinitivo*
- estructuras comparativas: ser más / menos + *adjetivo* + que; *otro verbo* + más/menos que...; superlativo (el / la + *sustantivo* + más / menos... de)
- (no) pensar / creer / opinar + que + indicativo / subjuntivo
- (no) me parece que + *indicativo / subjuntivo*
- (no) me parece + *adjetivo* + que + *subjuntivo*; por ejemplo, me parece mal que haya...
- proponer + que + *subjuntivo* (cuando uses dos sujetos diferentes en ambas cláusulas)

También puedes usar el vocabulario de la sección «Para hablar de...».

¿Qué nos gusta?

UNIDAD **4**

4.1 La casa en que vivo

I. Escuchemos

4.1-1 Piensa...

En este tema, tres personas nos hablan sobre la casa donde viven y la casa ideal.

1. ¿Qué crees que van a decir los hablantes?

2. ¿Te gusta el lugar donde vives?

3. Si pudieras vivir en cualquier parte del mundo, ¿dónde vivirías y por qué?

4.1-2 Para hablar de...

A continuación verás cuatro categorías de vocabulario relacionado con el tema. Trabaja con toda la clase y con la ayuda de tu profesor/a, piensa en palabras asociadas a cada bloque que puedan ser útiles para hablar sobre el tema. ¿Qué palabras incluirías? Te damos un ejemplo de cada una.

Muebles	Lugar/Clima	Cuartos	Estilo
armario	barrio	baño	colonial

Decoración	Materiales	Otros	
papel tapiz	aluminio	pared	

4.1-3 ¿Qué nos cuentan estas personas?

Ahora vas a escuchar cómo Yaritza, Jacquelín y Alejandro nos describen el lugar donde viven y nos hablan de su casa ideal. Toma notas de las ideas y conceptos que hayas entendido y recógelas en el cuadro. En la última columna, «Otra información», debes recoger otras palabras que no correspondan a las otras secciones (ver Apéndice D).

4.1-4 Adivina... ¿Quién diría esto?

Después de escuchar a los hablantes y teniendo en cuenta lo que han contado, identifica cada enunciado con un hablante. Un enunciado no corresponde a nadie y debe quedar en blanco.

H_____: Mi casa es muy cómoda, pero no es la casa ideal.

H_____: Vivo con mi familia en una casa que tiene vista al mar.

H_____: Me gustan los colores que te hacen sentir cómodo y los materiales naturales.

H_____: Quiero una casa muy grande y misteriosa para que me visiten mis amigos.

4.1-5 Información cultural: ¿Lo sabías?

Maracaibo, estado de Zulia, que está en el extremo norte del occidente de Venezuela, es la segunda ciudad más importante del país. Con una población de aproximadamente tres millones de habitantes, forma parte importante de la economía venezolana, ya que allí se extrae, refina y exporta un alto porcentaje del petróleo del país. El estado de Zulia es también el productor de leche y carne de res más importante de Venezuela.

El estilo mediterráneo se origina en España, en la costa. Se caracteriza por las casas blancas de no más de dos o cuatro pisos y simples en su configuración. Los techos de tejas son de color terracota y los balcones están adornados con azaleas y jazmines.

El Prado es un barrio histórico en Montevideo que en otras épocas era una zona de veraneo. Las casas (en estilo de quinta o hacienda) eran residencias veraniegas de las familias acomodadas de principios del siglo XX y todavía conservan su imagen tradicional. En los alrededores se encuentran un museo de arte y un jardín botánico.

Después de leer la información cultural, indica a qué se refieren las siguientes frases: (M) Maracaibo, (EM) el estilo mediterráneo o (P) El Prado.

_____ **1.** Esta casa me gusta mucho, pero me preocupa que las paredes se puedan ensuciar muy fácilmente.

_____ **2.** Aquí se produce la mejor carne del país.

_____ **3.** Si te gustan las flores, te va a gustar mucho la casa de mi hermana.

_____ **4.** La gente de la clase alta pasaba las vacaciones de verano en esta zona.

_____ **5.** Es un barrio muy tradicional de la capital de Uruguay.

II. Conversemos

4.1-6 Y ahora tú...

En esta sección vas a discutir con tus compañeros preguntas relacionadas con tus gustos y preferencias sobre la vivienda. Trabaja siguiendo las instrucciones de las actividades y del profesor.

A. Mi casa: lo que tengo y lo que quiero

2 **1.** Ya sabes cómo es la casa en la que viven Yaritza, Jacquelín y Alejandro. Ahora te toca a ti hablar de tu casa. Explica a un/a compañero/a cómo es tu casa y cómo te gustaría que fuera. Haz referencia al tipo de vivienda, localización, tamaño, decoración, vistas, con quién vives, etc. ¿Cuántas características de tu casa ideal se encuentran ya en la casa en la que vives?

	Mi casa es...	Mi casa ideal sería...
Vivienda		
Tamaño		
Localización		
Decoración / estilo		
Vistas		
Otras características		

B. La casa y su entorno

2 **1.** Yaritza y Jacquelín hablan de tener una casa con vista al mar. ¿Qué importancia tiene el paisaje que rodea una casa? ¿Crees que el entorno afecta al humor de las personas? ¿Crees que una persona puede ser verdaderamente feliz viviendo en un lugar que no le gusta? Con un compañero/a, discute estas preguntas y lo que te gustaría ver desde la ventana de tu casa ideal.

1 2 3 T **2.** Los tres hablantes mencionan la comodidad de alguna manera. ¿Qué significa estar cómodo/a para ti? ¿Por qué es importante sentirse cómodo/a en un lugar? ¿Hay algún lugar en tu casa donde te sientas particularmente cómodo/a? Descríbelo y explica por qué.

3. Muchas personas prefieren vivir en las afueras aunque tengan que manejar por una hora o más para ir a su trabajo o a la escuela. Otras, sin embargo, prefieren vivir en la ciudad, a pesar del ruido, tráfico y vida acelerada. Ambas posturas tienen sus pros y contras.

T **Paso 1:** En grupos de cuatro estudiantes, lean la siguiente lista para indagar sobre las preferencias de vida (vida en la ciudad o en el campo) de sus compañeros/as.

¿Qué prefieres? Señala las opciones con las que estés de acuerdo.

_____ Conducir para ir al trabajo.

_____ Prefiero vivir cerca del trabajo.

_____ Me gusta la paz y tranquilidad.

_____ No me molestan los ruidos.

_____ No soporto los atascos de tráfico y los accidentes de coche, etc.

_____ La vida en el campo puede ser aislada.

_____ Hay mucha contaminación en la ciudad.

_____ La vida en el campo es muy saludable.

_____ Hay muchos crímenes en la ciudad.

_____ Si vives en el campo, los hospitales y las estaciones de bomberos y policías no son tan accesibles.

_____ Es más fácil encontrar instituciones educativas en los centros urbanos.

_____ Los jóvenes tienen menos distracciones nocivas en el campo.

_____ La oferta de trabajo en la ciudad es más variada.

_____ La gente que vive en el campo tiene menos estrés.

Paso 2: Debate. Las respuestas a la encuesta te han ayudado a que veas más claramente tu postura con relación a tu preferencia de vida en el campo o en la ciudad. Ahora, reúnete con los compañeros que comparten tu opinión, y hagan una lista de razones para defender su postura. Pueden hacer referencia a la calidad de vida, oportunidades de trabajo, oferta cultural, etc.

Razones para vivir en el campo/vivir en la ciudad...

1. _____

2. _____

3. _____

4. _____

Una vez que hayan terminado, cada grupo debe presentar sus argumentos y tratar de convencer a los demás de qué tipo de vida (urbana/rural) es mejor. En el cuadro de abajo, pueden apuntar las ventajas y desventajas que se discuten.

LA VIDA EN EL CAMPO / EN LA CIUDAD

Ventajas	Desventajas
_____	_____
_____	_____
_____	_____
_____	_____
_____	_____

C. Los cuartos de la casa

1. Cada uno de los hablantes menciona algunas características de los cuartos en su casa ideal. Para ti, ¿cuál es tu cuarto favorito? ¿Qué actividades realizas ahí? ¿Qué muebles tiene? ¿Por qué es tu favorito? ¿Cómo está decorado?

Cuarto favorito	Actividades	Muebles	Decoración	¿Por qué te gusta?
_____	_____	_____	_____	_____
_____	_____	_____	_____	_____

4 **2.** La clase se divide en cuatro grupos. Cada grupo debe tener un propietario, un decorador y ayudantes. El profesor le dará a cada grupo una fotografía de un cuarto que tienen que redecorar, con un presupuesto de 500 dólares y tiempo limitado. El propietario y el decorador deben tomar las decisiones —y estar de acuerdo— y los ayudantes deben dibujar los artículos que les piden y estar preparados/as para presentar su proyecto a los otros grupos.

D. Hogar, dulce hogar

1 **3** **1.** Menciona tres palabras que reflejen lo que te viene a la mente cuando piensas en las palabras *casa* y *hogar*.

Casa	Hogar
1. _____	1. _____
2. _____	2. _____
3. _____	3. _____

Ahora, compara tus palabras con las de tu compañero/a. ¿Tienen palabras en común o existen algunas diferencias entre el tipo de palabras que escribieron en la columna «Casa» y «Hogar»? ¿Cuál es la connotación que hace diferente el significado de ambas palabras? ¿Qué convierte una *casa* en un *hogar*?

2 **2.** Con un compañero, tomen turnos para explicar, sin traducir, las siguientes expresiones.

a. Home sweet home _____

b. Home is where the heart is _____

c. Housebroken _____

d. Housewarming _____

3 **3.** Ya hemos visto la importancia que tienen la vivienda y el hogar para todos nosotros. Sin embargo, en la actualidad en las grandes ciudades encontramos numerosas personas sin hogar. Algunas ciudades tienen programas y albergues para personas sin hogar en los que se les da de comer y se les provee de una cama para pasar la noche, pero esta situación es temporal. ¿Cómo crees que estas personas han llegado a esta situación? ¿Qué se puede hacer para mejorar sus condiciones de vida? ¿De quién es la responsabilidad de ayudarlos?

III. Leamos

Para el tema de la casa ideal, te sugerimos la lectura de «La casa en Mango Street» de Sandra Cisneros. Antes de leer, trabaja con el vocabulario que aparece a continuación y que viene de la lectura.

4.1-7 Descubre el significado: Identifica y empareja

Lee las siguientes oraciones y encuentra el significado de las diez palabras *en cursiva*, ayudándote del contexto en que aparecen. Luego empareja las palabras con su definición. Te presentamos las palabras en dos bloques de cinco.

1. Hoy no puedo ir al cine con ustedes, porque tengo un *montón* de trabajo: tengo que estudiar para un examen, terminar una novela para mi clase de literatura y escribir un ensayo sobre el arte en España.

   Sergio es un poco desordenado; en su cuarto tiene un *montón* de revistas y periódicos viejos tirados por el suelo.

2. Rebeca nunca se olvida de pagar la *renta* el primero del mes.

   Si quieres, podemos *rentar* un coche para ir a la playa.

3. Marisela salió *volada* cuando se dio cuenta de que faltaban diez minutos para su clase.

   Fifí, el perro de Arturo, salió *volado* cuando abrimos la puerta, y como siempre hay mucho tráfico, tuvimos que salir a buscarlo inmediatamente.

4. Estoy cansado de *acarrear* esta mochila; es muy pesada.

   Cuando fuimos a acampar, *acarreábamos* agua del río para cocinar.

5. A mí no me gusta trabajar en el jardín; en especial detesto cortar el *pasto*.

   El campo de golf estaba muy lindo, *el pasto* tan verde parecía una esmeralda.

Ahora, empareja la palabra con su definición o sinónimo.

Palabras	Definiciones o sinónimos
_____ 1. montón	a. césped, hierba
_____ 2. renta; rentar	b. rápidamente, con premura o prisa
_____ 3. volado	c. gran cantidad de algo, pila de cosas
_____ 4. acarrear	d. llevar, cargar
_____ 5. pasto	e. alquiler; alquilar

6. Había mucha gente en el autobús, íbamos muy *apretados*.

   En este cuarto no hay mucho espacio; siempre nos sentimos *apretados*.

7. Isabel y Alejandro prefieren que su casa tenga una fachada de *ladrillo*. Les gusta mucho el color rojo y creen que es mejor que la madera.

   Aunque la casa es de madera, la chimenea es de *ladrillo*.

8. Agustín perdió su llave y tuvo que esperar fuera de la casa, sentado en la *banqueta* de la calle, hasta que llegara alguien para entrar a casa.

   ¿Cuántas veces tengo que decirte que no dejes tus juguetes en la *banqueta*? Es peligroso porque alguien se puede caer.

9. Miriam fue a comprar unas *tablas* de madera para cubrir las ventanas de su casa de la playa; parece que habrá una tormenta muy fuerte.

   Si no quieres pisar el barro, tendrás que poner una *tabla* para pasar al otro lado.

10. La pintura que usamos en la cocina no era la más adecuada. Después de unos días, se empezó a *descarapelar* y ahora se puede ver el color anterior.

Joel compró un armario muy barato. Es muy bonito, pero la pintura está *descarapelada* y tendrá que pintarlo si lo quiere usar.

Ahora, empareja la palabra con su definición o sinónimo.

Palabras	Definiciones o sinónimos
_____ 6. apretado	f. pedazo de madera que se usa para la construcción
_____ 7. ladrillo	g. acera
_____ 8. banqueta (mexicanismo)	h. pelarse, levantarse (la pintura)
_____ 9. tabla	i. piedra rectangular rojiza o blanca que se usa para la construcción
_____ 10. descarapelar(se) (mexicanismo)	j. justo, estrecho, con muy poco espacio

4.1-8 Antes de leer...

Ahora vas a leer el texto titulado «La casa en Mango Street». En esta lectura, Sandra Cisneros habla sobre la primera casa que compraron los padres de la narradora. Parte de la experiencia que relata tiene que ver con las vicisitudes de los emigrantes que deben vivir en apartamentos alquilados y en condiciones precarias hasta que se cumpla para ellos el sueño americano.

Antes de empezar a leer, reflexiona un poco.

¿Crees que el lugar donde vives refleja tu personalidad? ¿Podrías explicar por qué?

Una vez que hayas hecho la lectura, vamos a trabajar con ella. ¡Ya puedes empezar a leer!

La Casa en Mango Street

SANDRA CISNEROS

No siempre hemos vivido en Mango Street. Antes vivimos en el tercer piso de Loomis, y antes de allí vivimos en Keeler. Antes de Keeler fue en Paulina y de más antes ni me acuerdo, pero de lo que sí me acuerdo es de un *montón* de mudanzas. Y de que en cada una éramos uno más. Ya para cuando llegamos a Mango Street éramos seis: Mamá, Papá, Carlos, Kiki, mi hermana Nenny y yo.

La casa de Mango Street es nuestra y no tenemos que pagarle *renta* a nadie, ni compartir el patio con los de abajo, ni cuidarnos de hacer mucho ruido, y no hay propietario que golpee el techo con una escoba. Pero aun así no es la casa que hubiéramos querido.

Tuvimos que salir *volados* del departamento de Loomis. Los tubos del agua se rompían y el casero no los reparaba porque la casa era muy vieja. Salimos corriendo. Teníamos que usar el baño del vecino y *acarrear* agua en botes lecheros de un galón. Por eso Mamá y Papá buscaron una casa, y por eso nos cambiamos a la de Mango Street, muy lejos, del otro lado de la ciudad. Siempre decían que algún día nos mudaríamos a una casa, una casa de verdad, que fuera nuestra para siempre, de la que no tuviéramos que salir cada año, y nuestra casa tendría agua corriente y tubos que sirvieran. Y escaleras interiores propias, como las casas de la tele. Y tendríamos un sótano, y por lo menos tres baños para no tener que avisarle a todo el mundo cada vez que nos bañáramos. Nuestra casa sería blanca, rodeada de árboles, un jardín enorme y el *pasto* creciendo sin cerca. Ésa es la casa de la que hablaba Papá cuando tenía un billete de lotería y ésa es la casa que Mamá soñaba en los cuentos que nos contaba antes de dormir.

Pero la casa de Mango Street no es de ningún modo como ellos la contaron. Es pequeña y roja, con escalones *apretados* al frente y unas ventanitas tan chicas que parecen guardar su respiración. Los *ladrillos* se hacen pedazos en algunas partes y la puerta del frente se ha hinchado tanto que uno tiene que empujar fuerte para entrar. No hay jardín al frente sino cuatro olmos chiquititos que la ciudad plantó en la *banqueta*. Afuera, atrás hay un garaje chiquito para el carro que no tenemos todavía, y un patiecito que luce todavía más chiquito entre los edificios de los lados. Nuestra casa tiene escaleras pero son ordinarias, de *pasillo*, y tiene solamente un baño. Todos compartimos recámaras, Mamá y Papá, Carlos y Kiki, yo y Nenny.

Una vez, cuando vivíamos en Loomis, pasó una monja de mi escuela y me vio jugando enfrente. La lavandería del piso bajo había sido cerrada con *tablas* arriba por un robo dos días antes, y el dueño había pintado en la madera «SÍ, ESTÁ ABIERTO», para no perder clientela.

— *¿Dónde vives?*, preguntó.

— *Allí, dije señalando arriba, al tercer piso.*

— *¿Vives allí?*

Allí. Tuve que mirar adonde ella señalaba. El tercer piso, la pintura *descarapelada*, los barrotes que Papá clavó en las ventanas para que no nos cayéramos. ¿Vives allí? El modito en que lo dijo me hizo sentir una nada. Allí. Yo vivo allí. Moví la cabeza asistiendo.

Desde ese momento supe que debía tener una casa. Una que pudiera señalar. Pero no esta casa. La casa de Mango Street, no. Por mientras, dice Mamá. Es temporario, dice Papá. Pero yo sé cómo son esas cosas.

4.1-9 A vista de pájaro: ¿Cierto o Falso?

Ahora que ya has leído, señala si las siguientes oraciones son ciertas o falsas. Recuerda que si las oraciones que aparecen a continuación son falsas, tienes que modificarlas para que reflejen el contenido que verdaderamente aparece en la lectura.

_____ **1.** La autora y su familia vivieron por lo menos en tres casas antes de mudarse a Mango Street.

_____

_____ **2.** La autora está contenta porque la casa en Mango Street es la casa ideal.

_____

_____ **3.** La casa ideal de esta familia sería una mansión con piscina y escaleras enormes.

_____

_____ **4.** Su casa es pequeña y tiene poco espacio.

_____ **5.** La casa de Loomis era modesta pero la autora se sentía orgullosa de ella.

4.1-10 Vayamos por partes

Contesta las siguientes preguntas con la información de la lectura.

1. ¿Cuántas personas hay en la familia? _____

2. ¿Qué ventajas hay para una familia que no tiene que alquilar la casa donde vive?

3. ¿Por qué se mudaron de la casa de Loomis? ¿Cómo era la casa? ¿Qué problemas tenía?

4. ¿Le gusta a la autora la casa en Mango Street? ¿Cómo lo sabes? ¿Qué es lo que dice sobre la casa?

5. ¿Cómo es la casa ideal de esta familia? ¿Cómo es la casa en Mango Street? Completa el cuadro a continuación con la información de la lectura.

	La casa ideal	La casa en Mango Street
Lo positivo		
Lo negativo		

6. ¿Qué fue lo que pasó con la monja de la escuela cuando vivían en Loomis? ¿Qué implica el modo en que la monja dijo _allí_? ¿Por qué hizo sentir mal a la autora?

7. La autora quiere vivir en una casa que pueda señalar. ¿Qué quiere decir con esto? ¿Por qué es esto importante para ella?

4.1-11 Adivina... ¿Quién lo diría?

Según lo que sabes de los personajes, infiere quién diría lo siguiente: la autora (A), los padres (P), el casero (C), la monja (M).

_____ **1.** ¿Cómo puedes vivir en un lugar tan desagradable?

_____ **2.** Algún día viviremos en una casa blanca muy linda.

_____ **3.** Esta casa es muy vieja; no tiene caso gastar dinero arreglándola.

_____ **4.** Tengo que dormir en una recámara con mi hermana.

_____ **5.** Un día voy a ganar la lotería y comprar una casa propia.

4.1-12 Y, ¿qué piensas tú?

Ya has leído la lectura. Ahora, contesta según tu opinión.

1. ¿Tu familia se ha mudado de casa con frecuencia o ha vivido en la misma casa toda la vida? ¿Qué efectos tiene en los niños mudarse constantemente de casa? ¿Qué efectos tiene vivir siempre en el mismo lugar?

_____

_____

_____

2. ¿Cómo es / era la casa donde creciste? ¿Qué te gusta / gustaba de esta casa? ¿Qué no te gusta / gustaba? ¿Tenías que compartir la recámara? ¿Con quién? ¿Tiene ventajas / desventajas compartir una recámara? ¿Cuáles son?

_____

_____

_____

_____

_____

3. Trabaja con un/a compañero/a. Describe tu casa —cómo están distribuidos los cuartos, dónde está la entrada, etc. Mientras tú la describes, tu compañero/a tratará de dibujar el plano de la casa. Una vez que terminen, tú debes evaluar si lo ha hecho correctamente. Tomen turnos para hacer esta actividad.

4. Para muchas personas, uno de los hitos más importantes de su vida es comprar su primera casa. ¿Por qué es tan importante tener una casa? ¿Cuáles son las ventajas de poseer una casa? ¿Es mejor comprar o alquilar? ¿Por qué?

_____

_____

_____

Completa el cuadro siguiente y después compara tus respuestas con las de uno/a de tus compañeros/as.

	Ventajas	Desventajas
comprar	_____	_____
	_____	_____
alquilar	_____	_____
	_____	_____

5. ¿Qué rasgos son esenciales en una casa y cuáles son superficiales? Haz una lista de elementos que consideras indispensables en una casa y una lista de cosas que te gustaría tener, pero en realidad no son necesarias. Cuando termines la lista, compárala con la de un/a compañero/a para ver en cuántas cosas coinciden.

Cosas indispensables	Cosas deseables

6. Imagina que tienes que salir de tu casa apresuradamente y no vas a poder volver a ella. Tienes solamente una hora para escoger cinco objetos que son indispensables para ti. ¿Qué te llevarías y por qué?

_____

_____

_____

IV. Escribamos

Escribe sobre uno de estos temas según las indicaciones que te dé tu profesor/a.

4.1-13 Diario

Describe tu casa ideal, cuántos cuartos tendría, cómo sería la decoración, los colores, los muebles y todos los detalles que te permita tu imaginación. Puedes ayudarte con el vocabulario de «Para hablar de... ».

4.1-14 Composición

A. ¿Qué consejos le darías a una persona que acaba de llegar a tu ciudad? ¿Qué puede hacer esta persona para encontrar una vivienda barata y decente para establecerse? ¿Qué debe evitar al buscar un lugar donde vivir?

Éstas son algunas estructuras que te pueden servir:

- Recomiendo que + *subjuntivo*
- Sugiero que + *subjuntivo*
- Es necesario que + *subjuntivo*
- No creo que + *subjuntivo*
- Creo que + *indicativo*

B. Trabajas en el periódico de tu ciudad, en la sección de anuncios. Yaritza, Jacquelín y Alejandro quieren poner un anuncio para buscar su casa ideal. Ayúdales a escribir el anuncio y a encontrar la casa de sus sueños.

Estas estructuras te pueden ayudar:

- *Se* impersonal
- Se busca (busco) casa que + *subjuntivo*

4.2 Cine y televisión

I. Escuchemos

4.2-1 Piensa...

En el tema *Cine y televisión* tres personas comparten sus opiniones con relación al papel del cine y la televisión en sus vidas.

1. ¿Qué crees que oirás?

2. ¿De qué cosas hablarán?

4.2-2 Para hablar de...

Para trabajar con este tema, te presentamos cuatro categorías de vocabulario que podrás usar cuando hables o escribas sobre él. Te damos unos ejemplos.

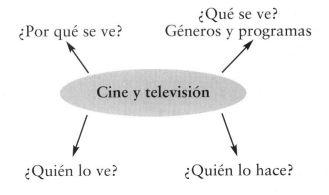

¿Por qué se ve?   ¿Qué se ve?
                         Géneros y programas

Cine y televisión

¿Quién lo ve?   ¿Quién lo hace?

¿Por qué se ve?	¿Quién lo ve?	¿Qué se ve?	¿Quién lo hace?	Otro
para entretenerse	espectador	informativos	guionista	control remoto
por la temática	audiencia	series	camarógrafo	satélite

4.2-3 ¿Qué nos cuentan estas personas?

Escucha lo que Sandra, María Eugenia y Victoria cuentan en relación al papel que tiene el cine para ellas, lo que opinan de la televisión y cuáles son sus programas favoritos. Anota lo que hayas comprendido (ver Apéndice D).

4.2-4 Adivina... ¿Quién diría esto?

Ya sabes lo que cada hablante opina del papel del cine y de la televisión en su vida y en la sociedad. Ahora, teniendo en cuenta lo que nos han contado, adivina quién diría esto. Identifica cada enunciado con un hablante; un enunciado debe quedar en blanco.

H_____: Gracias al cine y a la televisión, puedo experimentar sensaciones que no son frecuentes en mi vida cotidiana.

H_____: El cine retrata la realidad de la sociedad.

H_____: Aprendo cosas sobre otras culturas y además puedo practicar otra lengua.

H_____: El cine y la televisión son muy importantes, pero hay que fomentar más los programas culturales.

4.2-5 Información cultural: ¿Lo sabías?

Tanto Sandra como María Eugenia y Victoria muestran una visión positiva de la televisión y del cine. Ellas mencionan el carácter educativo de estos medios. Pues, si se usan sabiamente, dan la oportunidad de conocer otra cultura, practicar una lengua extranjera y, en definitiva, educar.

El doblaje de películas: La situación con relación al doblaje de películas varía en los países hispanohablantes. Por ejemplo, en España es normal que las películas extranjeras se doblen al castellano, tanto si van a proyectarse en el cine como si se retransmiten en la televisión. Sin embargo, en Chile y México, las películas extranjeras no se doblan en el cine, a excepción de las películas para niños, y llevan subtítulos en español.

La televisión española: En España no existen tantos canales de televisión como en los Estados Unidos. Hay solamente dos televisiones públicas (TVE, La 2) y tres privadas (Antena 3, Tele 5 y Canal Plus), más las cadenas autonómicas por ejemplo, Andalucía (Canal Sur), Galicia (TVG o Televisión Gallega), Comunidad Valenciana (Canal 9), Cataluña (TV3), Comunidad de Madrid (Telemadrid), País Vasco (Euskal Telebista), etc. Para ver los canales autonómicos, no hay que pagar ni tampoco para ver algunas de las cadenas privadas. Ahora también se ha liberalizado el uso de televisión por cable y de antena parabólica (i.e., satélite).

Es interesante ver cómo las costumbres de un país se reflejan en los horarios de las noticias, o telediario, como se le llama en España. Por ejemplo, las noticias en la televisión se dan a las 3:00 de la tarde (cuando los españoles están comiendo) y a las 9:00 de la noche (cuando están cenando) y otra vez hacia la una o dos de la madrugada (cuando termina la programación de noche). La duración es de tan solo treinta minutos y no hay anuncios que lo interrumpan.

También es interesante mencionar que a partir de los años 80, las telenovelas se han hecho muy populares en España, debido a la influencia de las telenovelas venezolanas, mexicanas y de otros países hispanos. A las telenovelas se les llama popularmente «culebrones» por la similitud con las «culebras» (o serpientes) por lo largas, interminables y retorcidas que son.

Hoy en día, la televisión española ha adoptado mucho de los programas que se ven en los Estados Unidos: por ejemplo, programas de telerealidad tipo *Gran hermano (Big Brother)* u *Operación triunfo (American Idol)*.

Directores de Cine: El mundo del cine cuenta con nombres de primera línea que proceden de nuestros países o que son de origen latino. Por ejemplo, en España cabe destacar a Pedro Almodóvar (*Mujeres al Borde de un ataque de nervios*), Pilar Miró (*El perro del hortelano*), Icíar Bollaín (*Hola, ¿estás sola?*). De Chile son Alejandro Amenábar (*Los otros*), que actualmente radica en España y Miguel Littín (*El náufrago*). De México, Alejandro Cuarón (que dirigió la última película de Harry Potter y *Y tu mamá también*), Alejandro González Iñárritu (*Amores perros, 21 Grams*). De Argentina, Alejandro Agresti (*Valentín*), Luis Puenzo (*La historia oficial*), etc.

Menciona cinco cosas que hayas aprendido después de leer la información de esta sección.

_____

_____

_____

_____

_____

II. Conversemos

4.2-6 Y ahora tú...

La conversación de este tema girará en torno a tres bloques: «Los hablantes y tú» que te da la oportunidad de reaccionar a lo que los hablantes dijeron; «Tus gustos», donde compartirás tus preferencias en relación con el cine y televisión; y «La televisión y el cine en nuestras vidas», en el que hablarás de tus puntos de vista sobre la utilidad o no de estos medios.

A. Los hablantes y tú

3 **1.** ¿Te identificas con alguna de estas hablantes? ¿Por qué? ¿Cuál es tu opinión del cine y de la televisión?

3 **2.** Sandra menciona cómo ver películas extranjeras en su lengua original le sirve a ella para practicar y no olvidar esa lengua. ¿Tú ves películas extranjeras? ¿De qué origen? ¿Con qué fin? ¿Qué opinas del cine extranjero?

3 **3.** María Eugenia dice que los programas de televisión para niños presentan mucha violencia, y que esto es negativo porque los niños imitan lo que ven. ¿Estás de acuerdo con ella? Si es así, ¿por qué crees que la televisión presenta tanta violencia? ¿Hay algo que se podría hacer para resolver esta situación?

3 **4.** Victoria hace referencia a la importancia de ser un espectador selectivo. ¿Lo eres o ves cualquier programa que se transmite aunque no te interese mucho?

B. Tus gustos

2 **1.** Entrevista a tu compañero/a con relación a sus gustos cinematográficos y televisivos. Pregúntale sobre sus películas, directores, actores y actrices preferidos, sobre sus programas favoritos, cuáles ve, qué canales prefiere, etc. Sé original en tus preguntas. Tu compañero/a hará lo mismo contigo.

Preguntas	Respuestas
1. ¿Qué tipo de películas son tus favoritas? ¿Tienes una en particular?	1. _____
2. _____	2. _____
3. _____	3. _____
4. _____	4. _____
5. _____	5. _____

2. Conteo. Ahora vamos a ver cuál es el gusto de la clase en relación con el tipo de películas y programas de televisión favoritos. ¿Hay mucha diferencia entre Uds.?

Tipos de películas		Programas de televisión	
cómicas _____	románticas _____	documentales _____	comedias _____
suspense _____	aventura/acción _____	noticias _____	telerealidad _____
terror _____	ciencia ficción _____	educativos _____	series _____

3. ¿Prefieres ir al cine o ver videos en casa? ¿Cómo afecta el lugar a tu experiencia como espectador?   `1` `2`

4. En los últimos años ha surgido un nuevo género televisivo, la telerealidad. Algunos de   `T`
los programas se enfocan en las relaciones románticas (*The Bachelor*), en el desafío
(*Fear Factor*), la supervivencia (*Survivor*) o en el cumplimiento de un deseo (*Extreme
Makeover*). ¿Qué piensas de estos programas? ¿Qué ha cambiado en los últimos años
que permite que este tipo de programas sea posible? ¿Qué valores conllevan?

C. La televisión y el cine en nuestras vidas

1. ¿Cómo afecta la televisión a las relaciones familiares? Piensa casos en que la televisión   `3` `T`
une a la familia y promueve el diálogo y otros en los que la separa y promueve la incomunicación.

2. ¿Crees que la imagen que dan la televisión y el cine de otras culturas es estereotipada y   `2`
artificial o representa la realidad de esas culturas?

D. Debate

Piensa cuál es tu punto de vista ante la siguiente pregunta. *¿Crees que la televisión puede*   `1` `T`
ser un instrumento educativo o, más bien, es una pérdida de tiempo? Anota cuatro razones
que apoyen tu postura.

a. _____

b. _____

c. _____

d. _____

Ahora, reúnete con el grupo que piensa como tú e intercambien sus razones. Entre
todos deben buscar las razones de más peso para apoyar su postura y debatir el tema
con el grupo contrario. ¿Qué grupo convencerá al opositor?

La televisión es un instrumento educativo porque...	La televisión es una pérdida de tiempo porque...
_____	_____
_____	_____
_____	_____
_____	_____
_____	_____

III. Leamos

Para el tema de *Cine y televisión*, vas a leer una entrevista que le hicieron a Alejandro
Amenábar, director de la película «Los Otros.» Pero antes, trabajemos con el vocabulario
que viene de la lectura.

4.2-7 Descubre el significado: Identifica y empareja

Las siguientes oraciones vienen de la entrevista. Lee las oraciones y encuentra el significado de las palabras *en cursiva*, según el contexto en que aparecen. Luego, empareja la palabra con su definición. Presentamos las palabras en dos bloques.

1. Alejandro Amenábar es considerado un *prodigio* del cine en España.

Las cataratas del Niágara son *un prodigio* de la naturaleza.

2. La entrevista se hizo después del *estreno* en EE.UU. de su película, *Los Otros*.

Ana Rosa y Malena siempre *estrenan* zapatos el primer día de clases.

3. Alejandro quiere recuperar el sabor de las películas de terror que *echa en falta* en el cine de hoy en día.

Si no vienes a esta fiesta, te vamos a *echar en falta*.

4. Después de cuatro meses de espera, empezó el *rodaje*.

Partes de la película *Frida* se *rodaron* en la capital de México.

5. Eso se asocia a las sorpresas e intrigas que se *van desvelando* a lo largo de la película.

Todos estábamos ansiosos antes de escuchar a Tony Soprano *desvelar* sus secretos.

Ahora, empareja la palabra o expresión con su definición o sinónimo.

Palabras

_____ 1. prodigio
_____ 2. el estreno; estrenar
_____ 3. echar en falta
_____ 4. rodaje; rodar
_____ 5. desvelar

Definiciones o sinónimos

a. proceso de filmación de una película; Filmar una película

b. la primera exhibición de una película en público; usar algo por primera vez

c. descubrir, poner de manifiesto

d. notar la ausencia de algo o alguien; echar de menos

e. algo maravilloso

6. Yo no quería que me vieran como un *bicho raro*.

Como Alejandro es tímido y no habla con nadie, la gente cree que es un *bicho raro*.

7. Establecimos una buena relación, de respeto mutuo y de *llevarnos bien*.

Creo que es muy importante *llevarse bien* con los compañeros de trabajo.

8. Él ha sido una especie de *garantía de calidad* para la película.

Los productos que se venden en las calles no tienen *garantía de calidad*.

9. Lo único que intentaba era *pasar un buen rato* escribiendo una historia.

El viernes *pasamos un buen rato* en casa de Julián; él siempre tiene buena música y bebidas exóticas.

10. He aprendido a *depurar* lo más posible mi estilo y mis puntos de vista.

Desde que conoció a Benjamín, Claudia *ha depurado* muchísimo sus gustos.

Ahora, empareja la palabra o expresión con su definición o sinónimo.

Palabras

_____ 6. bicho raro

_____ 7. llevarse bien

_____ 8. garantía de calidad

_____ 9. pasar un buen rato

_____ 10. depurar

Definiciones o sinónimos

f. tener una buena relación con alguien

g. una persona extraña

h. limpiar, purificar, refinar

i. compromiso del productor de que la mercancía es buena

j. divertirse

4.2-8 Antes de leer...

Como hemos mencionado, el texto que vas a leer es una entrevista que le hacen a Alejandro Amenábar. ¿Sabes quién es Alejandro Amenábar? ¿Has visto la película *Los Otros*?

Alejandro Amenábar nos habla de *The Others*

El director de cine Alejandro Amenábar, considerado un *prodigio* del cine en España tras su primera película *Tesis*, concedió una entrevista a *Terra* con motivo del *estreno* en EE.UU. de su última película, *The Others (Los Otros)*.

Terra: ¿Cómo surgió este proyecto? ¿Por qué decidiste hacer la película en inglés?

Amenábar: Lo escribí hace tres años, por pura diversión. Se lo mandé a mis productores, les entusiasmó y me propusieron hacerlo en inglés. En principio, lo único que quería era recuperar el sabor de muchas películas de terror que ahora mismo *echo en falta* en el cine.

Terra: ¿Por qué elegiste a Nicole Kidman para el papel principal? ¿Cómo ha sido la colaboración entre ambos? ¿Qué opinas de ella como actriz?

continúa

Amenábar: A Nicole la elegimos porque tuvimos un encuentro en el que estaban, entre otros, Tom Cruise y Nicole Kidman. Ella dijo que le encantaba el papel y le encantaría hacerlo. A mí me pareció que era perfecta para el personaje. Después de unos cuantos meses de espera, porque ella tenía un par de proyectos más, empezó el *rodaje*. Desde el principio fue todo muy bien. Tuvimos una relación bastante abierta, bastante respetuosa... Yo a ella le dejé espacio para componer el personaje y para enriquecerlo todo lo que pudiera. Yo creo que lo enriqueció bastante. Ella entendió que ésta era una película bastante personal.

Terra: Cuéntanos la idea de que cada vez que se abre una puerta tiene que estar cerrada la anterior. ¿Cómo describirías el filme?

Amenábar: Eso se podría asociar a las sorpresas e intrigas que se van *desvelando* a lo largo de la película, pero más bien tiene que ver con la luz. La luz es una metáfora del conocimiento. Para mí, ésta es la historia del viaje de Grace y sus hijos hacia la luz. En este caso la oscuridad tiene mucho que ver con la cerrazón, con unas fuertes ideas que, en el caso de Grace, le impiden ver la realidad. La luz se va deteniendo, se va controlando, abriendo y cerrando puertas.

Terra: ¿Cómo ha sido la experiencia de trabajar con niños?

Amenábar: Era una de las cosas que más me asustaban al principio. No ya porque eran niños, y yo nunca había trabajado con ellos, y lo recomendable es no trabajar ni con niños ni con animales, sino porque era en inglés. Yo quería que no me vieran como un *bicho raro*, como esa persona con acento extraño que todos los días les pide hacer cosas, y lo bueno es que nos conocimos ya antes del *rodaje*, y establecimos una buena relación, de respeto mutuo y de *llevarnos bien*. Y además, entre ellos *se llevaron* también muy bien; se comportaron como hermanos.

Terra: ¿Cómo crees que *The Others* va a ser recibida por el público estadounidense? ¿Por el público en general?

Amenábar: La verdad es que cuando escribí la película, no pensaba llegar a ningún público potencial. La hice para mí como espectador. Cuando haces una película como espectador, que no es lo mismo que hacerla como creador, lo que haces es la película que te gustaría ver, y si coincide con los gustos generales muy bien. Si no, tampoco me deprimiría demasiado, puesto que la película está muy bien.

Terra: Hasta el momento, tus tres películas han sido *thrillers*, ¿de donde viene tu fascinación por el horror? ¿No tienes pensado abordar otro tipo de género como la comedia o el drama?

Amenábar: La comedia la pensé para mi segundo proyecto, pero a veces comienzo escribiendo una comedia y termino haciendo un *thriller*. Yo creo que el *thriller*, el misterio o el suspense es el vehículo que me permite desarrollarme más como creador a la hora de escribir o incluso a la hora de componer música. Creo que es el elemento ideal para transmitir muchas de mis preocupaciones y, en general, las preocupaciones y obsesiones de cualquier persona: lo que tiene que ver con lo desconocido.

Terra: ¿Cómo ha sido la experiencia de tener a Tom Cruise de productor ejecutivo en el filme?

Amenábar: Trabajar con Tom Cruise ha sido una experiencia fantástica. Lo que más me sorprendió es lo que le gusta el cine y lo mucho que sabe de cine, evidentemente como actor, pero sobre todo desde un punto de vista técnico. Él ha sido una especie de *garantía de calidad* para la película. Su preocupación ha sido conseguir que no me faltara de nada, que todos los niveles de calidad fueran los máximos posibles, y aparte de eso no ha habido ninguna relación incisiva en ese sentido, ha sido de mutuo respeto.

Terra: ¿Qué directores de cine admiras más?

Amenábar: Evidentemente, Hitchcock—está claro después de ver esta película o la anterior. También Spielberg y Kubrick. Son tres influencias que se pueden ver en esta película, no sólo a nivel estilístico, sino por el modo en que cada uno se planteaba el cine. En el caso de Hitchcock, directamente relacionado con el suspense; en el caso de Spielberg, colocándose en la posición del espectador y haciendo la película que a él le gustaría ver; y en el caso de Kubrick buscando la mayor simplicidad y el punto de vista más preciso a la hora de contar algo.

Terra: ¿Trabajarías en Estados Unidos? Y si así fuera, ¿a qué actores estadounidenses te gustaría dirigir?

Amenábar: Siempre digo que trabajaría en EE.UU. o en cualquier país en el que surgiera una historia que contar y que me pareciera interesante. En cuanto a actores, trabajaría tanto con actores americanos como españoles, franceses... En el caso español, trabajaría con Penélope Cruz, que ya he trabajado, con Javier Bardem... En el caso americano, trabajaría con Tom y con Nicole.

Terra: En 1996, dirigiste *Tesis*, tu primera película. ¿Qué pretendías mostrar al público? ¿Cómo abordaste el tema de la violencia en la película?

Amenábar: Fundamentalmente lo que intentaba era divertirme a la hora de escribir, y en eso fue un proceso bastante parecido al de *The Others*, porque no había un contrato por delante. Lo único que intentaba era pasar un buen rato escribiendo. Conforme la historia iba avanzando, y en ese momento lo que me apetecía era hacer una historia de género y de *thriller*, que era algo un tanto inusual en el cine español, fueron surgiendo cosas. Me di cuenta de que se podía enriquecer la historia y acabar contando una parábola o una metáfora sobre lo que es el tratamiento de la violencia en los medios utilizando las «snuff movies» como tema principal.

Terra: ¿Cómo crees que has evolucionado como director desde *Tesis*?

Amenábar: En todos los campos se evoluciona y se madura. En el caso del tratamiento de los actores, por ejemplo (y eso está asociado a tener más presupuesto), he ido dando cada vez más libertad a los actores para componer sus personajes. No me importa improvisar ciertas cosas en el *rodaje*, dejar la cámara más libre, dependiendo de los actores. En general, creo que he tendido a la simplicidad, a depurar lo más posible mi estilo y mis puntos de vista.

4.2-9 A vista de pájaro: ¿Cierto o Falso?

Señala si las siguientes oraciones son ciertas o falsas, corrige las oraciones falsas.

_____ **1.** Alejandro Amenábar es director y escritor de guiones de cine.

_____ **2.** Nicole Kidman no tuvo contacto con Amenábar durante el rodaje.

_____ **3.** En la película, la luz representa la ignorancia.

_____ **4.** Amenábar se llevaba muy bien con los niños actores.

_____ **5.** Al director le importa más el proceso creativo que darle gusto al público.

_____ **6.** Amenábar ha hecho varias comedias.

_____ **7.** Tom Cruise obstaculizó la creatividad de Amenábar.

_____ **8.** Spielberg, Hitchcock y Kubrick admiran a Amenábar como director.

_____ **9.** Amenábar tiene confianza en el talento de los actores.

_____ **10.** Amenábar ha trabajado solamente con actores norteamericanos.

4.2-10 Vayamos por partes

Contesta las siguientes preguntas con la información extraída de la lectura.

El proyecto

1. ¿Qué motivó a Amenábar a escribir esta historia?

2. ¿Por qué aceptó hacer una película en inglés?

3. ¿Por qué tuvieron que esperar a Nicole Kidman?

El rodaje

4. ¿Cómo representa Amenábar la mente cerrada de Grace?

5. ¿Por qué le preocupaba al director trabajar con niños?

6. ¿Qué significa hacer una película como espectador?

Las películas de suspense

7. ¿Por qué prefiere Amenábar dirigir películas de suspense?

_____

El productor

8. ¿Qué función tuvo Tom Cruise en la realización de esta película?

_____

9. ¿Cómo era la relación productor-director?

_____

Otros directores y actores

10. ¿Cómo se refleja la influencia de Spielberg en las películas de Amenábar?

_____

11. ¿Qué ideas ha tomado Amenábar del cine de Hitchcock?

_____

12. ¿Con quiénes ha trabajado Amenábar y con quiénes le gustaría volver a hacerlo?

_____

La primera película

13. ¿Por qué se considera el tema de su primera película _Tesis_ un poco inusual para el cine español?

_____

14. Menciona un ejemplo de la madurez de Alejandro Amenábar como director.

_____

4.2-11 Adivina... ¿Quién lo diría?

¿Quién diría lo siguiente? Amenábar (A), Actores (Ac) o Entrevistador (E).

_____ **1.** Me gusta trabajar con él.

_____ **2.** Pensé que iba a ser más difícil trabajar con los niños.

_____ **3.** Hay poco cine de terror en España.

_____ **4.** Me faltaron dos preguntas.

4.2-12 Y, ¿qué piensas tú?

Ya has leído la lectura. Ahora contesta según tu opinión.

1. ¿Qué es lo que te ha parecido más interesante de la entrevista?

_____

_____

2. ¿Te gustan las películas de terror? ¿Por qué?

_____

_____

3. ¿Tienes un actor o actriz favorita? ¿Quién es? ¿Por qué te gusta?

_____

_____

4. ¿Crees que en el mundo actual se les da demasiada importancia a las estrellas de cine? ¿Por qué?

_____

_____

5. Si tú estuvieras entrevistando a Amenábar, ¿qué pregunta le harías?

_____

_____

IV. Escribamos

Selecciona una de las dos opciones y sigue las instrucciones.

4.2-13 Diario

Escribe en tu diario el papel que tiene la televisión en tu vida. ¿Qué tipo de películas o programas son tus favoritos y por qué? Si no ves la televisión, da tus razones.

4.2-14 Composición

A. Escribe sobre tu director de cine favorito. Incluye la siguiente información:
- Información personal: origen, edad, descripción física...
- Tipo de películas que hace y tipo de público al que se las recomendarías.
- Tus razones de por qué te gustan sus películas.

Éstas son algunas estructuras que te pueden servir:
- Recomiendo que... + _subjuntivo_
- Sugiero que... + _subjuntivo_
- Creo que... + _indicativo_

B. Ve a la red e investiga sobre uno de los directores de cine mencionados en la sección de cultura. Si lo prefieres, puedes elegir a otro director que te interese, la única condición es que sea de un país de habla hispana. Cuando termines, escribe sobre este director y señala lo más sobresaliente de él.

PARTE B

Temas especulativos y controversiales

¿Qué pasará?

5.1 Vida en el futuro

I. Escuchemos

5.1-1 Piensa...

Vas a escuchar a Sandra, Irma y Andrea que nos cuentan su visión sobre cómo será la vida en el futuro. Antes de escuchar, piensa un poco en lo siguiente:

1. ¿En qué aspectos de la vida crees que se van a centrar más al comentar sus ideas sobre los cambios que experimentará la vida en el futuro?

2. Según tú, ¿qué cambios habrá?

5.1-2 Para hablar de...

A continuación verás unas categorías de vocabulario relacionado con el tema. Trabaja con toda la clase y, con la ayuda de tu profesor/a, piensa en palabras asociadas a cada bloque que puedan ser útiles para hablar sobre este tema. ¿Qué palabras te gustaría incluir?

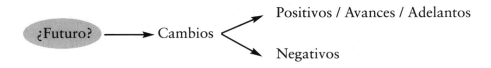

¿Futuro? → Cambios → Positivos / Avances / Adelantos

Negativos

_____	_____	_____	_____
_____	_____	_____	_____
_____	_____	_____	_____
_____	_____	_____	_____
_____	_____	_____	_____
_____	_____	_____	_____

_____	_____	_____	_____
_____	_____	_____	_____
_____	_____	_____	_____
_____	_____	_____	_____
_____	_____	_____	_____
_____	_____	_____	_____

5.1-3 ¿Qué nos cuentan estas personas?

Sandra, Irma y Andrea nos dan su punto de vista sobre cómo creen que será la vida en el futuro, lo que, según ellas, será mejor y lo que les preocupa sobre el porvenir. Apunta en el cuadro las ideas que hayas entendido (ver Apéndice D).

5.1-4 Adivina... ¿Quién diría esto?

Teniendo en cuenta lo que han contado Sandra, Irma y Andrea, adivina quién podría decir cada uno de estos enunciados. Identifica cada enunciado con una de ellas, y escribe el número de la hablante (1, 2 o 3) en el espacio que corresponda. Recuerda que un enunciado no corresponde a ninguna de ellas y debe quedar en blanco.

H_____: La tecnología será el fin definitivo de la familia.

H_____: El futuro de la humanidad dependerá del uso que hagamos de los avances técnicos.

H_____: Habrá muchos avances en el futuro, pero temo que se puede acabar perdiendo el concepto de familia.

H_____: Creo que las relaciones humanas serán mejores que ahora.

II. Conversemos

5.1-5 Y ahora tú...

Vas a discutir con otros compañeros de la clase sobre la vida en el futuro. Primero, darás tus opiniones sobre lo que piensan Sandra, Irma y Andrea. Luego, hablarás sobre el futuro en tu vida y la de tus compañeros y, finalmente, tendrás la oportunidad de participar en un debate sobre el futuro.

A. Las hablantes: sus opiniones y las tuyas

1. Si tuvieras que hablar sobre cómo será la vida en el mundo, ¿cuáles serían los grandes temas para ti? ¿Por qué? Anota tus ideas. Ahora, reúnete con un compañero para conversar y comparar las ideas que han anotado.

_____

_____

_____

   a) ¿En qué puntos coinciden o discrepan?

   b) Si comparan los puntos de vista expresados por Uds. y por Sandra, Irma y Andrea, ¿qué diferencias observan en los temas elegidos por ellas y por Uds.? ¿Por qué crees que tratan algunos aspectos y no otros?

2. Sandra piensa que en estos momentos las relaciones humanas son más frías que antes. Y... para Uds., ¿cómo será la situación dentro de unos años? ¿Va a mejorar o va a empeorar? ¿Por qué piensan así?

3. Sandra, Irma y Andrea comparten su preocupación por la evolución de la familia y las relaciones familiares. ¿Creen que su preocupación por este tema es propia de la cultura hispana solamente o es común en la de Uds.? ¿Por qué? ¿Cómo ven las relaciones familiares dentro de cien o doscientos años?

4. Sandra y Andrea apuntan la posibilidad de que algún día nuestra vida esté marcada o muy influida por la tecnología y los _robots_: en casa, en el trabajo, en la comunicación entre los seres humanos... ¿Qué aspectos de nuestro mundo (por ejemplo, en el hogar, las comunicaciones...) han sido automatizados casi por completo? ¿Qué efectos creen que tendrá el desarrollo tecnológico en los aspectos más básicos de nuestra vida? ¿Podrían dar ejemplos?

_____

_____

_____

_____

_____

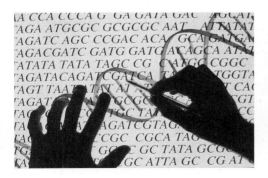

3 **5.** Sandra, Irma y Andrea esperan que haya grandes avances en la medicina. Ahora piensa...

a) ¿Cómo crees que será la medicina del futuro?

b) De la siguiente lista, ¿cuáles crees que serán los descubrimientos o avances más importantes en los próximos años?

- ingeniería genética
- biotecnología
- tratamientos para combatir o erradicar enfermedades infecciosas, por ejemplo el SIDA
- lucha contra el cáncer
- descubrimientos que ayuden a prolongar la vida

  ¿Hay algún otro avance médico que no esté en la lista y te gustaría destacar? ¿Cuál?

c) ¿Cuál crees que será el futuro de la reproducción humana? ¿Qué repercusiones podría llegar a tener en la especie humana el uso de técnicas de reproducción asistida como la fecundación *in vitro*?

B. El futuro y tú

1 **2** **1.** ¿Cómo imaginas tu futuro? ¿Cómo será tu vida a corto plazo (en 5 años), a medio plazo (dentro de 15 años) y a largo plazo (pasados 50 años)?

Parte 1: Anota en la tabla de abajo tus ideas sobre tu vida.

Parte 2: Después de pensar en tu vida, busca a una persona de la clase con la que quieras trabajar. Especula por separado sobre su vida y anota tus ideas en la tabla de abajo. Tu compañero hará lo mismo contigo.

Parte 3: Ahora, reúnete con tu compañero. Compartan las expectativas que cada uno tenía sobre el futuro de la otra persona. ¿Qué diferencias hay entre tus expectativas sobre tu futuro y las de tu compañero? Si no están de acuerdo, expliquen o discutan por qué creen que la otra persona se ha equivocado.

	Tu vida	La vida de tu compañero
A corto plazo	_____	_____
	_____	_____
A medio plazo	_____	_____
	_____	_____
A largo plazo	_____	_____
	_____	_____

1 **3** **2.** Lee estos cinco comentarios que han hecho algunos personajes conocidos. ¿Con cuáles estás de acuerdo? ¿Con cuáles no? Medítalo y comparte tus opiniones con tus compañeros.

a) Me interesa el futuro porque es el sitio donde voy a pasar el resto de mi vida. (Woody Allen)

b) Solamente aquel que construye el futuro tiene derecho a juzgar el pasado. (Friedrich Nietzsche)

c) No pienso nunca en el futuro porque llega muy pronto. (Albert Einstein)

d) Las mujeres con pasado y los hombres con futuro son las personas más interesantes. (Chavela Vargas, cantante mexicana)

e) El futuro tiene muchos nombres. Para los débiles es lo inalcanzable. Para los temerosos, lo desconocido. Para los valientes es la oportunidad. (Víctor Hugo)

C. El futuro a debate

Seleccionen uno de estos temas para debatir en clase.

1. ¿Cuál será el futuro de nuestra especie? ¿Habrá un gran cataclismo y moriremos todos?

2. Los *robots* acabarán dominando y quitándole todo el poder al ser humano. ¿Sí o no?

3. En 1949, George Orwell publicó la novela *1984* en la que describía cómo imaginaba el mundo en los años 80. En la novela pinta una imagen bastante desoladora, en la que hay un «Gran Hermano» que controla todo lo que hacen las personas y el lenguaje está muy manipulado para favorecer la existencia de una ideología dominante. ¿Podría ocurrir esto en el futuro? ¿Está ocurriendo esto ya? Piensen en los sistemas de vigilancia en aeropuertos, supermercados...

D. ¡El futuro es... hoy!: una película

Uds. están preparando el guión de una película que va a recrear la vida de la especie humana en el año 3120 (siglo XXXII). En grupos de tres a cinco personas, preparen una escena de esta película que muestre *su* visión del futuro. Primero, escriban el guión; luego, lo escenificarán para la clase. A modo de ejemplo, aquí tienen unas sugerencias de situaciones posibles pero no es obligatorio usar estas ideas. Pueden y deben ser creativos y, si lo desean, inventarse otras escenas que reflejen su visión particular del futuro.

1. La Tierra se ha destruido y tú, junto con un grupo muy pequeño de personas, has conseguido escapar de la catástrofe. Todos los demás han muerto. Entonces,...

2. Estás en Bali y tienes que volver a casa. Pulsas el botón del teletransportador y apareces en tu casa. Cuando llegas, te saluda Marisa, tu empleada doméstica, que es un *robot*, y...

III. Leamos

Te invitamos a leer *Aquí empieza el futuro*, una narración escrita desde el punto de vista del futuro en la que nos cuentan cómo es la vida en el año 2104. Antes de leer, trabaja con este vocabulario que viene de la lectura.

5.1-6 Descubre el significado: Identifica y empareja

Lee las siguientes oraciones e infiere el significado de las palabras *en cursiva* según el contexto en el que aparecen. Después, demuestra que sabes lo que significan, emparejando cada palabra o expresión de la columna izquierda con la definición o sinónimo más adecuados de la derecha. Verás el vocabulario en dos bloques de cinco palabras.

1. Como no iban a tener mucho tiempo una vez que llegaran allí, Juana y Ernesto decidieron *de antemano* qué lugares iban a visitar.

A Lola no le gusta comprar por impulso; es de las que busca *de antemano* las mejores ofertas y después se decide por una.

2. Los científicos *predicen* un incremento considerable en la contaminación de los ríos para los próximos veinte años.

No creo en lo que han *predicho* los futurólogos ¿Cómo podemos saber lo que va a pasar?

3. Marina *reconoció* que se había equivocado.

Susana me parece aburridísima, pero tengo que *reconocer* que sabe de lo que habla.

4. No, mire, por aquí no puede continuar. Tiene que *retroceder* y tomar la calle anterior a ésta.

Después de salir se acordó de que no llevaba la documentación, así que *retrocedió* y volvió a la oficina para recogerla.

5. No *basta* con tener buenas intenciones; hay que ponerlas en práctica.

Has estado al teléfono tres horas. ¡Ya *basta*!

Ahora, empareja la palabra o expresión con su definición o sinónimo.

Palabras

_____ 1. de antemano
_____ 2. predecir
_____ 3. reconocer
_____ 4. retroceder
_____ 5. bastar

Definiciones o sinónimos

a. admitir, aceptar
b. ser suficiente
c. volver hacia atrás
d. anticipar, adivinar, aventurar
e. previamente, con antelación

Y ahora, sigue con estas otras...

6. Según los astrónomos, el meteorito *procede de* un sistema solar lejano.

Este manuscrito *procede de* la antigua colección del Museo Británico en Londres.

7. María admitió su culpabilidad; fue un *suceso* que nadie esperaba.

La sección de *sucesos* del periódico narraba el robo de un cuadro valiosísimo en el Museo del Prado.

8. Tienes que comer más despacio; si *engulles* la comida, te va a doler el estómago.

El pobre hombre tenía tanta hambre que *engulló* el bocadillo sin respirar.

9. Los expertos estuvieron *indagando* durante meses. Finalmente, concluyeron que la causa había sido una mutación en un gen.

No tienes suficiente información; deberías *indagar* más hasta que tengas todas las pruebas.

10. Nadie pensaba que se recuperaría del accidente, y... ¡Mírala! Ahí está, *tan campante*, como si no hubiera pasado nada.

¡Qué injusticia! Robó el dinero de la compañía, nos mintió a todos, nos explotó y ahora anda *tan campante*. Según mi abogado, no hay forma de llevarlo a la cárcel.

Ahora, empareja la palabra o expresión con su definición o sinónimo.

Palabras

_____ 6. proceder de
_____ 7. suceso
_____ 8. engullir
_____ 9. indagar
_____ 10. tan campante

Definiciones o sinónimos

f. igual de bien como siempre; con impunidad
g. investigar, averiguar, hacer averiguaciones
h. tener origen en, provenir de, ser originario de
i. acontecimiento, evento
j. devorar, tragar/comer muy rápido

5.1-7 Antes de leer...

Ahora vas a leer *Aquí empieza el futuro*, un reportaje exclusivo que hemos recibido desde el año 2104.

Antes de empezar a leer, reflexiona un poco.

1. ¿Cómo será nuestra vida dentro de 90 o 100 años?

2. ¿Qué cambios esperas en nuestro mundo? ¿En qué áreas de la vida?

Después de leer, trabajarás con tres bloques de actividades relacionadas con la lectura. Y ahora... ¡A leer! ¡Que lo disfrutes!

AQUÍ EMPIEZA EL FUTURO

2104, última hora.

Me flipa Drew Barrymore. Estoy esperando un programa de sexo personal con su imagen, y consideraría casarme con ella bajo uno de esos regímenes esclavistas del siglo XX. ¿Que quién es Drew Barrymore? ¡Por Dios! Esta actriz nació hace ya 130 años. Fue una estrella en tiempos del cine bidimensional (se proyectaba un haz de luz a través de una cinta de celuloide, y las imágenes eran visionadas en un trozo de tela). Pero sobre todas las cosas, era rubia. Una de las últimas de Hollywood.

El menú del siglo XXII

De Primero, ensalada de transgénicos, y de segundo, píldoras de carne humana. En *El dormilón*, los médicos futuristas estudian el historial del resucitado Woody Allen mientras toman copas y fuman cigarros. «Era vegetariano y propietario de un restaurante macrobiótico», explica uno de ellos.

«¿Vegetariano?», pregunta otro.

«Sí», responde un tercero. «Recuerda que en el siglo XX aún no habían descubierto que el tabaco, el alcohol y las grasas son beneficiosas para la salud». Nuestros antepasados se creían que en el futuro comeríamos píldoras o basuras así, pero Woody Allen iba aún más allá al concebir un mundo al revés, en el que las lechugas producen colesterol y las grasas son lo mejor para mantener las arterias sanas. Y no sólo eso: para Allen, los alimentos transgénicos producirían tomates del tamaño de calabazas, y plátanos tan grandes como un árbol.

En su película aparecía también una gallina modificada genéticamente, del tamaño de un elefante. «Menuda tortilla me iba a hacer», comentaba el cómico al imaginarse los huevos que pondría semejante ave.

Nace el ser artificial

El día 6 de enero de 2104 nació Daisy, el primer ser completo diseñado y desarrollado íntegramente en un laboratorio a partir de la elección de genes ya conocidos. Tiene pelaje blanco y los ojos verdes. Pero cualquier zoólogo advierte que sus orejas,

continúa

sus patas y su cola no son las de una rata. Es más: no son las de ningún bicho conocido. Daisy es nueva para la ciencia, una especie recién salida del tubo de ensayo de la evolución. Sólo que, esta vez, los genes que la definen han sido decididos por el hombre. Daisy es hoy tan revolucionaria como lo fue la oveja Dolly. No es un simple transgénico. No se trata sencillamente de una rata a la que le han sido insertados genes de otra especie. Daisy ha sido creada casi de cero, es decir, los investigadores han decidido una por una todas las «letras» con que se escribe su genoma. Conocían *de antemano* los efectos que iba a tener tal o cual secuencia de ADN[1], y cómo y en qué momento del desarrollo interaccionarían. «El resultado es el *predicho*», ha declarado Chen. Daisy no tiene madre ni padre biológicos. No nació de un útero natural; fue desarrollándose en equipos diseñados específicamente en el laboratorio. Es lo que los científicos de hace un siglo llamaron «el sueño de la biología». Es «algo muy cercano a crear vida artificial», *han reconocido* Chen e Ibrahim. Pero, para calibrar la magnitud del trabajo, lo mejor es *retroceder* a abril de 2003, cuando un consorcio internacional de científicos decodificó el genoma humano. Al principio, muchos pensaron que el trabajo ya estaba hecho, con el «libro de la vida» publicado, *bastaba* leerlo para entender cómo funciona un organismo. Ilusos, era apenas el principio. En seguida se vio que un gen ordena la síntesis de muchas proteínas, y no de una, como se creía. Además, una proteína realiza múltiples tareas dentro de la célula. Ni siquiera dos células idénticas se comportan igual siempre. El problema se volvió enorme: ¿Cómo saber cuándo un gen sintetiza una proteína y no otra? Con cada nivel de organización—gen, proteína, célula, órgano...—, el grado de complejidad se multiplica, y los científicos eran incapaces de predecir el resultado final del sistema; esto es, del organismo.

Las cartas salvajes

Es una fórmula usada por los expertos para anticipar el futuro. Los expertos en hacer predicciones de futuro saben que hay cosas que ocurren y son totalmente imprevistas. No *proceden de* una evolución lógica. Por ejemplo, a principios del s. XIX se decía que el aumento de coches de caballo llegaría a ser tan elevado que los excrementos llegarían a las ventanas del primer piso de las casas de Nueva York. Sin embargo, apareció el motor de explosión y, pronto, el coche. Algo imprevisto cambió el destino. Para encontrar *sucesos* de este tipo, los expertos en prospectiva utilizan una técnica que se llama cartas salvajes. Se trata del intento de identificar acontecimientos futuros sin ninguna lógica. Le echan imaginación, describen el suceso en un papel, y después se trata de analizar las posibilidades de que se haga realidad, y sus consecuencias. Éstos son ejemplos de los que han salido de la imaginación de los científicos, la mayoría catastrofistas:

- **Impacto de asteroides:** No existe ninguna duda de que un objeto celeste volverá a golpear la Tierra en algún momento. Dependiendo de su tamaño, puede destruir una zona o acabar con toda la vida sobre el planeta.

- **Agujero negro errante:** La gravedad de este agujero negro es tan grande que lo *engulle* todo. Si uno se aproximara a la Tierra, no podría detectarse. Y sólo con atravesar el Sistema Solar distorsionaría las órbitas de todos los planetas. Sería el fin de la vida.

- **Gigantes llamas solares:** Las eyecciones habituales de la corona solar provocan alteraciones magnéticas en la Tierra. Se sabe que estrellas similares al Sol de vez en cuando, y brevemente, emiten un brillo mucho mayor. Si esto ocurriera en el Sol, la Tierra se asaría en minutos.

- **Todo es un sueño:** Lo que llamamos realidad podría no serlo. No ha sido sólo la película *Matrix* la que *ha indagado* en ello.

Visionarios: no dieron ni una

Bodas de humanos y *aliens*, veraneo espacial, sexo con *robots*... Las profecías más delirantes sobre el siglo XXII. En el año 2000, alguien aventuró que el hombre nunca vería el siglo XXII. ¿El motivo? Según él, ya se habían escrito todos los libros que había que escribir, compuesto todas las canciones y rodado todas las películas. Al ser humano sólo le quedaba esperar su extinción. Afortunadamente, se equivocó. El siglo XXII ya ha llegado, y el ser humano sigue aquí, *tan campante*. Ahora, resulta divertido mirar el pasado y descubrir cómo imaginaron que sería nuestra época. Woody Allen en *El dormilón* y Matt Groening en la serie de dibujos *Futurama*[2] pensaron que sería un mundo donde los hombres son impotentes y un resucitado Richard Nixon es reelegido presidente de los Estados Unidos. Una vez más, se equivocaron en todo. ¡Menos mal!

[1] ADN ácido desoxirribonucleico (DNA por sus siglas en inglés)
[2] *Futurama* es una serie futurista creada por Matt Groening, creador de *Los Simpsons*.

5.1-8 A vista de pájaro: ¿Cierto o Falso?

Después de leer, indica cuáles de las oraciones siguientes son ciertas o falsas según lo que se dice en la lectura. Si hay oraciones que son falsas, tienes que indicar por qué lo son.

_____ **1.** La persona que escribe se siente fascinada por Drew Barrymore.

_____ **2.** La creación de seres como Daisy es algo rutinario en el año 2104.

_____ **3.** Los científicos manipularon los genes de los padres de Daisy para crearla.

_____ **4.** Las cartas salvajes son una técnica para investigar lo que ocurrió en el pasado.

_____ **5.** Según el autor de este texto, los visionarios del siglo XX no tenían ni idea de lo que hablaban.

5.1-9 Vayamos por partes

Contesta las siguientes preguntas con la información de la lectura.

El menú del siglo XXII

1. ¿Qué tienen de diferente las acciones de los médicos del siglo XXII con respecto a lo que se esperaría de un médico del siglo XX o principios del XXI?

_____

_____

2. Las ideas de estos médicos sobre el tabaco, el alcohol y las grasas contradicen las opiniones de la medicina del siglo XX. ¿De qué manera lo hacen?

_____

_____

Nace el ser artificial

3. ¿Cuándo y dónde nació Daisy? ¿Cómo es físicamente?

_____

_____

4. ¿Qué resultado esperaban obtener los investigadores a consecuencia de manipular el código genético de Daisy?

_____

_____

Las cartas salvajes

5. ¿Qué tipo de sucesos futuros se pueden predecir con estas cartas? ¿Qué situación del siglo XIX se cita a modo de ejemplo?

_____

_____

6. ¿Cómo se hacen las predicciones? ¿Qué han podido predecir los científicos usando este método?

_____

_____

Visionarios: no dieron ni una

7. ¿Qué opina el autor de las predicciones sobre la vida en el siglo XXII? ¿Podrías citar un ejemplo de los que da para apoyar su opinión?

_____

_____

5.1-10 Adivina... ¿Quién lo diría?

¿Quién diría lo siguiente: Woody Allen (W), un médico (M), un científico (C) o un adivino (A)?

_____ **1.** ¿Quienes son éstos que me están examinando?

_____ **2.** ¡Qué tipo tan raro! Se cuidaba demasiado para acabar siendo congelado.

_____ **3.** No es tan difícil: sólo es cosa de sentarte y concentrarte.

_____ **4.** A base de manipular genes conseguimos un ser único.

_____ **5.** Lo que más me costó predecir fue lo de los asteroides.

5.1-11 Y, ¿qué piensas tú?

Ya has leído la lectura. Ahora, contesta según tu opinión.

1. En el texto se menciona el caso de Dolly, una oveja que fue el primer animal clonado en la historia. Generalmente la palabra «clonación» evoca en todos nosotros una serie de

imágenes. ¿Qué te viene a la mente cuando piensas en la clonación? ¿Estás a favor o en contra de la clonación? ¿Por qué?

_____

_____

_____

2. En la lectura se mencionan las cartas salvajes, que son un sistema de adivinación usado en el siglo XXII. ¿Es posible adivinar el futuro? ¿Qué opinas de las personas que dicen que son capaces de adivinar el futuro usando las cartas del Tarot, leyendo la palma de la mano o usando métodos similares?

_____

_____

3. *Role-play.*

a) En la consulta del vidente.

Imaginen que uno de Uds. es uno de esos adivinos que predicen el futuro usando cartas salvajes y que el otro compañero es una persona famosa (Uds. eligen quién) que visita al adivino/a para saber cuál va a ser su futuro. Preparen una situación de este tipo y represéntenla ante la clase.

b) Regreso de los hielos.

En el año 2015 sufriste una enfermedad mortal y decidiste que te congelaran y te despertaran cuando hubiera cura para tu enfermedad. Ahora te están «despertando» de tu letargo. Los científicos sienten curiosidad por saber cómo era la vida en el siglo XXI. Representen una escena en la que se muestre lo que ocurre momentos después de despertarte de ese «sueño» tan largo. Es probable que sientas cierto choque cultural ante las cosas que ves y oyes en el «presente» (siglo XXXII, año 3120) y la vida en «tu tiempo» (siglo XXI). Podrían incorporar los siguientes aspectos en la conversación: diferencias en el transporte, la alimentación, la vivienda, la vida social...

4. Debate. Has leído referencias a Woody Allen y su película *El dormilón*, donde su personaje vuelve a la vida después de haber sido criogenizado. La criogenización consiste en congelar el cadáver de una persona (normalmente afectada por una enfermedad terminal) con la esperanza de poder ser devuelto a la vida cuando la ciencia esté más avanzada. ¿Conoces alguna película donde se trate o aparezca la criogenización? ¿Cuál(es)? ¿Te harías criogenizar? ¿Por qué? ¿Crees que algún día se podrá traer de nuevo a la vida a esa gente? ¿En qué basas tu opinión?

IV. Escribamos

Escribe sobre uno de estos temas según las indicaciones que te dé tu profesor/a.

5.1-12 Diario

Has escuchado a los hablantes, has leído una lectura y has discutido en clase sobre el tema. Ahora tienes todo lo que necesitas para ir a tu diario y escribir sobre cómo piensas que será la vida en el futuro.

5.1.-13 Composición

Según tus amigos, eres muy bueno/a prediciendo el futuro. Tu fama como vidente se ha extendido tanto en tu región que una publicación sensacionalista te ha pedido que escribas una crónica sobre el futuro. El editor de esta publicación te ha escrito esta carta, dándote instrucciones explícitas sobre los puntos que espera que discutas.

Estimado Sr.:

Como ya le comenté en su momento, tiene mucha libertad para hablar de lo que quiera, pero le recuerdo que, debido al tipo de audiencia que tiene nuestra publicación, necesito que, en lo posible, se centre en algunos de estos puntos:

- las relaciones amorosas de varias parejas famosas
- las relaciones internacionales en el mundo, es decir, las relaciones entre países; por ejemplo, ausencia o presencia de conflictos internacionales, una posible guerra mundial, terrorismo, mejoras o deterioro en la cooperación internacional...
- uso o abuso de los avances tecnológicos y sus efectos en la sociedad
- escándalos políticos y/o financieros
- catástrofes naturales y sus consecuencias
- contactos con civilizaciones extraterrestres

Le reitero que puede hablar de lo que Ud. prefiera, pero es importante que recuerde que a la gente que lee nuestra revista le gusta leer historias muy gráficas y quieren detalles algo morbosos. Por lo tanto, el lenguaje debe ser bastante explícito (sin que sea ofensivo, claro). Si tiene alguna pregunta, no dude en consultarme.

Atentamente,

Sr. D. Emilio José Catas Trófico

Redactor Jefe

e-mail: e.j.catas-trofico@apocalipsis.com

Bueno, pues ahora ya sabes lo que te pide el señor Catas Trófico. Así que... ya sabes, ponte cómodo/a y escribe tus predicciones.

Estos puntos gramaticales te podrían ayudar mientras escribes:

- futuro simple (estaremos, dirán...)
- futuro perifrástico (ir + a + *infinitivo*)
- ser / estar + *adjetivo*
- oraciones condicionales (si + *imperfecto subjuntivo*..., *condicional simple*...)
- creer / pensar / opinar + que + *indicativo*
- no creer / pensar / opinar + que + *subjuntivo*

Y también te ayudará consultar el vocabulario de la sección «Para hablar de...» correspondiente a este tema.

5.2 Vida en otros planetas

I. Escuchemos

5.2-1 Piensa...

Vas a escuchar a Irma, Óscar y Sofía que hablan sobre la posible existencia de vida en otros planetas.

1. ¿Tienes idea de qué hablarán?

2. ¿Pensarán que somos la única especie en el universo?

5.2-2 Para hablar de...

Aquí te proponemos siete bloques temáticos útiles para escribir o conversar sobre el tema. Trabaja con toda la clase y con el profesor. Piensa en palabras que podrías necesitar para hablar de la vida en otros planetas y escríbelas en la tabla. Te damos un ejemplo de cada.

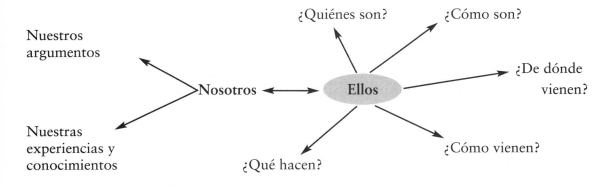

¿Quiénes son?	¿Cómo son?	¿De dónde vienen?	¿Cómo vienen?
alienígena	cabeza grande	galaxia	platillo volante

¿Qué hacen?	Nuestros argumentos	Nuestras experiencias y conocimientos	Otro
abducir	especular	ser testigo de	

5.2-3 ¿Qué nos cuentan estas personas?

Irma, Óscar y Sofía nos dan a conocer sus puntos de vista a favor o en contra de la posible existencia de vida en otros planetas y sus razones en un sentido o en otro. Escucha lo que dicen y después anota en el cuadro lo que hayas entendido (ver Apéndice D).

5.2-4 Adivina... ¿Quién diría esto?

Considerando lo que han dicho Irma, Óscar y Sofía, adivina quién diría cada uno de los enunciados siguientes. Identifica cada enunciado con un hablante y escribe el número del hablante en el espacio que corresponda. Recuerda que un enunciado debe quedar en blanco.

H____: El universo es tan grande que me parece impensable que seamos los únicos seres vivos inteligentes que lo habitan.

H____: La ciencia ha demostrado que las desapariciones del Triángulo de las Bermudas se deben a la existencia de extraterrestres.

H____: Los fenómenos ocurridos cerca de mi ciudad solamente se explican si consideramos la existencia de vida extraterrestre.

H____: Aunque no hay muchas pruebas fisicas, es posible que exista vida en otros planetas.

5.2.-5 Información cultural: ¿Lo sabías?

El Triángulo de las Bermudas

Es una zona del océano Atlántico situada entre tres puntos: las Islas Bermudas, Miami y San Juan (Puerto Rico).

- Algunos investigadores de OVNIs (Objetos Voladores no Identificados) relacionan este triángulo con fenómenos extraños; por ejemplo, desapariciones de aviones y barcos. Hay información registrada sobre la existencia de estos fenómenos desde mediados del siglo XIX. Según algunas explicaciones científicas, estos hechos «paranormales» se deberían a tormentas violentas, turbulencias de la corriente del Golfo y cambios en la estructura física del lecho marino de la zona. Es una de las pocas regiones del globo donde el norte magnético coincide con el geográfico, lo cual podría desorientar a pilotos inexpertos y ser la causa de que algunos aviones y barcos se pierdan. Según algunos, esto explicaría las desapariciones.

Otros Sistemas Planetarios

Óscar menciona la existencia de sistemas planetarios similares al nuestro. En la actualidad se conocen 97 sistemas solares más que contienen al menos 119 planetas conocidos.

- Sofía menciona unos fenómenos extraños ocurridos en el Cerro Uritorco, que es una pequeña montaña (conocida también como Cerro Macho o Cerro de los Loros) situada en la provincia de Córdoba (Argentina). El cerro Uritorco está al noroeste de la provincia, en el departamento Valle de Punilla, y forma parte de una cadena montañosa (las Sierras Chicas de Córdoba).

- Entre los fenómenos inexplicables que se cuenta que han ocurrido se puede mencionar: luces, avistamientos de OVNIs, explosiones de color que cambian la tonalidad de la montaña... Los antecedentes del fenómeno en el Cerro Uritorco se remontan a los eventos ocurridos en el Cerro Pajarillo el 9 de enero de 1986 cuando, cerca de Capilla del Monte (una ciudad cercana al Cerro Uritorco), unos testigos vieron que en el cielo había un objeto luminoso de gran tamaño. Dicho objeto dejó una huella enorme (122 metros—400 pies—de largo por 64 metros—209 pies—de ancho) en una de las laderas del Cerro Pajarillo, que está a 7 km (4,34 millas) del Cerro Uritorco. Igual que en el Cerro Pajarillo, en Uritorco también se formó una huella causada, supuestamente, por un OVNI.

- Sofía cita también que estos lugares están cargados de una energía especial. Se ha comprobado que en la superficie se producen alteraciones electromagnéticas que afectan el funcionamiento de las brújulas y de los instrumentos de navegación de los aviones que vuelan por allí y se dice que la causa está en la existencia de una concentración muy alta de pirita (un mineral) en esa zona. También se han encontrado globos aerostáticos que cayeron por esa zona y se especula que su caída podría deberse a una gran fuerza que los atrae hacia el suelo.

continúa

> ## Las Termas en las Proximidades del Cerro Uritorco
>
> - Las termas que menciona Sofía están en Capilla del Monte. Son cinco lagunas donde hay aguas termales (la «ventana del Uritorco», la «laguna del hombre nuevo», la «laguna del reencuentro con los sueños», la «laguna de las palmeras», y la «laguna del puma»). Sus temperaturas oscilan entre los 28° C (82,4° F) y 38° C (100,4° F), y algunas tienen aguas carbónicas.

Después de leer, es posible que haya algún dato, idea o situación que te haya resultado sorprendente o interesante. Anota abajo tres o cuatro ideas o datos que te gustaría recordar de todo lo que leíste.

1. _____

2. _____

3. _____

4. _____

II. Conversemos

5.2-6 Y ahora tú...

En esta sección vas a discutir sobre los extraterrestres, su relación con fenómenos extraños, tu imagen de cómo son y qué quieren los extraterrestres y qué sabemos en general sobre las civilizaciones extraterrestres y su posible existencia. Trabaja siguiendo las instrucciones de las actividades y de tu profesor/a.

A. Los extraterrestres, los hablantes y tú

3 T **1.** Irma establece una relación causa-efecto entre los fenómenos extraños que desde hace tiempo ocurren en el Triángulo de las Bermudas y la posibilidad de que los responsables de estos fenómenos sean civilizaciones extraterrestres. ¿Qué te parece la idea de relacionar así dos fenómenos que la ciencia todavía no ha podido explicar? ¿Por qué?

2 3 **2.** Irma y Óscar señalan que para ellos es impensable y hasta presuntuoso concebir que este universo tan vasto solamente esté habitado por la especie humana. En concreto, Óscar señala: «En tanta inmensidad, no podemos ser los únicos. Somos un grano de arena en una playa tan enorme... seguro que habrá vida en otras dimensiones de nuestro universo.» ¿Qué tienes que decir al respecto?

3 **3.** Sofía hace referencia a lugares con energías curativas especiales. ¿Qué otros lugares conoces donde se diga que existen estas energías? También opina que el origen de estas energías está fuera de nuestro planeta o quizás en la existencia de vida en otros planetas. ¿Qué piensas de eso?

B. ¿Cómo son y qué buscan?

1 **1.** Imagina que pudieras ser testigo del avistamiento de una nave alienígena y tuvieras la oportunidad de ver uno de sus tripulantes. ¿Cómo sería el extraterrestre? No te limites a describir la apariencia física. Piensa también en la personalidad, comportamiento e interacción con este ser; por ejemplo, demostración de sentimientos, forma de comunicarte con el ser, etc. Recoge tus ideas en la tabla siguiente:

Apariencia física	Personalidad	Comportamiento	Interacción: características	Otras ideas
_____	_____	_____	_____	_____
_____	_____	_____	_____	_____
_____	_____	_____	_____	_____
_____	_____	_____	_____	_____

2. Compara tu descripción de la actividad anterior con la de un/a compañero/a. ¿En qué `2` `3` se parecen y en qué difieren? En la tabla siguiente, anoten las diferencias y los puntos en común que hubo entre sus descripciones.

	Mi compañero	Yo
Apariencia física	_____	_____
	_____	_____
Personalidad	_____	_____
	_____	_____
Comportamiento	_____	_____
Interacción: características	_____	_____
	_____	_____
Otras ideas	_____	_____
	_____	_____

Ahora comenten sus conclusiones con otra pareja de la clase... ¿En qué puntos hubo mayor discrepancia entre Uds.?

3. ¿Qué películas o series de ciencia-ficción conocen que traten o hayan tratado de la vida extraterrestre?

Parte 1: Escriban una lista de películas o series que recuerden. `T`

_____

_____

_____

_____

_____

_____

Parte 2: Seleccionen cuatro o seis películas o series de las mencionadas en la clase, y `3` `T` anoten sus títulos en la primera columna de la tabla siguiente. En grupos pequeños, piensen en qué imagen nos dan estas películas y series sobre las intenciones de los extraterrestres (positiva, negativa o neutra), recogiendo después sus opiniones en la columna «Imagen transmitida». En «¿Por qué?», anoten datos de la película que apoyen su punto de vista.

Título de la película/serie	Imagen transmitida (+/-/neutra)	¿Por qué?
_____	_____	_____
_____	_____	_____
_____	_____	_____

Ahora, compartan con toda la clase las conclusiones a las que llegaron expresando, si es necesario, acuerdo o desacuerdo con las opiniones de otros grupos.

2

Parte 3: ¿Recuerdas tu descripción del extraterrestre en la actividad B. 1? Entonces, piensa en las conclusiones que sacaron en la actividad B. 2, y compárenlas con la forma en que las películas o series de ciencia-ficción suelen representar la vida extraterrestre. ¿Qué semejanzas encuentran entre las descripciones de tu compañero/a, la tuya y las del cine y la televisión?

C. La información que nos llega

3 T

1. ¿Conoces a alguien que haya visto un OVNI? ¿Qué te contó? Si no conoces a nadie, ¿sabes de casos que hayan aparecido en los medios de comunicación (prensa, televisión...) donde se haya hablado de «posibles contactos» o avistamientos? ¿Ha habido alguno en tu zona? ¿Qué decían? De todo lo que has oído, ¿cuánto te crees? ¿Qué no te crees? Explica tus razones en cada caso.

_____

_____

_____

_____

_____

1 3

2. Piensa en la gente de poder en el mundo, por ejemplo, los gobiernos, los militares o las agencias de inteligencia. ¿Cuál es su actitud general de cara a la opinión pública ante el fenómeno OVNI y la vida extraterrestre? ¿Has oído hablar de los «expedientes clasificados»? ¿Qué sabes de ellos? ¿Qué nos están ocultando y por qué lo hacen?

_____

_____

_____

_____

D. Role-play

Seleccionen una de estas escenas, preparen un guión con el diálogo de la escena y represéntenla para toda la clase.

1. Trabajas para la NASA. Estás controlando los sensores que vigilan el tráfico aéreo en Cabo Cañaveral. De repente, ves una extraña formación de OVNIs que...

2. Es el año 3000. Formas parte de un grupo de investigadores que vive en una colonia en un punto muy lejano del universo. Estás durmiendo cuando...

3. Hoy, como otros días, se está celebrando una asamblea de las Naciones Unidas, pero con una gran diferencia: van a dar una conferencia de prensa que se televisará en todo el mundo con el fin de presentarnos a una expedición de extraterrestres. Prepara esta escena de la conferencia de prensa y preséntala ante la clase. Recuerda que intervienen extraterrestres y humanos. Considera los siguientes aspectos al preparar el diálogo:

- ¿Por qué han venido a la Tierra? ¿Cuáles son sus intenciones?
- ¿Cuánto tiempo hace que establecieron contacto por primera vez con los altos dignatarios de nuestro planeta? ¿Cómo van a justificar unos y otros su silencio?
- ¿Qué planes tienen nuestros gobernantes y los suyos?
- ¿Cómo serán nuestras relaciones con ellos?
- ¿En que se van a ver afectadas nuestras vidas?
- Otros aspectos que les interese destacar.

E. Temas de debate

Elijan uno de estos temas para debatir en la clase.

1. Vida en otros planetas: ¿sí o no?

Ya has escuchado argumentos de unos y otros defendiendo o negando la existencia de vida en otros planetas. Y tú, ¿crees que hay vida en otros planetas? ¿Por qué? Vamos a debatir sobre este tema en clase, pero antes tómate un tiempo para reflexionar sobre este asunto. En la tabla siguiente, apunta una lista de argumentos por los que pienses que sí podría haber vida en otros mundos y otra lista en la que recojas argumentos de por qué crees que no es posible. Usando las dos listas, decide si crees que sí existe o no existe la vida en otros planetas. Ahora... ¡a pensar!

Sí, hay vida, porque...	No hay vida, porque...

¿Ya has tomado una decisión? Bueno, pues ahora, busca tres o cuatro compañeros/as que compartan tu punto de vista y discutan entre Uds. por qué piensan de esta manera. Completen esta tabla mientras conversan.

Punto de vista y razones

Ahora todos tienen una idea más clara, ¿no? Entonces, busquen otros grupos que piensen igual que Uds. (sí hay vida / no hay vida) y formen un grupo de debate. Antes del debate, tomen unos minutos para intercambiar todas las razones que identificaron previamente y buscar aquellos argumentos más fuertes y convincentes. Preparen una lista con sus argumentos y cuando estén preparados,... ¡adelante!

2. Algún día viviremos en otros planetas: ¿sí o no?

Gracias al trabajo en la carrera espacial, ha habido ya intentos de explorar puntos de nuestro sistema solar, como la Luna o el planeta Marte. Esto nos permite pensar que tal vez algún día podamos vivir en otros planetas. ¿Ocurrirá? ¿Por qué sí o por qué no? Antes de empezar a debatir toda la clase, todos tienen que prepararse y reflexionar un poco. Anota en la tabla argumentos a favor (Sí, viviremos...) o en contra (No viviremos...). Cuando termines, tendrás que decidirte por una posición concreta (Sí / No). ¡Adelante!

Sí, viviremos en otros planetas	No viviremos en otros planetas

Ahora lo tienes más claro, ¿no? Pues, encuentra a otros tres o cuatro compañeros/as que estén de acuerdo contigo y comenten sus puntos de vista. Mientras hablan, tomen nota de sus ideas en esta tabla.

Punto de vista y razones

Ya están casi listos para debatir, pero antes tienen que formar los dos grupos de debate. Todos los grupos pequeños que piensen igual (Sí / No) se juntan para formar un grupo de debate. Antes de discute con toda la clase, reflexionen durante unos momentos y compartan todas las razones que identificaron antes. De todas ellas, seleccionen aquellas que les parezcan más fuertes y convincentes. Una vez que tengan su lista de argumentos,... ¡A debatir!

III. Leamos

Para este tema, te invitamos a leer la historia *Nada es lo que parece*. Antes de leer, trabaja con el vocabulario que aparece a continuación y que viene de la lectura.

5.2-7 Descubre el significado: Identifica y empareja

Lee las siguientes oraciones. Sin usar el diccionario, intenta encontrar el significado de las palabras *en cursiva* según el contexto en el que aparecen. El vocabulario aparece en dos bloques de cinco palabras. ¡Adelante!

1. Ayer tuve un día *espantoso*: fue el peor día de mi vida.

   La película que vi anoche fue *espantosa*: no me gustó nada.

2. Antes siempre estaba nerviosa, pero, desde que vivo en el campo, mi vida es todo *sosiego*. Se acabaron los nervios y el estrés.

   Los niños pequeños necesitan *sosegarse* antes de ir a la cama para que duerman bien.

3. El bebé era diminuto; sí, realmente era *menudo*.

   Las porciones en este restaurante son tan *menudas*... Siempre me quedo con hambre.

4. La *pulcritud*, es decir la higiene y la limpieza, es la mejor carta de presentación.

   Me sorprendió encontrar la cocina tan *pulcra* al regresar de mi viaje. Todos los platos estaban limpios, no había comida en la mesa y el piso estaba reluciente.

5. Mi hermano quería ver el desfile que pasaba por la calle y *se asomó* a la ventana para mirar.

   El avión estaba a punto de despegar. Entonces, yo *me asomé* por la ventanilla y vi que mi maleta se había quedado en el piso.

Ahora, empareja la palabra con su definición o sinónimo.

Palabras	Definiciones o simónimos
____ 1. espantoso	a. muy pequeño
____ 2. sosiego; sosegarse	b. limpieza, higiene, claridad; limpio
____ 3. menudo	c. horrible, terrible
____ 4. pulcritud; pulcro	d. tranquilidad, serenidad, paz; calmarse
____ 5. asomarse	e. aparecer, empezar a ser visible, hacerse/dejarse ver

Ahora prueba con las siguientes...

6. La policía persiguió al ladrón hasta que pudieron *rodear*lo y por fin lo arrestaron.

   Ana Rosa se sentó a comer en el parque y, en un momento, las palomas la *rodearon*.

7. La víctima tenía un orificio en el *entrecejo*. Le habían puesto la pistola entre las cejas para matarlo.

   Rosaura fue al médico para que le pusiera unas inyecciones que le disimularan las arrugas del *entrecejo*.

8. Al principio, no comprendía las ideas de Hegel, pero poco a poco empezaron a *cobrar sentido* en mi mente.

   Estuve pensando en el problema de física durante horas y no había forma de resolverlo. Después de un descanso, cuando volví, todo *cobró sentido* como por arte de magia.

9. Carolina y Juanjo tienen unas discusiones muy fuertes; siempre que hablan de religión, porque ella es *atea* y no entiende cómo Juanjo puede creer en Dios.

Alberto es *ateo*: según él, Dios no existe.

10. El futuro nos *deparará* muchas cosas. Espero que nos traiga más cosas buenas que malas.

Los nuevos avances técnicos nos *depararán* una vida más cómoda.

Ahora, empareja la palabra o expresión con su definición o sinónimo.

Palabras	Definiciones o sinónimos
_____ 6. rodear	f. no cree en la existencia de Dios
_____ 7. entrecejo	g. (*fig.*) traer, proporcionar, presentar
_____ 8. cobrar sentido	h. tener o estar alrededor de algo o alguien
_____ 9. ateo	i. espacio encima de la nariz y entre las dos cejas
_____ 10. deparar	j. adquirir / tener significado

5.2-8 Antes de leer

En esta sección, vas a leer el relato titulado *Nada es lo que parece*. Conocerás a un científico de unos treinta años y serás testigo de una transformación radical en su forma de entender las cosas.

Antes de empezar a leer, reflexiona un poco.

1. ¿Te imaginas por qué va a cambiar tanto esta persona?

2. ¿Cómo te sentirías si un día de repente tuvieras una visita de OVNIs en tu casa?

Cuando hayas terminado de leer, tendrás que responder tres bloques de preguntas sobre la lectura. Ahora... ¡Ya puedes empezar!

NADA ES LO QUE PARECE...

Era una tarde tranquila. Serían más o menos las seis y media. La lluvia caía intensa pero extrañamente silenciosa. Después de una tormenta *espantosa*, parecía que el *sosiego* volvía por fin al valle. Ernesto miró entre sus libros y, de repente, mientras buscaba en los estantes de su estudio, cayó al suelo un librito *menudo* que al principio no reconoció.

— ¡*Anda*!—exclamó Ernesto—*es El Principito*.

Tras abrir la cubierta delantera, vio que tenía escrita con gran *pulcritud* la siguiente dedicatoria:

«Para mi querido alumno Ernesto Revuelta:

No olvides que las cosas casi nunca son como aparentan ser. A veces, el

intelecto, la evidencia y la lógica pueden ser nuestros peores aliados.

Hasta en la ciencia.

Septiembre de 1994.

R.R. »

—¿R.R.? No recuerdo quién fue R.R... R.R.... ¡Ah! Sí, Rodrigo Rincón, mi profesor de física cuántica y astrobiología. —dijo en voz alta.

El viejo catedrático le había regalado ese libro al final de un Congreso de Ufología que Ernesto le había ayudado a coordinar. Como ya no llovía, decidió salir al porche para tomar aire y, sin saber muy bien por qué, se llevó el libro d con él trás. Se sentó en una silla y empezó a hojear el libro. Se detuvo un momento para releer algunos fragmentos. Pasados unos momentos, Ernesto dejó de leer y, levantando, miró al cielo para reflexionar. El cielo estaba ya totalmente despejado. Las primeras estrellas *se asomaban* tímidamente en el firmamento y Ernesto meditaba los comentarios del hombrecito de la historia. Cuando volvió a bajar la cabeza, el libro había desaparecido. Bueno... el libro y... todo lo que le *rodeaba*. En su lugar había una nebulosa extraña. Era como una niebla muy espesa de color verde azulado que lo envolvía todo. De pronto vio como dos nubes, o lo que parecían ser dos nubes o configuraciones gaseosas de rara densidad, se le acercaban cada una por separado pero, al mismo tiempo, en sincronización perfecta. Parecía... pero claro, no podía ser lo que estaba pensando... Pero... Sí. Por otra parte, parecía que los movimientos no eran obra de la casualidad. Era como si esas nebulosas... tuviesen voluntad.

—¡Qué raro! —exclamó.— *Nunca hasta ahora había oído hablar de niebla o nubes verdes ni de una densidad tal que le impida a uno verse las manos. Apenas veinticinco centímetros de los ojos y no las veo.*

Súbitamente sintió que una cadena de letras, separadas en lo que aparentaban ser palabras, emanaba de esas nubes.

—Garupa Upe Ernesto-ki. Abuna Yrgonai.

Esas palabras, que en el aire eran incomprensibles, viajaban directamente hacia él y, según entraban por su *entrecejo*, empezaban a *cobrar sentido*: «*Querido Hermano Ernesto. Somos de Yrgon.*» Y continuaban:

—Maka tachukah serista manukha bibliou?[1]

Sin pensar en lo absurdo y extraño de la situación, no dudó en responder. Pero, sin saber por qué, lo hizo telepáticamente, como ellos lo estaban haciendo:

—Sí, el que vivía en el asteroide B612...

continúa

Entonces, una de las nubes, la más diminuta, pareció robarle los pensamientos y continuó hablando por Ernesto:

—*Uku-ashah, Ernesto-ki. Ufuq abatiu bin kaluf-asteriks B612... Abun'nemane Phanghorashu 'nde Ehtyorashu.*[2]

—*Ah ja. Os llamáis Fangor y Etior y venís de una zona cercana al asteroide B612. Lo entiendo perfectamente. Y, ¿en qué hospital vivís?* —preguntó Ernesto, entre escéptico y sarcástico.

—*Nafta kua, maka eh? Abun'nope ajlufaki.*[3] —*le respondió la nube.*

—*Sí, sí, yo lo entiendo* —dijo Ernesto, confundido.

—*Abun-nevicha kaluf-asteriks ba B612. Fa'ta nope somni, 'nde nebor didakation afuke apartunaise. Kaniche nemanek asteriks-safachiu, jaliku in.*[4]

Ernesto estaba alucinando. Aquí estaba él, un físico nuclear y *ateo* sin remedio, hablando con unas nubes que decían ser extraterrestres y hablando este idioma tan raro. Nada tenía sentido. A partir de este momento, la comunicación con esos seres se hizo cada vez más fácil. Dejó de percibir esas palabras tan extrañas en el aire y empezó a comprenderles directamente en su propio idioma y en su cabeza.

—*Sí, entiendo todo eso, creo. Pero, ¿dónde están las cámaras de televisión? Además, no tenéis cabeza, ni dos ojos enormes, ni brazos largos, ni piernas cortas, ni...* —replicó Ernesto.

—*Exacto* —le interrumpió Fangor, que era el más grande de los dos.— *Vemos que no entendiste a tu profesor.*

—*Pero en el libro...* —quiso decir Ernesto.

Etior, el más diminuto pero aparentemente más fuerte, le cortó:

—*Olvídate de tus libros. ¿Quién escribió ese libro?* —preguntó Fangor.

—*Antoine de Saint-Exupéry* —dijo Ernesto.

—*No has entendido mi pregunta* —replicó Fangor.

—*Era un novelista francés, creo.*

—*¿Francés? ¿Novelista? Sigues sin entenderme* —agregó Fangor con tono paternalista.

—*Si fueras un poco más directo, a lo mejor te entendería.*

—*Está bien* —respondió Etior. —*Este señor Antoine «como-se-llame» era un humano. ¿Sí o no?*

—*Sí* —dijo Ernesto.

—*Los humanos* —continuó Fangor— *intentáis siempre medirlo, explicarlo y representarlo todo en el universo usando vuestros parámetros. Solamente unos pocos parecen estar más abiertos a entender la vida en sus múltiples manifestaciones. Hace unos años Jakosky afirmó que «el descubrimiento de que no estamos solos en nuestra existencia nos depararía toda una experiencia de humildad».*

—*Me parece bien todo esto,* —replicó Ernesto— *pero no hay pruebas de que existan los extraterrestres.*

—*Ernesto, por favor, ¿quieres dejar de ser ciego ante la evidencia?* —le instó Fangor.

—*¿De qué evidencia me hablas? ¿Vosotros? ¿Unas nubes de luz?*

—*Ernesto,... Ernesto,... ¿Recuerdas a tu profesor?*

—*Sí, claro, pero eso son cosas de un catedrático senil* —respondió Ernesto.

—*Ernesto, necesitas tiempo para digerir esta experiencia. Tenemos que marcharnos, pero volveremos.*

—*Esperad* —les pidió Ernesto.— *Tengo una pregunta para vosotros.*

—*¡Bueno! ¡Por fin! Dinos* —inquirió Fangor. La luz que emanaba de él se hizo más intensa.

—*¿Por qué venís a la Tierra? ¿Y esa apariencia?*

—*Sabemos* —respondió Etior— *que somos muy diferentes a los humanos. Pero, piensa en una cosa. ¿Todos los seres vivos de la Tierra son como los humanos? No, y, sin embargo, son seres que tienen vida. En muchos sentidos, la vida en la Tierra es una forma muy poco evolucionada de existencia. Vuestra civilización y vuestro mundo todavía dependen de la materia para funcionar. Y, aunque sabéis que existe la energía y la usáis, aún no conocéis todo su potencial y no sabéis todo lo que necesitáis para funcionar sin necesidad de un cuerpo como vosotros lo entendéis. Nosotros somos pura energía. ¿Por qué venimos? Porque tenemos que ayudar al Gran Maestro.*

—*¿Qué? ¿Cómo?* —quiso saber Ernesto.

—*Es una historia muy larga y compleja. Volveremos a vernos muy pronto.* —le dijeron estos seres.

La luz desapareció y todo volvió a la normalidad, pero Ernesto «oyó» en su mente:

—*Adiós. Y, mientras tanto, recuerda... Nada es lo que parece.*

---

[1]¿Recuerdas al hombrecito de tu historia?
[2]En efecto, Ernesto. El que vivía en el asteroide B612... Nos llamamos Fangor y Etior.
[3]No nos crees, ¿verdad? No estamos locos.
[4]Somos del planeta vecino de B612. No es un sueño y nunca una dedicatoria había sido más oportuna que ahora. Puedes llamarnos extraterrestres, si lo deseas.

5.2-9 A vista de pájaro: ¿Cierto o Falso?

Ya has leído la historia. Ahora indica si las siguientes oraciones son ciertas (C) o falsas (F) y corrige aquellas que sean falsas.

_____ **1.** Después de la tormenta el ambiente era de normalidad absoluta.

_____

_____ **2.** Todo cambió mientras leía en el porche.

_____

_____ **3.** Ernesto dejó de leer porque vio que aparecían unas nubes de luz.

_____

_____ **4.** Ernesto y las nubes se comunicaban sin abrir la boca.

_____

_____ **5.** Las nubes resultaron ser seres inteligentes.

_____

_____ **6.** Durante mucho rato, Ernesto creyó que lo que le pasaba era mentira.

_____

_____ **7.** Poco a poco, fue creyendo que su experiencia era real.

_____

_____ **8.** Cuando se iban a marchar, le dijeron que no se verían de nuevo.

_____

_____ **9.** Al final, concluyó que todo había sido una alucinación.

_____

5.2-10 Vayamos por partes

Contesta las siguientes preguntas con la información de la lectura.

¿Una tarde normal?

1. ¿Quién es el protagonista? ¿Cómo es?

_____

_____

2. ¿Dónde está al principio de la historia?

_____

_____

3. ¿Qué es lo que encuentra? ¿Por qué le intriga?

_____

_____

4. El protagonista lee un poco en el porche. Cuando deja de leer, ocurre algo misterioso. ¿Qué es?

_____

_____

El encuentro

5. ¿Qué ve Ernesto? Descríbelo.

_____

_____

6. ¿Cómo se comunican?

_____

_____

7. ¿Qué le dicen Etior y Fangor al principio? ¿Les cree? ¿Cómo lo sabes?

_____

_____

El adiós

8. ¿Ha cambiado la actitud de Ernesto? ¿Cómo?

_____

_____

9. ¿Por qué empieza a brillar Fangor con más intensidad?

_____

_____

10. Después de esta experiencia, Ernesto ha entendido que nada es lo que parece. ¿Cuál dirías tú que es la esencia del mensaje que recibe Ernesto en relación con la vida en el universo?

_____

_____

5.2-11 Adivina... ¿Quién lo diría?

¿Quién diría lo siguiente? Las opciones son: Ernesto al principio (EP), Ernesto al final (EF), el profesor de Ernesto (Pr), Etior (Et) o Fangor (Fg).

_____ **1.**   Debería hablar con un psiquiatra.

_____ **2.**   Abre bien los ojos y la mente.

_____ **3.**   Ya no sé qué pensar.

_____ **4.**   Aunque has leído mucho, sigues siendo un ignorante.

_____ **5.**   Tienes que ver el mundo con ojos nuevos.

5.2-12 Y, ¿qué piensas tú?

Ahora contesta según tu opinión.

1. Ya sabes lo que le ha pasado a Ernesto en la historia. Ahora deja volar tu imaginación.

a. ¿Cómo crees que continúa la historia? ¿Qué pasará con Ernesto?

_____

_____

b. ¿Tuvo una alucinación? ¿Por qué dices eso?

_____

_____

c. ¿Volverán Etior y Fangor? ¿Qué pasará cuando vuelvan?

_____

_____

2. Si fueras Ernesto, ¿qué habrías hecho tú? ¿Habrías reaccionado igual? ¿Habrías salido corriendo? ¿Qué les hubieras preguntado a esos seres? ¿Por qué?

_____

_____

_____

_____

_____

IV. Escribamos

Elige uno de estos temas para escribir.

5.2-13 Diario

Piensa en lo que has oído en las grabaciones. Usando tus palabras, habla sobre tus experiencias, conocimientos u opiniones a favor o en contra de la posibilidad de que exista vida en otros planetas.

5.2-14 Composición

Las experiencias de Fangor. Has leído sobre el encuentro de Fangor y Etior con Ernesto. La lectura se centra en la percepción de este encuentro desde el punto de vista de Ernesto. Nadie sabe que realmente tú eres «uno de ellos». Bueno, nadie... excepto nosotros. Fangor y Etior están en proceso de entrenamiento para incorporarse a la flota estelar. Ésta era su segunda misión y tú eres su comandante. La federación de Yrgon te ha pedido que escribas un informe muy detallado en el que describas desde tu punto de vista:

- ¿En qué circunstancias se produjo el encuentro? ¿Dónde fue? Describe el lugar y las cosas que había. ¿Cómo era el ambiente?
- ¿Cómo era el planeta? ¿Podríais vivir en ese planeta en caso de una catástrofe en Yrgon?
- ¿Cómo era la persona con la que interactuaron los cadetes Etior y Fangor?
- ¿Cuál fue la actitud del sujeto entrevistado? ¿Estaba nervioso, intimidado, tranquilo? Sé específico/a.
- ¿Siguieron las normas del manual de la federación? (Por supuesto, solamente tú sabes las normas. Bueno, tienes que inventarlas). Si las hubo, ¿qué infracciones cometieron?
- Para terminar, ¿cuál de los dos propondrías para la promoción a la flota estelar?

Aquí tienes algunos aspectos gramaticales que es muy probable que necesites cuando escribas:

- formas del pasado: _pretérito / imperfecto_, _pretérito pluscuamperfecto_ (habían llegado)
- creer / pensar / opinar + que + _indicativo_
- no creer / pensar / opinar + que + _subjuntivo_

Y también te ayudará consultar el vocabulario de la sección «Para hablar de...» correspondiente a este tema.

5.3 Medio ambiente

I. Escuchemos

5.3-1 Piensa...

En este tema, tres personas nos hablan sobre problemas en el medio ambiente.

1. ¿Qué piensas tú de la situación ecológica del mundo?

2. ¿Qué problemas hay? ¿Te preocupa o te da igual?

5.3-2 Para hablar de...

A continuación verás varias categorías de vocabulario relacionado con el tema. Trabaja con toda la clase, y con la ayuda de tu profesor/a, piensa en palabras asociadas a cada bloque que puedan ser útiles para hablar sobre el tema. ¿Qué palabras quieres incorporar? Te damos un ejemplo de cada una.

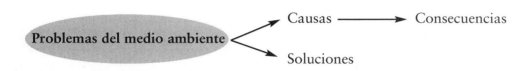

Problemas	Causas	Consecuencias	Soluciones	Otras palabras
agujero en la capa de ozono	aerosoles	cambios en el clima	ahorrar	agricultura
_____	_____	_____	_____	_____
_____	_____	_____	_____	_____
_____	_____	_____	_____	_____
_____	_____	_____	_____	_____
_____	_____	_____	_____	_____
_____	_____	_____	_____	_____

5.3-3 ¿Qué nos cuentan estas personas?

En esta sección Victoria, Jesús y Laura discuten los problemas del medio ambiente, su importancia y algunas de las soluciones que proponen. Apunta en el cuadro las ideas y los conceptos que hayas podido entender (ver Apéndice D).

5.3-4 Adivina... ¿Quién diría esto?

Después de escuchar a los hablantes y teniendo en cuenta lo que han contado, adivina quién diría esto. Identifica cada enunciado con un hablante y escribe el número del hablante en el espacio que corresponda. Recuerda que solamente hay tres hablantes; un enunciado debe quedar en blanco.

H___: El país más avanzado en materia de reciclaje es, sin duda, Estados Unidos.

H___: La contaminación y el progreso van unidos.

H___: El medio ambiente ha cambiado tanto que ya no podemos hacer cosas que hacíamos antes.

H___: Las grandes potencias mundiales tienen que comprometerse. Deben ayudar a los países en vías de desarrollo.

5.3-5 Información cultural: ¿Lo sabías?

Greenpeace: Es una organización ecologista internacional, económica y políticamente independiente. Su objetivo es proteger el medio ambiente. Greenpeace lleva a cabo campañas para detener el cambio climático, proteger la biodiversidad, acabar con el uso de la energía nuclear y de las armas y fomentar la paz. En la actualidad Greenpeace cuenta con cerca de tres millones de socios en todo el mundo. Con ellos la organización intenta hacer frente a la creciente degradación medio ambiental del Planeta. Su lema es. «Queremos paz y queremos que sea verde».

El Amazonas: En esta región de Sudamérica, muchos pueblos nativos son desplazados de los lugares donde han vivido, ellos y sus antepasados, desde hace miles de años. Los Yanomai son considerados los guardianes de la Amazonía, pero el ritmo actual con la tala de bosques tropicales, la construcción de inmensas autopistas transamazónicas, el tráfico de especies exóticas, la deforestación para ampliar de forma indiscriminada las tierras de cultivo y pastoreo y la construcción de gigantescas presas hidroeléctricas harán que este hábitat natural sea destruido y en un máximo de diez años habrá desaparecido.

La marea negra: En noviembre de 2002, el petrolero *Prestige*, con bandera de las Bahamas, emite un May Day a la altura del Cabo Finisterre (Galicia, España). El buque se declaró en avería técnica y derivó por las condiciones meteorológicas y del mar.

El *Prestige* llevaba un cargamento de 77.000 toneladas de fuel pesado. Al parecer se dirigía hacia Singapur, con escala en Gibraltar. A las 17:00 hora local, una observación aérea emitida por las autoridades españolas mostró evidencia de una fuga de petróleo en el mar.

La tragedia del *Prestige* es una catástrofe ecológica y un desastre económico. España ahora busca medidas para garantizar que estos desastres no vuelvan a ocurrir.

¡Veamos lo que has aprendido! ¿Son estos enunciados ciertos o falsos? Si son falsos, corrígelos.

_____ **1.** Greenpeace es una organización internacional que cuenta con millones de miembros.

_____

_____ **2.** Greenpeace se dedica exclusivamente a difundir información sobre las especies animales en peligro de extinción.

_____

_____ **3.** Para el año 2020, el hogar de los Yanomai ya no será el mismo.

_____

_____ **4.** Algunos de los cambios ecológicos en la selva amazónica se deben al progreso industrial de la zona.

_____

_____ **5.** El accidente ecológico del *Prestige* ha tenido consecuencias negativas en la ecología española.

_____

II. Conversemos

5.3-6 Y ahora tú...

Ahora te toca expresar tu opinión respecto a lo que dicen los hablantes sobre el medio ambiente. También vas a compartir con tus compañeros tus opiniones y sugerencias de cómo mejorar la situación actual. Trabaja según las indicaciones que encuentres en la actividad y las instrucciones del profesor.

A. Los hablantes: sus opiniones y las tuyas

1. Haz una lista con todos los problemas mencionados por los hablantes para después jerarquizarla según su importancia. Una vez que hayas terminado, consulta con un compañero y explica tus selecciones. ¿Coinciden en cuál es el problema más grave?

2. ¿Estás de acuerdo con las soluciones que mencionan los hablantes para los problemas del medio ambiente? ¿Qué otras soluciones propondrías tú? ¿Y tus compañeros?

T **3.** Jesús y Laura mencionan la paradoja del desarrollo. ¿A qué se refieren? ¿Crees que es posible fomentar el desarrollo sin destruir las zonas forestales? Explica tus respuestas.

B. El medio ambiente y tú

3 **1.** Si tuvieras que dejar de usar el coche para salvar el medio ambiente, ¿lo harías? ¿Qué podríamos hacer si se acabara el petróleo? ¿Conoces algo sobre energías alternativas / renovables? ¿Cuáles? ¿Cómo funcionan?

_____

_____

_____

_____

T **2.** ¿Hay programas de reciclaje en marcha en tu universidad o barrio? ¿Qué instalaciones o servicios hay para facilitarlo en tu universidad o barrio? ¿Qué productos se reciclan? ¿Podrías mejorar el programa? ¿Cómo?

_____

_____

_____

_____

3. ¿Eres buen o mal ecologista? Éste es un test para saber si realmente eres ecologista. Si no lo eres, no dudes en transformarte en uno de ellos. Completa la encuesta con un compañero. Luego, reúnete con tu grupo y computen sus respuestas. Al final, cada grupo hará un informe de los resultados. ¿Qué grupo es el más ecologista?

I. Vas a la librería a comprar un cuaderno para tus clases. Hay tres tipos de cuadernos: unos muy baratos y normales, otros de papel normal pero dice que han reforestado el lugar que habían talado y otros un poco más caros, pero hechos con papel reciclado.

    a. Compras el normal pero que sale de un bosque reforestado.

    b. Te decides por el más barato que no dice nada de reforestación.

    c. Compras el de papel reciclado aunque sea un poco más caro.

II. ¿Cuáles son los vegetales que dan más oxígeno al planeta?

    a. las flores

    b. las algas

    c. los árboles

III. ¿Qué haces si una mosca entra en tu casa?

    a. Intentas sacarla al exterior.

    b. La matas con veneno.

    c. Le pegas con un diario o un matamoscas.

IV. Un amigo que vive a pocas cuadras de tu casa te invita a pasar el día.

    a. Vas en auto.

    b. Tomas un autobús.

    c. Vas andando o en bicicleta.

V. Terminas de lavarte las manos en el baño de un bar.

    a. Cierras la llave y te aseguras que no gotee.

    b. La cierras y te vas aunque quede goteando.

    c. La dejas abierta porque no quieres tocarla con las manos limpias.

Respuestas del test.

Pregunta	Número I	Número II	Número III	Número IV	Número V
A	1 pt.	0 pts.	2 pts.	0 pts.	0 pts.
B	0 pts.	2 pts.	0 pts.	1 pt.	1 pt.
C	2 pts.	1 pt.	1 pt.	2 pts.	2 pts.

RESULTADOS. Suma los puntos verificando en la tabla.

Si tienes entre 0 y 2 puntos: No sabes lo que le está pasando al planeta. Es conveniente que tomes conciencia de tus reacciones. Así podrás vivir mejor y además tus hijos te lo agradecerán. ¡Reacciona!

Si tu suma da entre 3 y 5: Algo sabes, pero sería mejor que te informaras un poco más.

139

Entre 6, 7 y 8: Estás a punto de ser un/a verdadero/a ecologista. Un poquito más de estudio y ya eres ecologista.

Entre 9 y 10: ¡Felicitaciones! Tú sí que entiendes lo que pasa. Nunca dejes de preocuparte, aunque el problema ya esté resuelto, puede volver a surgir.

C. Problemas globales del medio ambiente

T **1.** Se sabe que mucha gente sufre problemas de salud causados por vivir cerca de plantas nucleares, químicas, petrolíferas, térmicas, papeleras, etc. ¿Qué accidentes ha habido? ¿Qué repercusiones tuvieron en el medio ambiente, en la gente? ¿Es posible prevenir estos accidentes? ¿Qué pueden hacer los gobiernos para controlar las actividades de estas empresas? ¿Qué se debe hacer con la basura radioactiva / química / industrial en general?

_____

_____

_____

_____

_____

_____

3 **2.** Imagina que hemos llegado a un punto donde la guerra bacteriológica / química es inevitable. Trabajando en grupos, diseñen lo siguiente: a) un plan de prevención: lo que debemos hacer en casa para protegernos de un ataque de este tipo; b) un plan de evacuación: lo que debemos hacer para sobrevivir una vez que ocurra una catástrofe.

D. Role-play

¿Cómo reconcilias el hecho de que muchas personas que reciclan y participan en organismos ecologistas también conducen un todoterreno en la ciudad? ¿Es posible ser ecologista en unos aspectos de la vida, pero no en todos? Trabaja con un compañero. Uno de ustedes va a ser un activista en pro del medio ambiente que recicla todo, solamente compra productos ecológicos, siempre usa el transporte colectivo, nunca usa productos desechables y tiene una pila de _compost_ en el jardín. El otro va a representar a un ciudadano común, que por un lado, recicla papel, vidrio y latas y no tira basura en la calle; por el otro, va en su todoterreno a todas partes. Entablen un diálogo en el cual el activista explica las consecuencias de ser irresponsable desde el punto de vista ecológico y el ciudadano común se defiende.

III. Leamos

Para el tema de *Medio ambiente*, te sugerimos la lectura *Alimentos transgénicos: ¿son seguros?* Antes de leer, trabaja con el vocabulario que aparece a continuación y que viene de la lectura.

5.3-7 Descubre el significado: Identifica y empareja

Lee las siguientes oraciones y encuentra el significado de las palabras *en cursiva*, ayudándote del contexto en que aparecen. Luego, empareja las palabras con su definición. Te presentamos las palabras en dos bloques.

1. El paciente tendrá que tomar algo para *paliar* el dolor. Si no quiere tomar analgésicos, deberá buscar otra solución.

   Eugenio siempre tiene a la mano frutas que le ayudan a *paliar* el hambre. Esta práctica es más saludable que comer papas fritas o helado.

2. El público estaba *enfervorecido* con los resultados de las elecciones y todos querían dar su opinión. Nadie estaba dispuesto a quedarse callado.

   El grupo musical provocó una reacción *enfervorecida* entre los fanáticos. Los organizadores tuvieron que intervenir y llamar a los paramédicos para reanimar a las chicas desmayadas.

3. Rosa es un poco ingenua. Confía *ciegamente* en todo lo que lee en los periódicos.

   Judith cree *ciegamente* en la inocencia de sus clientes.

4. No puedo *juzgar* la efectividad de un régimen para perder peso sin ponerlo en práctica.

   Las autoridades *juzgaron* conveniente conceder el permiso para la venta de esos productos.

5. Debido a la *sequía* este año, la producción de naranjas disminuirá.

   Para combatir los efectos de la *sequía*, el gobierno estableció muchas restricciones en el uso del agua.

Palabras	Definiciones o sinónimos
_____ 1. paliar	a. evaluar, formar una opinión
_____ 2. enfervorecido	b. lleno de pasión, apasionadamente
_____ 3. ciegamente	c. tiempo seco, falta de lluvia
_____ 4. juzgar	d. con convencimiento
_____ 5. sequía	e. disminuir, mitigar

6. Angélica es alérgica al *trigo*; por eso tiene que comprar pan de centeno.

   Si te gusta mucho el *trigo*, te recomiendo que lo prepares al vapor, como el arroz. Es delicioso.

7. Las compañías que se encargan del *etiquetado* de los productos lo hacen de una manera poco rigurosa. Debemos leer cuidadosamente la información que nos proporcionan.

   El *etiquetado* de los productos se hace de acuerdo con las normas dictadas por el gobierno.

8. Las conversaciones del gobierno y de los ecologistas *giran en torno a* los peligros de la ingeniería genética.

Este artículo *gira en torno a* los problemas causados por la contaminación ambiental.

9. Todos los derechos *conllevan* obligaciones; por eso si quieren implementar nuevas medidas de seguridad, deben anunciarlas al público cuanto antes.

La falta de responsabilidad ecologista *conlleva* resultados adversos para la comunidad mundial.

Palabras

_____ 6. trigo

_____ 7. etiquetado

_____ 8. girar en torno a

_____ 9. conllevar

Definiciones o sinónimos

f. información, como el precio o los ingredientes, colocada en un producto para la venta

g. grano que se usa para hacer el pan común

h. implicar, suponer, traer consigo

i. hablar de, tratar

5.3-8 Antes de leer

Ahora vas a leer el texto titulado *Alimentos transgénicos: ¿son seguros?* En esta lectura aprenderás sobre los Organismos Genéticamente Modificados (OGM) que de forma directa o indirecta se encuentran en nuestros alimentos.

Antes de empezar a leer, reflexiona un poco.

1. ¿Qué sabes de los alimentos genéticamente alterados?

2. ¿Qué productos conoces que estén modificados genéticamente?

Una vez que hayas leído *Alimentos transgénicos: ¿son seguros?*, vamos a trabajar con ella. ¡Ya puedes empezar a leer!

ALIMENTOS TRANSGÉNICOS: ¿SON SEGUROS?

Vegetales resistentes a los herbicidas, a los insectos e incluso al paso del tiempo, animales cuya leche tiene más proteínas y menor cantidad de lactosa, patatas que absorben menos aceite al freírse... ¿Futurista? No. Los alimentos transgénicos son ya una realidad. Pero, ¿qué representan? ¿una solución para *paliar* el hambre en el mundo? o ¿una amenaza para nuestra salud y el medio ambiente?

La controversia está servida. Desde que en 1994 la *Food and Drug Administration* de Estados Unidos autorizó la comercialización del primer alimento con un gen extraño, el tomate «Flavr-Savr», la era de los denominados «alimentos transgénicos» ha desatado una polémica *enfervorecida*. Científicos y gobiernos que apoyan *ciegamente* el avance en estas técnicas como forma de paliar el hambre en el mundo y de mejorar las condiciones nutricionales de los alimentos, se enfrentan a diversas organizaciones de ecologistas, consumidores e incluso agricultores que ven en la manipulación genética un foco futuro de nuevas enfermedades y una posible causa de ruptura del equilibrio ecológico.

Dos caras de una misma moneda. ¿De qué lado estás tú? *Juzga* por ti mismo.

Alimentos transgénicos, ¿qué es esto?

Todos los organismos vivos están constituidos por conjuntos de genes que determinan las características que les hacen diferenciarse unos de otros. Alterando esta composición, los científicos pueden modificar las características originales de una planta o de un animal, transfiriendo el gen responsable de una determinada característica en un organismo, hacia otro organismo que incorporará dicha característica, dando lugar a un OGM (Organismo Genéticamente Modificado).

Así, se puede transferir genes de plantas, bacterias o virus, hacia otros organismos, combinar genes de vegetales con otros vegetales, de vegetales con animales o incluso de animales entre sí. Las posibilidades son infinitas, de ahí el peligro de la utilización de esta tecnología sin límites, ya que los resultados superan completamente las barreras naturales que separan a unas especies de otras.

¿Por qué modificar los alimentos?

Con la modificación genética se pretende conseguir alimentos mucho más resistentes y con unas cualidades nutritivas más beneficiosas para el ser humano.

Esta iniciativa se ha puesto en marcha originalmente con los vegetales con unos fines muy concretos:

- para que tengan una vida comercial más larga
- para que resistan condiciones ambientales agresivas, como heladas, *sequías* o suelos salinos, manteniendo todas sus propiedades
- para hacerlos resistentes a los herbicidas
- para que no se vean afectados por plagas de insectos
- para que resistan enfermedades
- y para que tengan mejores cualidades nutritivas

¿Cuántos alimentos de estas características existen?

El concepto de alimentos transgénicos como forma de conseguir alimentos más perfectos no es algo nuevo. El hombre lleva varios miles de años modificando los vegetales que utiliza como alimento. Por ejemplo, las coles de Bruselas, la coliflor, el brócoli y el colinabo son variedades artificiales de la misma planta. Y lo mismo se puede decir de determinadas variedades de manzanas, maíz, patatas, *trigo*, etc.

continúa

Pero como alimentos que reciben la denominación auténticamente de transgénicos, y que se comercializan como tal, existen unos cincuenta, entre los que destacamos, por consumirse ya en el mercado español:

1. **Tomate.** Modificado para que resista más tiempo después de madurar. Se le introduce un gen que evita la producción de la enzima causante del deterioro o «pochamiento» de la fruta.
2. **Soja.** Modificada para hacerla resistente a un herbicida, el glifosato. Esta clase se suele emplear en la elaboración de aceite.
3. **Maíz.** Obtenido para hacerlo resistente a un insecto, el taladro del maíz, y a un herbicida, el glufosinato.

Con lo que respecta a los animales, el proceso está en fase de investigación. La finalidad, conseguir aumentar la producción de leche en animales bovinos, que segreguen en su leche proteínas con un efecto protector, que tengan un contenido menor de lactosa...

Oír hablar de esto puede causarnos reacciones contrapuestas: desde admiración ante sus beneficios hasta miedo por su poder. ¿Realmente son tan inocuos como parecen o no es oro todo lo que reluce? Dos posiciones al respecto...

Posición de los detractores

Con lo que respecta al hombre...

Los detractores de esta clase de alimentos consideran que la desinformación y la falta de legislación sobre el control y *etiquetado* de estos productos hacen imposible que una persona pueda decidir libremente sobre su consumo o no. Por ejemplo, algunos vegetales transgénicos, como la soja y el maíz, se están usando mezclados y de forma indistinta con los cereales no modificados. Además, algunos alimentos modificados genéticamente se utilizan para dar de comer a animales que llegan al consumo de las casas, por lo que, aunque no se realice un consumo directo, llegan de forma indirecta a nuestra mesa sin saberlo.

También consideran que su consumo puede afectar directamente a la salud del hombre. Y es que, según ellos, la introducción de un nuevo compuesto que contiene nueva información genética dentro de una célula, puede alterar los equilibrios metabólicos de organismo huésped, variando el contenido nutritivo del alimento modificado. Esto hace que sus efectos sean imprevisibles en el hombre.

Otro bloque de críticas *gira en torno a* la falta de este tipo de alimentos, respondiendo el desarrollo de esta tecnología a factores puramente económicos.

Con lo que respecta al medio ambiente...

Tres son los peligros que planean sobre el medio ambiente con los alimentos transgénicos. En primer lugar, la información genética introducida en estos alimentos (especialmente en los vegetales, que son los que hasta ahora se están comercializando) tiene una remota posibilidad de migrar, como si se tratara de un virus, e instalarse en otros organismos. Esto puede provocar la aparición de bacterias resistentes a los antibióticos utilizados para la selección de los organismos modificados, así como nuevas plagas resistentes a los mismos insecticidas y / o herbicidas que las plantas cultivadas.

En segundo lugar, la idea de un gen resistente a los herbicidas provocará el incremento de la dosificación de herbicidas en el cultivo, lo que aumentará las sustancias extrañas en el medio ambiente (es decir, la contaminación).

En tercer y último lugar, que determinados vegetales sean resistentes a los insectos puede provocar la reducción de su población, lo que a su vez afectará a los animales que se alimentan de ellos.

Posición de los defensores

La promoción de los vegetales transgénicos por parte de las grandes compañías productoras *gira en torno* a dos ideas: una mayor productividad y la posibilidad de acabar con el hambre en el mundo.

Mayor productividad: que las plantas sean más resistentes a los insectos o determinados parásitos *conlleva* una mayor productividad.

Acabar con el hambre en el mundo: al aumentar la productividad y hacer los alimentos más resistentes a las condiciones externas, conseguirían la producción en todas partes del mundo y así acabar con el hambre que todavía padecen millones de personas.

El futuro

Actualmente ya existen 50 alimentos transgénicos comercializados, la mayoría en Estados Unidos y Japón, pero sólo tres se pueden encontrar en el mercado español: el maíz, la soja y un derivado del tomate. No obstante, existen más de 300 que están a la espera de una autorización para estar a disposición de los consumidores.

Pero en Europa no son bien recibidos por el consumidor. Por ello, desde la biotecnología se está realizando un esfuerzo para que los consumidores vean «beneficios directos» en forma de mejora nutricional en productos como patatas que retienen menos aceite al freírse, aceites de soja con menor concentración de ácidos grasos, o yogures que producen un aminoácido que actúa como edulcorante natural (especialmente indicado para diabéticos).

Lo que es cierto es que esta tecnología aplicada a la alimentación es imparable. Ya son veintiocho millones de hectáreas las dedicadas al cultivo de esta clase de alimentos, cifra que se duplicará en cinco años. ¿Qué nos deparará el futuro? ¿Hasta dónde llegaremos?

5.3-9 A vista de pájaro: ¿Cierto o Falso?

Ahora que ya has leído, señala si las siguientes oraciones son ciertas o falsas. Recuerda que si las oraciones que aparecen a continuación son falsas, tienes que modificarlas para que reflejen el contenido que verdaderamente aparece en la lectura.

_____ **1.**   Las características de los organismos están determinadas por los científicos.

_____ **2.** Se pueden transferir genes animales a organismos vegetales.

_____

_____ **3.** Uno de los propósitos de modificar genéticamente los vegetales es hacerlos más sabrosos.

_____

_____ **4.** Aparte de vegetales, se habla también de la existencia de animales transgénicos.

_____

_____ **5.** Se teme que los productos transgénicos afecten tanto al consumidor como al producto mismo.

_____

_____ **6.** Uno de los problemas que se menciona con respecto al efecto de los productos transgénicos en el medio ambiente son las repercusiones económicas.

_____

_____ **7.** El consumidor europeo es más desconfiado de los productos transgénicos que el americano.

_____

5.3-10 Vayamos por partes

Contesta las siguientes preguntas con la información de la lectura.

Alimentos transgénicos: ¿son seguros?

1. ¿Cuáles son las dos posiciones a favor y en contra de los productos transgénicos? ¿Quiénes se oponen al uso de estos alimentos? Si supieras que un producto que has comprado por muchos años contiene OGMs, ¿dejarías de usarlo? ¿Por qué? ¿Por qué modificar los alimentos?

_____
_____
_____
_____

2. ¿Cuál es la diferencia entre los productos transgénicos y las prácticas agrícolas milenarias de hibridación?

_____
_____
_____

Posición de los detractores

3. ¿Es legítima la información que contienen las etiquetas de los productos? ¿Sabemos lo que comemos?

_____
_____

4. Menciona cinco consecuencias que la difusión de alimentos transgénicos tendría en el medio ambiente.

_____

_____

_____

_____

_____

Posición de los defensores

5. ¿Qué argumentos se van a usar para convencer al consumidor europeo de aceptar estos productos?

_____

_____

_____

5.3-11 Adivina... ¿Quién lo diría?

¿Quién diría lo siguiente? Consumidor Europeo (CE); Científico (C); Agricultor (A); Ecologista (E) o Organismo Gubernamental (G).

_____ **1.** No vamos a consumir estos productos hasta saber qué efectos tendrán en nuestro organismo.

_____ **2.** Estamos haciendo experimentos con animales para aumentar la producción de leche.

_____ **3.** Esta tecnología es el resultado de muchos años de investigación científica. Creemos que no es peligroso consumir tomates, maíz y soja.

_____ **4.** Si cambiamos el perfil genético del maíz y del trigo, no sabemos qué pasará con nuestras cosechas en unos años.

_____ **5.** La manipulación genética es un atentado contra la naturaleza.

_____ **6.** Me niego a comprar alimentos transgénicos.

5.3-12 Y, ¿qué piensas tú?

Ya has leído la lectura. Ahora, contesta según tu opinión.

1. ¿Qué opinas del uso de técnicas de ingeniería genética para la producción de alimentos?

2. ¿Qué crees que va a pasar en el futuro? ¿Crees que es posible parar el progreso? ¿Cómo sabemos qué adelantos científicos deben apoyarse? ¿Cuándo veremos las consecuencias?

3. Debate. Algunos organismos internacionales han donado maíz transgénico para combatir el hambre en los países del Tercer Mundo. Muchos de los gobiernos que reciben la ayuda se han negado a distribuir estos alimentos. ¿Crees que el gobierno tiene derecho a oponerse a la evolución de los productos? ¿Es mejor dejar morir de hambre a la población que usar el maíz transgénico? ¿Cómo solucionarías este dilema?

La clase se divide en tres grupos. Un grupo será el país del Tercer Mundo que recibe la ayuda y se niega a usarla. Preparen argumentos para defender su posición. Otro grupo será el organismo que dona el maíz transgénico. Preparen argumentos para defender el uso y el consumo de este producto. El tercer grupo será el moderador. Preparen una lista de ventajas y desventajas del maíz transgénico y una lista de razones para aceptarlo / rechazarlo. Una vez que los otros grupos hayan presentado sus posturas, el tercer grupo tendrá que decidir quién tiene la razón y ofrecer una solución adecuada.

IV. Escribamos

Escribe sobre uno de estos temas según las indicaciones que te dé tu profesor/a.

5.3-13 Diario

Escoge uno de los problemas mencionados por los hablantes y expresa tu punto de vista. ¿Crees que es realmente grave? ¿Se puede solucionar? ¿Cómo? ¿Qué haces tú para contribuir a la conservación del medio ambiente? Puedes ayudarte con el vocabulario de «Para hablar de...».

5.3-14 Composición

La clase se divide en grupos de cuatro estudiantes. Cada grupo debe hacer un cartel para una campaña en contra / a favor del uso de los alimentos transgénicos. Una vez que hayan diseñado su cartel, prepárense para presentarlo a la clase. Los grupos deben tratar de convencer a los otros de que su punto de vista es el correcto.

Aquí tienes ejemplos de estructuras que puedes utilizar:

- mandatos
- exigir que + *subjuntivo*
- pedir que + *subjuntivo*

UNIDAD 6

¿Cómo sería...?

6.1 Pareja ideal. Cita perfecta

I. Escuchemos

6.1-1 Piensa...

En el tema de la pareja ideal, Sofía, Vicente y Loli nos cuentan cómo sería su hombre o mujer ideal y describen cómo sería su cita perfecta. ¿En qué aspectos crees que se centrarán?

6.1-2 Para hablar de...

Para tratar el tema de la pareja ideal, te presentamos cuatro categorías de vocabulario que puedes usar en la conversación y escritura. ¿Qué palabras incluirías en cada categoría? Te damos unos ejemplos.

```
                    Antes                                            Pareja

                       ↑                                               ↑

         Acciones  ←——————  ( Pareja ideal )  ——————→  Cualidades

                       ↓                        ↓                      ↓

         Después                          Situaciones          Individuo
```

Acciones	Situaciones	Cualidades	Otros
acariciar	invitar	buena figura	enamorado

6.1-3 ¿Qué nos cuentan estas personas?

Sofía, Vicente y Loli nos cuentan cómo sería su pareja ideal. Hacen referencia a los rasgos físicos y a la personalidad. También hablan de las características de una cita perfecta. Anota en el cuadro la información que hayas entendido (ver Apéndice D).

6.1-4 Adivina... ¿Quién diría esto?

Después de escuchar a los tres hablantes y, teniendo en cuenta lo que han contado, adivina quién diría esto. Identifica cada enunciado con un hablante. Recuerda que un enunciado debe quedar en blanco.

H____: Creo que he encontrado a mi hombre ideal. Mañana nos vamos a escalar.

H____: Es tan guapo, atractivo y... ¡con tanto dinero! Éste sí que me ha enamorado.

H____: ¿Pareja ideal? Eso es una tontería.

H____: Esa chica me mira mucho, ¿querrá ligar conmigo? A ver si se decide y viene a charlar.

II. Conversemos

6.1- 5 Y ahora tú...

En esta sección vas a discutir cuestiones relacionadas con las características de tu pareja ideal, lo que piensas de la cita perfecta y el amor a primera vista, las relaciones a distancia y lo que causa el desamor. Trabaja siguiendo las instrucciones de las actividades y de tu profesor.

A. Tu pareja ideal

1. ¿Te identificas con alguno de los tres hablantes? ¿Con quién y por qué?   `3`

_____

_____

2. ¿Crees que existe la pareja ideal? Si pudieras «hacer» a tu hombre o mujer ideal, ¿cómo   `1` `3` `T`
sería? ¿Qué cosas tendría o no tendría que tener? ¿Qué buscas en él o ella?

Mi pareja ideal

Rasgos físicos	Debería...	No debería...
Rasgos físicos	_____	_____
Personalidad	_____	_____
	_____	_____
	_____	_____

¿Qué es lo más importante para ti a la hora de buscar pareja: los rasgos físicos o los valores morales de una persona? ¿Por qué?

_____

_____

3. ¿Crees que la diferencia de edad puede ser un problema para el éxito de una pareja? Si   `3`
conocieras a una persona mucho mayor o mucho menor que tú y te enamoraras, ¿qué
harías? ¿Seguirías tus impulsos o no empezarías la relación por temor a lo que dirán los
demás? ¿Por qué?

_____

_____

_____

_____

4. En esta fotografía, la pareja está formada por dos personas de razas diferentes.   `2`

¿Crees que la raza, la cultura, la religión, el idioma, etc. podrían ser un obstáculo para ser feliz con tu pareja? ¿Lo sería por ti o por la gente que te rodea? ¿Por qué ¿Conoces parejas interraciales? ¿Qué te han contado de su experiencia?

_____

_____

_____

_____

B. Cita perfecta y amor a primera vista

2 **1.** Los hablantes describen cómo sería una cita perfecta para ellos. ¿Cómo lo sería para ti? ¿Has tenido alguna? Descríbela.

_____

_____

_____

_____

3 **2.** En todas las culturas hay unas «reglas no escritas» que definen la etiqueta de conducta que debemos seguir en muchas situaciones de la vida diaria. Un ejemplo sería el comportamiento del hombre y de la mujer en una primera cita. ¿Qué «se espera» que hagan o no hagan en esos casos? ¿Qué consejos le darías a un amigo/a extranjero/a en su primera cita para que ésta fuera un éxito?

_____

_____

_____

_____

1 3 **3.** ¿Qué piensas de las citas a ciegas, el amor a primera vista, el amor platónico y el amor libre?

Parte 1: Escribe en la tabla de abajo tus opiniones. Después reúnete con tu grupo y discute.

	¿Crees en...?	Aspectos positivos	Aspectos negativos
las citas a ciegas			
el amor a primera vista			
el amor platónico			
el amor libre			

Parte 2: Ahora, con tu grupo, intercambien sus opiniones con relación al cuadro de arriba y discutan las siguientes preguntas. ¿Por qué acude la gente a las citas a ciegas? ¿Dirías que el amor a primera vista puede ser duradero? ¿Qué piensas del amor platónico? ¿Y del amor libre?

C. Ligues y amores... a distancia

1. Hoy en día es cada vez más usual que las personas acudan a agencias matrimoniales, `3` servicios de Internet y programas de televisión para buscar a su pareja ideal. El procedimiento es simple: mandas tu perfil, lo que buscas, una foto y... a esperar a que alguien se interese por ti. ¿Qué piensas tú de esto? ¿Por qué la gente acude a esta forma de encontrar a su «media naranja»? ¿Por qué crees que hoy en día hay tantas personas que necesitan ayuda a este respecto?

_____

_____

_____

_____

2. *The Bachelor, Blind Date, Elimidate, The Fifth Wheel...* son programas de televisión a `3` los que va la gente para buscar pareja. ¿Es posible que estas personas encuentren a su hombre / mujer ideal en esas condiciones? Ustedes, ¿irían o no irían a este tipo de programas? ¿Qué le ven de positivo y negativo a esta forma de buscar pareja?

_____

_____

3. Analiza el perfil de las personas que recurren a este tipo de programas para encontrar a `3` su «hombre o mujer ideal». Puedes hacer referencia a su estilo de vida, carácter, etc.

¿Quién busca a su compañero/a en un programa de TV?
estilo de vida _____
carácter _____
lo que busca _____
por qué lo busca a distancia _____

D. Amor y desamor

1. Hoy en día es común ver parejas en las que uno de ellos es infiel al otro. En tu opinión, `3` ¿cuáles son las razones para la infidelidad en la pareja? ¿Está justificada la infidelidad? ¿Qué le recomendarías a una pareja con estos problemas?

_____

_____

_____

_____

2. Hay parejas que han mantenido su matrimonio o relación durante toda su vida. Con tu `3` `T` grupo, piensen en estas preguntas, discutan sus ideas al respecto y anótenlas en la tabla. Después, todos los grupos compartirán sus opiniones.

a) ¿Cuáles son las claves del éxito o el fracaso de una pareja?

b) ¿Qué características debe tener una relación para que dure «toda una vida»?

c) ¿Por qué deja de funcionar una pareja?

Características de una relación que no funciona	Características de una relación sana y duradera
_____	_____
_____	_____
_____	_____

3. ¿Creen que es verdad lo que implica el título del libro del Dr. Gray, «*Los hombres son de Marte y las mujeres son de Venus*»? Se dice que conquistar a la otra persona es todo un arte que consiste en cosas que se deben hacer/decir y otras que se deben evitar a toda costa. Pero... ¿Coinciden el hombre y la mujer en cuáles son esas cosas? ¿Qué piensa el hombre que debe hacer él para conquistar a la mujer? ¿Qué piensa la mujer que debe hacer el hombre para conquistarla? Sigue las instrucciones de tu profesor/a y contesta lo que crees que debería hacer «la otra persona» para conquistarte. ¿Coinciden? ¿Somos tan diferentes? Veamos.

¿Cómo conquistar a la persona de tus sueños?		
	Lo que se debe hacer	Lo que no se debe hacer
Excusa para conocerlo/la	_____	_____
Temas para hablar	_____	_____
La primera cita	_____	_____
Cómo comportarse	_____	_____

¿Cómo me pueden conquistar?		
	Lo que se debe hacer	Lo que no se debe hacer
Excusa para conocerlo/la	_____	_____
Temas para hablar	_____	_____
La primera cita	_____	_____
Cómo comportarse	_____	_____

E. Role-play

1. En la vida todo no sale como queremos y a veces hay que tomar decisiones que nos marcarán para siempre. Con un compañero/a, imaginen la siguiente situación y tomen una postura. En la tabla provista, hagan una lista de las razones para defender la postura que eligieron y las consecuencias que tendrá en la vida de pareja. Después, hagan un *role-play* ilustrando sus posturas.

Tu pareja de muchos años te ha sido infiel:
- Fue solo una vez.
- Aduce que no tiene importancia, que es a ti a quien de verdad ama.
- Está arrepentido/a. Quiere tu perdón y que lo olvides.
- Te promete que nunca más va a pasar.

Prefieres que sea sincero/a y te lo diga	Prefieres no saberlo, aunque te mienta
Razones:	Razones:
1. _____	1. _____
2. _____	2. _____
3. _____	3. _____
Consecuencias:	Consecuencias:
1. _____	1. _____
2. _____	2. _____

2. No tienes suerte ligando y decides ir a una agencia que se encarga de «enseñar a ligar» a la gente. Has contratado sus servicios y un/a experto/a va a acompañarte a un bar, te va a observar y explicarte cómo debes ligar. Vas a recibir todo tipo de consejos en relación con la ropa que debes llevar, lo que debes decir, beber, hacer, etc. ¿Qué consejos te va a dar y cómo vas a reaccionar tú? Con un compañero/a, imagina la situación y escribe el diálogo.

III. Leamos

Para este tema vas a leer un artículo titulado *La pareja ideal, ¿cómo encontrarla?*. Antes de leer, trabaja con el vocabulario que te presentamos a continuación y que viene de la lectura.

6.1-6 Descubre el significado: Identifica y empareja

Lee las siguientes oraciones y encuentra el significado de las palabras *en cursiva* ayudándote del contexto en que aparecen. Luego empareja las palabras con su definición. Te presentamos las palabras en dos bloques.

1. Nadie *está a salvo de* contagiarse de la gripe. Cuando llega el otoño, todos corremos ese riesgo.

   Ninguna gran ciudad *está a salvo* de la contaminación. Es inevitable por la cantidad de coches que hay.

2. No me *queda* un centavo en el banco. Gasté todo el dinero en las compras de Navidad.

   Lo siento, no *queda* leche en casa. ¿Te importa tomar el café solo?

3. Trabajas demasiado. No *merece la pena* que trabajes tanto. Te van a pagar lo mismo.

   No te preocupes por cosas triviales y concéntrate solamente en las que son importantes y de verdad *merecen la pena*.

4. Ayer en la discoteca conocí a un *tipo* fantástico: era un hombre alto, guapo y... ¡rico!

   La fiesta de ayer estaba llena de *tipos* muy interesantes. ¡Qué pena que mi hermana no viniera!

5. Voy al centro comercial y... veo una blusa que me gusta, pero me compro dos más. Y una falda que combine, claro. ¡Ah! Y los zapatos. Y, un buen perfume. Mi esposo dice que me encanta *derrochar*. Tengo que admitir que no sé usar el dinero.

   El gobierno aconseja que no se *derroche* el agua porque viene una época de sequía.

Ahora, empareja la palabra o expresión con su definición o sinónimo.

Palabras

_____ 1. estar a salvo de

_____ 2. quedar

_____ 3. merecer la pena

_____ 4. tipo

_____ 5. derrochar

Definición o sinónimo

a. hombre

b. ser digno de tomar en consideración por alguien

c. gastar / usar en exceso y de forma innecesaria; malgastar

d. estar libre de; no estar /ser /verse afectado por algo

e. existir, haber

6. En nuestro mundo moderno, a mucha gente le *aquejan* los mismos problemas: el estrés, el exceso de trabajo....

Con frecuencia a las personas que pasan muchas horas en la misma posición, les *aquejan* dolores de espalda horrorosos.

7. Desde que murió su esposo, ha buscado otros hombres, pero no encuentra a nadie que le haga sentir bien. *Ha perdido la ilusión* y, por tanto, no tiene esperanzas de encontrar a otra persona.

Rafael dice que el problema de su abuela es que *ha perdido la ilusión* por vivir y que no le importa ya nada.

8. Me lo *puso en bandeja*. Vino con los billetes de avión y todo preparado. Tuve que aceptar el viaje que me proponía.

Susana es muy cómoda y nunca quiere hacer nada. Está acostumbrada a que todo se lo *pongan en bandeja* para que ella no haga nada.

9. Antes de salir de viaje, prepara una lista de las cosas que necesitas. Después, debes *pasar revista* para estar segura de que lo tienes todo en la maleta.

Cuando voy al supermercado, siempre apunto lo que tengo que comprar y antes de ponerme en la caja *paso revista* a la lista para que no se me olvide nada.

10. ¿Qué cosas me hacen sentir bien? Bueno, a mí me *llena* tener una relación estable y un trabajo seguro.

Me *llena* saber que en mi trabajo aprecian lo que hago y que me consideran la mejor secretaria de la empresa.

Ahora, empareja la palabra o expresión con su definición o sinónimo.

Palabras

_____ 6. aquejar

_____ 7. perder la ilusión

_____ 8. poner (algo) en bandeja (a alguien)

_____ 9. pasar revista

_____ 10. llenar

Definición o sinónimo

f. hacer que una situación sea fácil para otra persona

g. revisar

h. hacer que uno se sienta completo y feliz; satisfacer

i. afectar, inquietar, molestar

j. no tener interés; desanimarse; desencantarse

6.1-7 Antes de leer

La lectura *La pareja ideal, ¿cómo encontrarla?* nos aconseja qué cosas podemos hacer para encontrar a nuestro hombre o mujer ideal. ¿Cómo crees tú que se podría encontrar a la pareja ideal?

Ya puedes empezar a leer. ¡Que te diviertas!

LA PAREJA IDEAL, ¿CÓMO ENCONTRARLA?

No hay soltera entre 25 y 35 años que *esté a salvo* del terrible síndrome «No *quedan* hombres». Según los expertos, este mal tiene millones de afectadas en todo el mundo. ¿Es cuestión de calidad o de cantidad? Las estadísticas dicen que por cada diez mujeres, hay sólo seis varones; así es que el problema puede ser, ¡que no sabes descubrirlos!

¿Tienes el síndrome?

Es inconfundible. Éstos son sus síntomas:

1. Todos los chicos que *merecen la pena* están ya ocupados.
2. Cualquier *tipo* mayor de 30 con aspecto saludable y un trabajo honrado tiene seguro un oscuro y siniestro defecto escondido.

¿Qué cosa se puede hacer, entonces? Pues, sigue estos consejos. No son los únicos pero te pueden ayudar.

1. ¿Cómo puede ser que no quede un tipo decente en el mundo con quien puedas *derrochar* tus encantos? No busques tantos problemas a todos tus conocidos. ¡Cuidado! Si de los diez, cincuenta o cien tipos nuevos con los que has compartido una Coca-Cola, un informe sobre la situación de tu empresa o una comida, ninguno ha conseguido quitarte un minuto de sueño; debes pensar en ti, y descubrir cuál es el problema que te *aqueja*, que no te deja relacionarte con alguien más íntimamente.
2. Ya sabemos que la situación de sentirse solamente «amiga» es muy injusta, pero lo más importante es que no *pierdas la ilusión*. ¡No vaya a ser que cuando él aparezca, te hayas convertido en una solterona gris, incapaz de *poner* el corazón *en bandeja*!
3. Abre un círculo de amigos nuevos. Inscríbete en algún taller donde asistan tanto mujeres como varones, como un curso de fotografía o hazte voluntaria de alguna institución. Lo importante es que diversifiques tu radio de acción y pases un poco del plan «con los de siempre».
4. ¿No será que emites señales equivocadas? Es urgente que te olvides de tus apariencias y te muestres como eres. No camufles tus debilidades ni ocultes tus sentimientos.
5. ¿Cómo detectar al chico de tu vida? No es cuestión de que *pases revista* a todas las facetas de su personalidad: trabajo, salud, dinero, placer, diversión. Lo que tienes que hacer es encontrar en el otro aquello único e irrepetible que te *llena*. Y ese «algo» sólo puede ser descubierto por uno mismo, con los ojos y el corazón. No te quedes en cosas banales, como en su coche, sus amigos, su timidez, su traje gris, su calvicie incipiente, ésos son detalles; busca más allá.

6.1-8 A vista de pájaro: ¿Cierto o Falso?

Señala si las siguientes oraciones son ciertas o falsas. Si son falsas, corrígelas.

_____ **1.** Sí hay hombres, pero hay que buscar bien.

_____

_____ **2.** El síndrome no es fácil de diagnosticar.

_____

_____ **3.** El problema no tiene solución.

_____

_____ **4.** A veces el problema de no encontrar la pareja ideal viene de dentro de la persona.

_____

_____ **5.** Hay que identificar cuáles son las características que nos interesan y después buscar a la persona de nuestros sueños.

_____

6.1-9 Vayamos por partes

Contesta las siguientes preguntas con la información del texto.

1. ¿Por qué algunas mujeres no encuentran pareja? ¿Qué dice el texto? ¿Qué dices tú?

_____

_____

2. ¿Cuáles son los síntomas que tiene una chica que sufre el síndrome?

_____

_____

3. ¿Cuáles son algunas de las alternativas a seguir? ¿Por qué se sugiere que salgamos del círculo de amigos de siempre?

_____

_____

4. ¿Qué es lo verdaderamente importante para detectar a ese chico tan especial? ¿Qué hay que buscar realmente?

_____

_____

5. ¿Qué aconseja el autor del texto con respecto a la imagen que «vendemos» o proyectamos al mundo? ¿Lo considera un problema?

_____

_____

6.1-10 Adivina... ¿Quién lo diría?

Según lo que has leído, ¿quién diría lo siguiente?: Soltera (S), Consejero (C) o Amiga (A).

_____ **1.** Éste también tiene algún defecto. ¿Qué puedo hacer?

_____ **2.** Te he apuntado a una clase de yoga. Empiezas la semana que viene.

_____ **3.**   El hermano de mi novio está soltero, ¿quieres que te lo presente?

_____ **4.**   No entiendo por qué no le gusto. Todos me encuentran atractiva.

_____ **5.**   Siempre expresa lo que sientas.

6.1-11 Y, ¿qué piensas tú?

Ahora contesta las siguientes preguntas según tu opinión.

1.   Independientemente de que seas hombre o mujer, ¿qué consejos de los que se dan en el texto te parecen más útiles?

_____

_____

2.   ¿Cuáles aplicas o has aplicado en tu vida sentimental?

_____

_____

3.   Si hay alguna de estas recomendaciones que no hayas seguido antes, ¿cuáles crees que merecería la pena poner en práctica en el futuro?

_____

_____

IV. Escribamos

Selecciona una de las dos opciones y escribe sobre ella.

6.1-12 Diario

Escribe tu opinión sobre la existencia o no del hombre o la mujer ideal. Esta «persona ideal»... ¿es solamente *una* entre todos los hombres y mujeres posibles o puede haber más de un hombre o mujer ideal? Utiliza el vocabulario de «Para hablar de....».

6.1-13 Composición

Escoge uno de los dos temas.

A. ¿Por qué crees que hoy en día hay tantas personas que necesitan ayuda para buscar a su «hombre o mujer ideal» (por ejemplo, a través de Internet, programas de televisión, etc.)? Analiza el perfil de estas personas según:

- su estilo de vida
- su carácter

Puedes usar las siguientes estructuras:

- creo / considero / opino / me parece que... porque
- para mí / en mi opinión / a mi entender
- ser / estar + *adjetivo*

B. Trabajas en la sección de publicidad del programa *Blind date*. Sofía, Vicente y Loli están buscando a su pareja ideal pero tienen que escribir un anuncio en el que describan a su hombre o mujer ideal. Ayúdales a escribir el anuncio. Después tu compañero/a tendrá que adivinar a quién pertenece cada anuncio.

Estas estructuras te pueden ayudar:

- Busco a una persona / un chico / una chica... que + *subjuntivo*
- Es importante / necesario que + *subjuntivo*
- Prefiero que + *subjuntivo*

6.2 Tu trabajo ideal

I. Escuchemos

6.2-1 Piensa...

En este tema, se discuten las preferencias de tres personas respecto al trabajo ideal. Antes de oír lo que ellas opinan, piensa cuál sería tu trabajo ideal y por qué.

6.2-2 Para hablar de...

A continuación verás varias categorías de vocabulario relacionado con el tema. Trabaja con toda la clase y con la ayuda de tu profesor, piensa en palabras asociadas a cada bloque que puedan ser útiles para hablar de tu trabajo ideal. ¿Qué palabras crees que es necesario incorporar? Te damos un ejemplo de cada una.

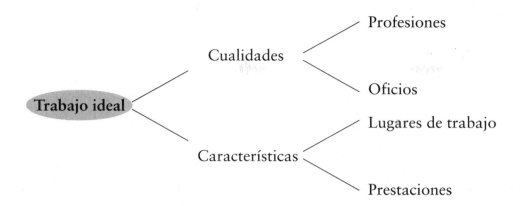

Cualidades para el trabajo	Profesiones y oficios	Características del trabajo	Lugares de trabajo	Prestaciones	Otras palabras
estudios	abogado/a	agradable	biblioteca	vacaciones	

6.2-3 ¿Qué nos cuentan estas personas?

La mayoría de nosotros tenemos que trabajar para vivir, y a lo largo de los años, desarrollamos una imagen de lo que sería la situación perfecta. En esta sección, Laura, Andrea e Irma describen las condiciones, los lugares y las características de su trabajo ideal. Escucha lo que cada una nos dice y apunta en el cuadro las ideas y conceptos que hayas entendido (ver Apéndice D).

6.2-4 Adivina... ¿Quién diría esto?

Después de escuchar a las hablantes y teniendo en cuenta lo que han contado, adivina quién diría esto. Identifica cada enunciado con una hablante. Recuerda que un enunciado debe quedar en blanco.

H____: Sobre todo quiero un trabajo en el que haya buen ambiente de equipo y donde nos ayudemos unos a otros.

H____: Un sillón y una pantalla: sólo necesito esto.

H____: Quisiera trabajar en la ciudad, pero es esencial que el trabajo sea técnico, con computadoras.

H____: Quiero trabajar en una ciudad que ofrezca muchas oportunidades y que me permita estar en contacto con otras personas.

II. Conversemos

6.2-5 Y ahora tú...

Ahora es tu turno de expresar tus opiniones. Habla con tus compañeros de tus aspiraciones y tu trabajo ideal. Trabaja según las indicaciones que encuentres en la actividad y las instrucciones del profesor.

A. Las hablantes: sus opiniones y las tuyas

1 T **1.** Andrea e Irma hablaron de las características de su trabajo ideal pero no mencionaron ningún trabajo en particular. Teniendo en cuenta las dos características más importantes que ellas señalan, ¿qué trabajo les asignarías? ¿Qué otro trabajo podría ser ideal para Laura? Explica tus razones.

Laura: _____

_____

Andrea: _____

_____

Irma: _____

_____

3 **2.** Laura dice que le gustaría pasar todo el tiempo dedicada a una sola actividad. ¿Qué te parece esta idea? ¿Hay alguna actividad que te gustaría hacer todo el día —y por la que además te pagaran? ¿Cuál? ¿Cuáles serían las desventajas de un trabajo similar?

_____

_____

_____

_____

T **3.** Según Irma, ¿por qué es importante hacer algo que te guste? ¿Qué opinas de esto? ¿Crees que a la mayoría de la gente le gusta / no le gusta su trabajo? Explica tu respuesta.

_____

_____

_____

_____

B. Mi trabajo ideal

1 2 **1.** ¿Cuáles son las características más importantes del trabajo ideal para ti? De acuerdo con tus prioridades, ordena los siguientes conceptos del 1 (menos importante) al 8 (más importante).

_____ salario

_____ prestaciones

_____ ciudad

_____ estabilidad

_____ compañeros de trabajo

_____ horario

_____ función social

_____ ¿otro?

_____

Cuando hayas terminado, comparte tus prioridades con tu compañero/a. ¿Coinciden?

2. Ahora que ya sabes tus prioridades, entrevista a tu compañero/a para que tengas una idea más clara de sus preferencias. Te damos ejemplos de puntos que puedes usar.   **2**

a) Contacto con otras personas:

_____ trabajar solo

_____ en equipo

_____ dándole la cara al público

b) Responsabilidad:

_____ solamente mi trabajo

_____ supervisar un grupo de 5 a 10 personas

_____ supervisar un grupo de hasta 50 personas

c) Tipo de actividad:

_____ sedentaria

_____ al aire libre

_____ una sola actividad

_____ varios asuntos a la vez

_____ predecible, repetitivo

_____ cambiante, distinto

d) Desplazamiento por motivos de trabajo:

_____ que no requiera viajar

_____ frecuentes viajes de corta duración

_____ viajes frecuentes, con temporadas en otras ciudades

e) Horario:

_____ jornada partida

_____ jornada continua

_____ fines de semana libres

_____ sin horario fijo

f) Localización geográfica:

_____ trabajar en tu localidad o comunidad

_____ trabajar en zona urbana

_____ trabajar en zona rural

_____ trabajar en cualquier parte del país

_____ trabajar fuera de tu país

De acuerdo con lo que has averiguado, ¿qué trabajo sería el ideal para tu compañero? ¿Coincide con el que él/ella pensó al comienzo del tema?

_____

T **3.** Conteo. Veamos ahora cuántos de ustedes comparten el mismo trabajo ideal. ¿Cuántos tienen un perfil similar? ¿Hay alguna profesión especialmente favorecida? ¿Cuántos quieren viajar como parte del trabajo?

2 **4.** ¿Prefieres un trabajo en el que cobres mucho dinero aunque no te guste o algo más tranquilo que te permita disfrutar de la vida aunque tengas menos dinero? ¿Por qué?

_____

_____

2 T **5.** ¿Qué cosas no soportas en el lugar de trabajo? ¿Qué tipo de trabajo no harías bajo ninguna circunstancia? ¿Qué circunstancias te obligarían a dejar un puesto?

_____

_____

2 **6.** Si fueras el Ministro de Trabajo de tu país, ¿qué medidas adoptarías o qué normas impondrías para mejorar las condiciones en los lugares de trabajo?

_____

_____

C. El concepto del trabajo

3 **1.** La noción del trabajo difiere dependiendo de la cultura; por ejemplo, en la cultura estadounidense, la segunda pregunta que se hace cuando se conoce a una persona es: «¿En dónde trabajas?» En otras culturas, esto no es tan importante. El trabajo no es un tema de conversación entre amigos. ¿Qué opinas de esto? ¿Por qué es importante saber lo que hace una persona? Justifica tus respuestas.

_____

_____

_____

2 **2.** En algunos países, los niños tienen un trabajo durante las vacaciones. ¿Cuál fue tu primer trabajo? ¿Cuántos años tenías? ¿Qué hacías? ¿Crees que es una buena idea que los niños trabajen? ¿Por qué?

_____

_____

_____

_____

3. *Role-play.* Trabaja con un compañero. Uno de ustedes será el consejero en una agencia de trabajo, el otro un joven que tiene que encontrar trabajo para pagar sus estudios.

Consejero: Piensa en lo que una persona necesita para conseguir un trabajo (rellenar solicitudes, preparar un CV, conseguir cartas de recomendación, etc.). Piensa en lo que una persona debe/no debe hacer durante una entrevista (vestuario, actitudes, puntualidad, etc.).

Solicitante: Piensa en las preguntas que le harías a tu consejero. Menciona los trabajos que te interesan y que te permitirían seguir estudiando (cajero en un supermercado, empleado en alguna oficina de la universidad, dependiente en un almacén, etc.).

III. Leamos

Para el tema de «Tu trabajo ideal», te sugerimos la lectura *Día a día en la oficina: cómo solucionar tus problemas*. Antes de leer, trabaja con el vocabulario que aparece a continuación y que viene de la lectura.

6.2-6 Descubre el significado: Identifica y empareja

Lee las siguientes oraciones y encuentra el significado de las diez palabras *en cursiva*, ayudándote del contexto en que aparecen. Luego, empareja las palabras con su definición. Te presentamos las palabras en dos bloques de cinco.

1. Debes darte tiempo para trabajar y para divertirte. La vida tiene muchas *facetas*, y ninguna debe predominar.

No sabía que María Luisa tuviera tantas *facetas*: es buena cocinera, baila muy bien y ahora resulta que sabe hablar ruso y portugués.

2. Éstas son las tareas que tenemos que *llevar a cabo* antes del fin del mes. Así que, hagan a un lado todo lo demás y concentrémonos en esto.

Si tuvieras un plan, te sería más fácil *llevar a cabo* tus obligaciones.

3. Como mañana va a tomar un examen oral, Ruth está muy nerviosa, le duele la cabeza y tiene *mareos*.

Darío siempre tiene que ir en el coche al lado del conductor, porque si va en el asiento de atrás, se *marea*.

4. Si tu jefe quiere que trabajes horas extra sin *remuneración*, debes reportarlo a sus superiores.

Tengo un buen trabajo, me llevo bien con mis compañeros y mi jefe es muy justo. La *remuneración* no es excelente, pero yo sé que no existe la situación perfecta.

5. Tito salió dispuesto a *encarar* su situación económica; por primera vez, decidió no buscar excusas y pedir ayuda profesional.

Beatriz tuvo que *encarar* las consecuencias de su error. Sus jefes decidieron castigarla, pero no perdió su empleo.

Ahora, empareja la palabra o expresión con su definición o sinónimo.

Palabras

_____ 1. faceta
_____ 2. llevar a cabo
_____ 3. mareo; marearse
_____ 4. remuneración
_____ 5. encarar

Definiciones o sinónimos

a. hacer frente a un problema
b. malestar en el estómago; enfermarse del estómago
c. aspectos de un asunto que se deben considerar
d. hacer algo, concluirlo
e. recompensa, pago

6. Durante el invierno la calefacción de la oficina nos causa *sequedad* de la boca y tenemos que tomar agua constantemente.

Teresa estaba muy nerviosa antes de presentar su propuesta a la junta de directivos; por eso tenía una botella de agua al lado para combatir la *sequedad*.

7. Para evitar el *agotamiento*, tome descansos frecuentes.

Javier y Gerardo condujeron hasta las 3:00 de la mañana, cuando el *agotamiento* los hizo parar para descansar.

8. Las personas que sufren *astenia* deben examinar las causas de su apatía, porque pueden ser tanto psicológicas como fisiológicas.

Uno de los síntomas del estrés es la *astenia* o falta de fuerza.

9. La falta de comunicación en el trabajo *aparejada* con una actitud arrogante de su jefe, llevaron a Minerva a renunciar inmediatamente.

Los síntomas de la depresión siempre van *aparejados*—la falta de apetito y el insomnio son los más comunes.

10. El médico recomendó que redujera mi *ingesta* de calorías para controlar el azúcar en la sangre.

Ramiro y sus hijos no han modificado su *ingesta* de alcohol. No me sorprendería que esto causara problemas en el futuro.

Ahora, empareja la palabra con su definición o sinónimo.

Palabras	Definiciones o sinónimos
_____ 6. sequedad	f. cosas que se toman o se ingieren
_____ 7. agotamiento	g. falta de humedad, de saliva
_____ 8. astenia	h. cansarse extremadamente
_____ 9. aparejado	i. apatía, falta de energía
_____ 10. ingesta	j. circunstancias o eventos asociados

6.2-7 Antes de leer

Ahora vas a leer el texto titulado *Día a día en la oficina: cómo solucionar tus problemas*. Aunque nos guste nuestro trabajo, siempre hay factores —internos o externos— que producen preocupaciones. Esta lectura habla sobre el estrés del trabajo diario, sus síntomas y algunos consejos prácticos para combatirlo.

Antes de empezar a leer, reflexiona un poco.

1. ¿Hay algo en tu trabajo, o en tu vida diaria, que te cause estrés?

2. ¿Qué haces para neutralizarlo?

Una vez que hayas leído, vamos a trabajar con la lectura. ¡Ya puedes empezar a leer!

DÍA A DÍA EN LA OFICINA: CÓMO SOLUCIONAR TUS PROBLEMAS

Pasamos gran parte de la existencia trabajando. Nuestra *faceta* laboral nos permite madurar y poner en marcha proyectos de vida. Pero en ocasiones provoca situaciones que pueden poner en peligro nuestra estabilidad emocional.

«Me bloqueo, creo que sufro estrés»

Me gusta mucho mi trabajo, disfruto planificándolo y *llevándolo a cabo*. Sin embargo, cuando cada mañana cruzo la puerta de mi oficina, me bloqueo, tengo palpitaciones y me entran ganas de echar a correr. He ido al médico porque sufría de constantes *mareos* y vértigos aunque, tras hacerme pruebas, me han dicho que no tengo nada. La relación con mis compañeros es buena, pero no tanto con mi jefe, que es muy exigente. Me da la impresión de que sufro estrés.

Sara F. Madrid

«El estrés es una sobrecarga emocional que sufre la persona, pero que es inducida desde el exterior, que está provocada por factores externos», según lo define Francisco Alonso Fernández, catedrático de Psiquiatría de la Universidad Complutense de Madrid y autor del libro *Psicopatología del trabajo* (Editorial Edika-Med).

A su juicio, el estrés ocupacional es el más importante en nuestros días y suele estar originado por la responsabilidad del trabajo y factores como:

- Relaciones hostiles y conflictivas con los compañeros.
- Mala comunicación con los directivos.
- Escasa *remuneración*.
- Falta de definición de las obligaciones que debe desempeñar cada trabajador.

Los síntomas más visibles

Determinar los síntomas del estrés es una tarea complicada. Dependen de cada persona y de su forma de *encarar* la situación, pero se puede establecer una serie de rasgos comunes, tanto físicos como psicológicos, que son fácilmente identificables por quien lo sufre y las personas cercanas.

Síntomas físicos

- Dolor de cabeza, náuseas y espasmos en el estómago.
- Palpitaciones, opresión en el pecho y problemas para respirar.
- Mareos y vértigo.
- Dolor de espalda.
- *Sequedad* de boca y transpiración excesiva.
- Diarrea y pérdida de apetito.
- Insomnio.

continúa

Síntomas psicológicos

- Irritabilidad y falta de concentración.
- *Agotamiento*.
- Incomunicación e inseguridad.
- Sensación de soledad.
- Frustración e impotencia.
- Pérdida de memoria.

«Hay empresas que están organizadas en función de la competitividad y esto hace que hasta un 80% del personal sufra estrés. Se trata de organizaciones de carácter autoritario en las que no existe comunicación entre directivos y empleados. Las consecuencias del estrés son disminución de la productividad de los empleados, aumento de los accidentes laborales, aparición de síntomas como *astenia* o irritabilidad y, sobre todo, depresión anérgica, que lleva a la persona a quedarse sin fuerzas», asegura el profesor Alonso Fernández. En contra de lo que se pudiera pensar, padecer estrés no siempre es negativo. En grado mínimo este trastorno puede resultar incluso positivo, siempre y cuando no se traspasen ciertos límites y la persona puede manejar la situación. ¿Cuál es la razón? El estrés provoca un estado de aceleración que, planteado como un reto que debe superarse, puede llevarle a rendir más en el trabajo. Es el caso de aquellos profesionales que trabajan mejor cuando se acera el plazo fijado para entregar un encargo.

Toni Battison, autora de *Libérate del estrés* (Ediciones B), da una serie de consejos para acabar con el estrés en el trabajo:

- Cambie la situación. Esta opción puede llevar *aparejadas* transformaciones de pequeña o gran envergadura.
- Aumenta tu capacidad para hacer frente al problema. Aprende nuevas estrategias que te permitan adquirir confianza en ti mismo, pero también técnicas de relajación que te ayuden a evadirte de las situaciones estresantes.
- Modifica tu percepción de la situación. Ten una visión diferente de las presiones y considéralas retos en vez de amenazas.
- Cambia tus conductas habituales. Tómate las cosas con calma, haz ejercicio, reduce la *ingesta* de alcohol y mejora tu alimentación.

6.2-8 A vista de pájaro: ¿Cierto o Falso?

Ahora que ya has leído, señala si las siguientes oraciones son ciertas o falsas. Recuerda que si las oraciones son falsas, tienes que modificarlas para que reflejen el contenido que verdaderamente aparece en la lectura.

_____ **1.** Sara Madrid sufre estrés porque no le gusta su trabajo.

_____

_____ **2.** El profesor Alonso Fernández ha escrito un libro sobre las enfermedades causadas por el trabajo.

_____

_____ **3.** Según el profesor Alonso Fernández, las causas del estrés en el trabajo son, entre otras, la mala comunicación, la paga, los mareos y la falta de dirección.

_____ **4.** Los síntomas son siempre los mismos, lo que difiere es la actitud y la forma de enfrentarse a la situación.

_____ **5.** A algunas personas se les olvidan las cosas o se sienten solas cuando tienen estrés.

_____ **6.** Cuando las empresas obligan a sus empleados a competir entre ellos, el ambiente mejora y hay menos estrés.

6.2-9 Vayamos por partes

Contesta las siguientes preguntas con la información de la lectura.

1. ¿Por qué cree Sara que sufre estrés? ¿Cuáles son los síntomas? ¿Y las causas?

2. El profesor Alonso Fernández menciona cuatro posibles causas del estrés. ¿Cuáles son y, en tu opinión, cuál es la más difícil de controlar?

3. Mira las listas de síntomas físicos y psicológicos. ¿Cuáles te parecen peores? ¿Por qué? ¿Sabes cómo evitar alguno de ellos?

4. ¿Qué consecuencias tiene el estilo autoritario de administración en los empleados?

5. ¿Bajo qué condiciones resulta positivo el estrés? ¿Por qué?

6. De los consejos que da Toni Battison, ¿cuál te parece más acertado? ¿Cuál pondrías en práctica inmediatamente?

_____

_____

_____

6.2-10 Adivina... ¿Quién lo diría?

¿Quién diría lo siguiente?: Sara [S], profesor Alonso Fernández [P], Toni Battison [B] o un jefe autoritario [J]

_____ **1.** El empleado que venda más este mes tendrá una semana extra de vacaciones.

_____ **2.** Me gusta lo que hago, pero no me llevo muy bien con mi jefe.

_____ **3.** No fume, cambie su actitud hacia los problemas.

_____ **4.** La productividad sufre cuando los jefes presionan demasiado a los empleados.

_____ **5.** El médico dice que no estoy enferma, pero yo no me siento bien.

_____ **6.** El estrés puede causar cansancio y falta de energía para trabajar.

6.2-11 Y, ¿qué piensas tú?

Ya has leído la lectura. Ahora, contesta según tu opinión.

1. Discute en grupos de cuatro estudiantes: ¿trabajar para vivir o vivir para trabajar?

2. _Role-play_. Trabaja con un/a compañero/a. Ustedes van a tratar de resolver de la manera más profesional el siguiente conflicto.

Estudiante uno: Eres un jefe estricto que exige demasiado de los empleados; eres muy intolerante. Uno de tus empleados acaba de cometer un error que le costó un cliente a tu compañía.

Estudiante dos: Eres un empleado eficiente pero sufres estrés porque el jefe es muy exigente. El error que cometiste fue porque estabas agotado/a porque no dormiste bien la semana pasada.

IV. Escribamos

Escribe sobre uno de estos temas según las indicaciones que te dé tu profesor/a.

6.2-12 Diario

Escribe en tu diario sobre el trabajo ideal: cuál sería el trabajo ideal para ti, dónde te gustaría trabajar, cuánto te gustaría ganar, cuáles son las condiciones por las que dejarías un trabajo. Puedes ayudarte con el vocabulario de «Para hablar de...».

6.2-13 Composición

A. Hasta ahora has llevado una vida demasiado ocupada, siempre estás estresado/a y cuando tienes tiempo libre, te encuentras cansado y desganado. Tus dos mejores amigos/as te han propuesto irse a vivir al campo. Ellos/as han comprado una finca donde van a cultivar frutas y verduras y criar ganado. ¡Es como un sueño hecho realidad!

Escribe una carta renunciando a tu trabajo. Explícale a tu jefe por qué has decidido dejarlo todo y lo que esperas encontrar en el campo. Incluye lo siguiente:

- Empieza con una frase introductoria. Describe lo que haces ahora y por qué tienes que cambiar de ambiente.
- Explica lo que vas a hacer, cómo vas a vivir, cómo va a ser diferente tu vida, etc.
- Concluye explicando por qué esta decisión es lo mejor para ti. Recuerda que debes dejar las cosas en buenos términos con tu jefe (en caso de que tu escapada no sea del todo exitosa).

Aquí tienes ejemplos de expresiones que puedes utilizar:
- Estimado Señor / Licenciado / Doctor...:
- Por medio de la presente...
- En vista de que...
- Atentamente...

B. Escribe un anuncio de trabajo para una de las tres hablantes. Trata de no ser demasiado específico y no menciones para qué hablante es. Cuando termines, intercambia el anuncio con un/a compañero/a, y traten de adivinar quién es la mejor candidata para el empleo y expliquen por qué.

Éstas son algunas estructuras que te pueden servir:
- Busco / Quiero / Necesito / Se requiere una persona que... + *subjuntivo*
- Mandatos
- Es necesario que + *subjuntivo*

6.3. Tres deseos

I. Escuchemos

6.3-1 Piensa...

En las grabaciones oirás a Victoria, Laura y Carmen, que nos cuentan cuáles son los tres deseos que pedirían al genio de la lámpara de Aladino si tuvieran la oportunidad de hacerlo ¿Qué crees que le pedirían al genio?

6.3-2 Para hablar de...

A continuación verás unas categorías de vocabulario relacionado con el tema. Trabaja en grupo, y con la ayuda de tu profesor/a, piensa en palabras asociadas a cada bloque que puedan ser útiles para hablar sobre este tema. ¿Qué palabras incluirías?

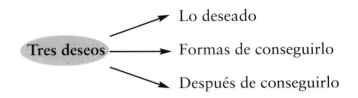

Lo deseado	Formas de conseguirlo	Después de conseguirlo
amor	rezar	feliz

6.3-3 ¿Qué nos cuentan estas personas?

Victoria, Laura y Carmen nos cuentan cuáles serían los tres deseos que le pedirían al genio de la lámpara maravillosa, por qué elegirían esos deseos y cuál sería el más importante para ellas. Anota sus comentarios en el cuadro en la sección que corresponda (ver Apéndice D).

6.3-4 Adivina... ¿Quién diría esto?

Después de escuchar a Victoria, Laura y Carmen, adivina quién diría cada uno de los enunciados que te presentamos. Identifica cada enunciado con una de ellas y escribe el número de la hablante (1, 2 o 3) en el espacio que corresponda. Recuerda que un enunciado debe quedar en blanco porque no corresponde a nadie.

H____: Con el dinero conseguiría el resto de mis deseos.

H____: Sólo deseo amar y tener dinero para poder viajar.

H____: No necesito tres deseos: con uno me basta.

H____: Si los demás son felices, yo también lo seré.

6.3-5 Información cultural: ¿Lo sabías?

Lee esta información y después contesta las preguntas que aparecen después del texto.

La lotería

Laura nos hablaba de la lotería, que es un juego de azar/apuestas muy popular.

En España, hay varios tipos de lotería, pero lo que la gente conoce como «la lotería» se llama «Lotería Nacional» y está promovida y administrada por el gobierno español. Los dos sorteos más importantes coinciden con las fiestas navideñas y son el Sorteo de Navidad (que se celebra el 22 de diciembre) y el Sorteo del Niño (el 5 de enero). En ambos casos, la gente vive con expectación los días antes del sorteo, y los medios de comunicación retransmiten los sorteos en directo. Después, hay un seguimiento de los ganadores, la alegría, las fiestas... La gente realmente sueña con ganar la lotería para que la vida le cambie.

Además de estos sorteos extraordinarios, todos los sábados del año se celebra un sorteo que tiene lugar hacia el mediodía. Y eso no es todo: hay juegos de apuestas como la quiniela, que consiste en apostar quiénes serán los ganadores de los partidos de fútbol del fin de semana correspondiente. Otras formas populares de lotería, que se parecen más al sistema de EE.UU., son la BonoLoto y la Lotería Primitiva.

En México, existe la Lotería Nacional para la Asistencia Pública, que es una institución muy respetable. Comprar billetes de lotería es casi como hacer una obra de caridad. Algo muy similar ocurre en España con los sorteos de la ONCE (Organización Nacional de Ciegos Españoles, que ayuda a los ciegos con el dinero recogido).

En México, el sorteo de la lotería se televisa desde un teatro los domingos por la noche. Los que leen los números son niños, llamados «gritones», vestidos como botones.

Algo parecido ocurre en España en los Sorteos de Navidad y El Niño: los niños de un colegio de Madrid, el Colegio de San Ildefonso, se encargan tradicionalmente de «cantar» los números y los premios. Se le llama «cantar», porque leen el número y el premio con una tonadilla como si fuera una canción que todo el mundo en España identifica inmediatamente con el sorteo de la Lotería Nacional.

En Chile, a la lotería se le llama la «Polla». Cuando un español «gana la lotería» dice «me ha tocado la lotería» mientras que un chileno diría que «se ha sacado la Polla». Esta expresión podría causar un malentendido serio entre un chileno y un español, porque la palabra «polla» en España es un término vulgar que hace referencia al órgano sexual masculino. En México también se le llama «polla» a una bebida de leche, jerez «Tres Coronas» y vainilla. No es de extrañar que algunos españoles se mueran de la risa cuando hace tiempo veían un anuncio comercial mexicano de esa marca de jerez que decía: «La polla se hace con Tres Coronas... ».

continúa

La fuente de la (eterna) juventud

Carmen menciona esta fuente que sin duda es más un mito que una fuente real. Según cuenta la leyenda, el conquistador español Ponce de León llegó al Nuevo Mundo en busca de la legendaria Fuente de la Juventud. Se decía que si bebías de esa fuente, serías siempre joven y no envejecerías. Llegó a San Augustin en la Florida el 2 de abril de 1517 y fue el primer gobernador de Puerto Rico. Paradójicamente, en lugar de conseguir la eterna juventud, acabó perdiendo la vida a manos de los indios que habitaban el lugar donde se suponía que iba a encontrar la fuente que le daría la eterna juventud.

Ahora responde...

1. ¿Qué es la Lotería Nacional en España y quién la organiza?

_____

_____

2. ¿Cuáles son los dos sorteos más populares en España? ¿Cuándo se celebran?

_____

_____

3. ¿Qué papel tienen los niños en los sorteos de lotería españoles y mexicanos?

_____

_____

4. ¿Qué hacen con el dinero que viene del sorteo de la ONCE de España y de la Lotería Nacional para la Asistencia Pública mexicana?

_____

_____

5. ¿Cómo se llama la lotería en Chile? ¿ Qué diría un chileno si ganara la lotería?

_____

_____

6. ¿Qué esperaba encontrar el conquistador Ponce de León cuando abandonó España? ¿Adónde fue para buscarlo? ¿Por qué tenía tanto interés en encontrarlo? ¿Qué le ocurrió finalmente a Ponce de León?

_____

_____

_____

II. Conversemos

6.3-6 Y ahora tú...

Ya has oído a Victoria, Laura y Carmen hablar sobre sus deseos para el genio de la lámpara maravillosa. Ahora es tu turno. Sigue las instrucciones que aparecen en cada pregunta y las que te dé tu profesor/a.

A. Los hablantes: sus opiniones y las tuyas

1. Victoria, Laura y Carmen repiten con frecuencia 3 deseos. ¿Cuáles son? A tu entender, ¿cuál de los tres es el más importante? ¿Y el menos? ¿Por qué elegiste uno y otro en cada caso?

_____

_____

_____

_____

2. Victoria, Laura y Carmen sacan a relucir el dinero y la felicidad. ¿Crees que el dinero trae la felicidad? ¿Por qué? ¿Cuál de las tres hablantes te parece más altruista? ¿Por qué?

_____

_____

_____

3. Carmen dice que le gustaría ganar la lotería. ¿Juegas a la lotería? ¿Qué sorteo(s) prefieres? ¿Por qué? ¿Qué opinas de que el gobierno de un estado o país la administre?

_____

_____

_____

B. Los deseos y tú

T **1.** ¿Has pedido alguna vez un deseo a una estrella fugaz? ¿Cuál y cuándo? ¿Te lo concedió?

_____

_____

3 **T** **2.** Carmen, Victoria y Laura nos contaron cuáles serían los tres deseos que le pedirían al genio de la lámpara maravillosa. Si tú pudieras hacer lo mismo, ¿cuáles serían tus tres deseos? Si tuvieras que ponerlos en orden de importancia, ¿cuál sería el orden? ¿Por qué? ¿Qué tres deseos no pedirías bajo ninguna circunstancia?

_____

_____

_____

_____

_____

3 **T** **3.** Hablando de genios... Muchos dicen que los genios son seres fantásticos, míticos o legendarios. Pero,... ¿qué es para ti un «genio»? ¿Recuerdas otros seres que nos hacen «regalos» de forma mágica? ¿Cuáles? ¿Por qué creemos en ellos?

_____

_____

_____

_____

T **4.** Si fueras el genio de la lámpara, ¿qué tres deseos no concederías? ¿Por qué?

_____

_____

_____

_____

C. Los famosos y sus deseos

1. ¿Qué deseos pedirían o habrían pedido los siguientes personajes célebres?

Madre Teresa de Calcuta	Einstein	John F. Kennedy
Michael Jackson	Jennifer López	Oprah Winfrey
Ghandi	Galileo	Martin Luther King, Jr.

Primero, vas a trabajar solo. Elige dos personajes de la lista y otro que a ti te guste que no esté en la lista. Completa la tabla con la siguiente información: nombre del personaje, por qué lo escogiste, qué deseo crees que pediría o habría pedido y por qué piensas que se decidiría por ese deseo.

	Personaje 1	Personaje 2	Personaje 3
Nombre del personaje	_____	_____	_____
¿Por qué este personaje?	_____	_____	_____
¿Qué deseo pediría?	_____	_____	_____
¿Por qué pediría ese deseo?	_____	_____	_____

De los tres personajes que pusiste en la tabla, ¿cuál es tu personaje preferido? Una vez elegido, vas a trabajar con dos estudiantes de la clase. El trabajo en grupo consiste en hacer preguntas y respuestas para adivinar lo siguiente: 1) cuál es el personaje favorito de cada compañero, 2) qué deseo eligió para este personaje, y 3) por qué escogió este deseo y a este personaje.

Después de conversar, compartan la información con el resto de la clase.

2. En los años 60, John Lennon expresaba sus deseos y sus sueños en la conocida canción. «Imagine» donde nos puso a imaginar. Imaginaba un mundo sin cielo ni infierno, sin países, sin nada por lo que morir o matar, sin religión ni posesiones, un mundo donde todos seamos hermanos y donde todos compartamos todo. De todos los sueños de Lennon, ¿cuál te parece el menos idealista? ¿Y el más difícil de lograr? ¿Cómo sería el mundo sin eso? ¿Por qué?

_____

_____

_____

_____

3. Citas citables. Igual que tú, las grandes figuras de la historia también han opinado sobre los deseos. A continuación te proponemos unas citas (o frases memorables) que se atribuyen a personajes históricos. Tienes que hacer lo siguiente.

Parte I. Asocia cada cita con uno de los personajes de la lista. Después, piensa en una forma de justificar por qué tomaste esta decisión al emparejarlos.

Modelo: Con la ayuda del profesor, asocien uno de estos cuatro personajes a cada una de las citas siguientes.

Goethe   Aldous Huxley   Francisco de Goya   Séneca

1) _____ La fantasía, aislada de la razón, solo produce monstruos imposibles. Unida a ella, en cambio, es la madre del arte y fuente de sus deseos.

2) _____ El amor y el deseo son las alas del espíritu de los grandes.

Ahora, es tu turno. Pero ten en cuenta algo importante: hay más nombres que citas. Dos de los nombres de la lista no corresponden a ninguna de las citas. ¡Suerte!

Aristóteles   Beethoven   Charles Chaplin   Miguel de Cervantes
Dante   Leon Tolstoi   Mark Twain

1. _____ Amor y deseo son dos cosas diferentes; que no todo lo que se ama se desea, ni todo lo que se desea se ama.

2. _____ Y así va el mundo. Hay veces en que deseo sinceramente que Noé y su comitiva hubiesen perdido el barco.

3. _____ La vida no es significado; la vida es deseo.

4. _____ Considero más valiente al que conquista sus deseos que al que conquista a sus enemigos, ya que la victoria más dura es la victoria sobre uno mismo.

5. _____ Haz lo necesario para lograr tu más ardiente deseo, y acabarás lográndolo.

Parte II. En grupos y siguiendo las instrucciones del profesor, discutan las conclusiones a las que llegaron en la Parte I.

Parte III. Ahora ya sabes quién dijo qué. ¿Con cuál(es) de las citas estás más de acuerdo? ¿Con cuál(es) discrepas más? Elige cuatro respuestas y explícales a los compañeros de tu grupo por qué estás de acuerdo o no con las citas que has escogido.

D. Deseos y supersticiones

`1` `3` **1.** **Supersticiones en la historia.** Para algunos, pedir deseos es una forma de superstición. Hay gente supersticiosa donde menos nos lo esperamos. Mira esta lista de supersticiones que tenían cinco personajes históricos e intenta asociar cada personaje con la superstición que se dice que tenía.

Eisenhower   Samuel Johnson   Napoleón   Sócrates   Rockefeller

1. _____ temía a los gatos negros.

2. _____ le daba miedo el mal de ojo.

3. _____ siempre entraba o salía de un edificio con el pie derecho.

4. _____ llevaba consigo una moneda de oro

5. _____ llevaba siempre una piedra sacada de un nido de águilas.

Ahora que ya sabes las respuestas, ¿te imaginabas que estos personajes pudieran haber sido supersticiosos? ¿Cuál de los personajes te sorprendió más? ¿Qué te sorprendió: el hecho de que fuera supersticioso o la superstición en sí?

`1` `3` `T` **2.** ¿Quieres saber si tú eres supersticioso/a? Completa la siguiente prueba y lo sabrás. Marca con una X la respuesta que corresponda con lo que tú piensas.

1. La adivinación por medio de las cartas...

? Es real.

0 No estoy seguro/a.

– No es real.

3. Cuando miras al cielo, lo haces...

0 para ver si salió mi estrella de la suerte

? para ver mi alineación astrológica

– porque me cayó algo raro en la cabeza

5. Si rompes un espejo, ¿cuántos años de mala suerte tendrás?

0 tres años

? siete años

– ninguno

7. ¿Has hecho algo alguna vez para tener suerte?

? ¡Claro!

– No.

0 Sí, por si acaso.

2. Si no tienes pareja, ¿a qué se debe?

0 Porque no tengo muy buena suerte.

? Porque tengo «mal de ojo».

– Porque no es mi momento.

4. ¿Qué utilizas para atraer la suerte?

? Utilizo un amuleto o alguna prenda.

– Nada, no creo en la suerte.

0 Estoy buscando una pata de conejo.

6. Si recibo una carta-cadena por e-mail que pide que la reenvíe para tener buena suerte,

– la ignoro.

0 la envío; no pierdo nada.

? ¡la envío inmediatamente!

8. ¿Qué piensas de los amuletos?

? Son buenos para la buena suerte.

0 Quizás ayuden a tener mejor suerte.

– Sólo los veo como decoración.

RESULTADOS. Cada respuesta va precedida de uno de estos signos (?, 0, –). Cuenta el número de veces que se repite cada signo y determina cuál de los tres predomina en tus respuestas (5 o más).

Si predomina...	Deberías considerarte una persona que...
?	tiende a la superstición.
0	no es muy supersticiosa ni muy escéptica.
–	tiende a ser escéptica.

Ahora que ya tienes los resultados del test, ¿se corresponde el perfil que te ha salido con tu personalidad? Busca a otros compañeros de la clase y comparen las respuestas que dieron a cada pregunta del test. ¿En cuales respondieron de forma diferente? Discutan las diferencias que hay entre Uds., indicando si están de acuerdo o no con las respuestas de los compañeros y señalando por qué en cada caso.

3. ¿Qué supersticiones conoces? Trabaja con dos compañeros y preparen una lista de las supersticiones que conozcan; por ejemplo, «pasar por debajo de una escalera trae mala suerte».

a) para que se cumplan nuestros deseos
- _____
- _____
- _____

b) cosas que traen o anuncian buena suerte
- _____
- _____
- _____

c) cosas que traen o anuncian mala suerte
- _____
- _____
- _____

De todas las supersticiones que han discutido, ¿cuáles les parecen más curiosas, divertidas o extrañas?

_____

E. Debate

Las supersticiones son inofensivas; para algunos son solamente un juego, pero hay personas que están obsesionadas con el miedo a la mala suerte. Hay algunos que piensan que la suerte no existe, y que nosotros somos los que hacemos que nuestra suerte sea buena o mala. ¿Creen que existe la suerte? Antes de debatir sobre este asunto, prepárate haciendo una lluvia de ideas individualmente. En la tabla siguiente, apunta motivos por los que en tu opinión se podría decir que sí existe la suerte (Existe la suerte) y razones que te permiten pensar que no existe (No existe la suerte). Después de escribir tus ideas, decide cuál es tu posición ante este tema.

Existe la suerte	No existe la suerte

¿Ya lo tienes decidido? Pues, entonces únete a tres o cuatro compañeros que estén de acuerdo contigo y compartan los motivos que les ayudan a justificar su punto de vista. Cuando terminen, busquen otros grupos que opinen igual y formen un grupo de debate. Antes del debate, cada grupo intercambia todas las razones que identificaron previamente. Busquen las más persuasivas para ganar el debate y cuando estén preparados... ¡a debatir!

F. Role-play

3 ¿Recuerdas la escena en la que Aladino está pidiéndole sus tres deseos al genio de la lámpara maravillosa? Bueno, pues... Usando tus habilidades artísticas, imagina una parodia de esta escena. Primero, escribirás el guión y después lo escenificarás para toda la clase. Tienes toda la libertad que quieras para manipular la escena original, quitando o poniendo según tus preferencias. Solamente hay un requisito: el genio y Aladino siguen siendo personajes de la historia. ¡Diviértanse!

III. Leamos

En esta ocasión vas a leer «*El niño y la bomba*». Antes de empezar, trabaja con este vocabulario que viene de la lectura.

6.3-7 Descubre el significado: Identifica y empareja

Lee las siguientes oraciones. Sin usar el diccionario, intenta descubrir el significado de las palabras *en cursiva* según el contexto en el que aparecen. Verás dos bloques de cinco palabras que vienen de la lectura. Después de leer las oraciones, empareja cada palabra con su definición o sinónimo.

1. Llamé al restaurante y pedí que trajeran la comida a casa. *En un dos por tres* estábamos comiendo.

   Todo fue súper rápido; llegamos allí y *en un dos por tres* nos volvimos a casa.

2. Los cuerpos de seguridad intentaron desactivar la bomba; como no podían, decidieron *hacer*la *volar*.

En un campo lleno de minas, cualquier movimiento en falso puede *hacer volar* las bombas.

3. Hagamos un *trato*: yo hago las camas y tú pasas la aspiradora. ¿Te parece bien?

Los combatientes han decidido hacer un *trato*: si los soldados del país enemigo se retiran ahora, las hostilidades cesarán inmediatamente.

4. ¿No me crees? Te *juro* que yo no sabía nada.

El acusado *juró* decir la verdad, toda la verdad y nada más que la verdad.

5. Durante el incendio, se formó un *revulú* impresionante: no había forma de aclararse con tanta gente hablando y gritando al mismo tiempo.

Cuando Alex anunció que acababa de renunciar a su trabajo, su esposa le armó un *revulú*.

Ahora, empareja la palabra o expresión con su definición o sinónimo.

Palabras

____ 1. en un dos por tres
____ 2. hacer volar
____ 3. trato
____ 4. jurar
____ 5. revulú

Definiciones o sinónimos

a. hacer una promesa solemne

b. cuando hay mucho ruido o confusión o escándalo, por ejemplo a causa de la aglomeración de personas

c. en un instante; en muy poco tiempo

d. hacer que explote una bomba o artefacto explosivo

e. pacto, acuerdo

Y ahora, ¡sigue con las últimas...!

6. María Luisa *no sabe ni jota* de computadoras; por eso ha decidido matricularse en un curso para aprender lo más básico.

¿De qué me hablas? Yo *no sé ni jota* de eso.

7. Después de *desarmar* el motor del coche, tuve que llamar al mecánico.

Ernesto es muy hábil con los relojes: cogió el mío, lo *desarmó*, sacó todas las piezas, tocó aquí y allá, volvió a ponerlo todo en su sitio y enseguida el reloj estaba funcionando.

8. Si ya no lo usas, lo mejor es *botar*lo.

Lo siento, cariño; *boté* tu camisa a la basura porque pensaba que no la querías.

9. Era una noche *oscura como boca de lobo*: no había estrellas ni luna.

Las luces se apagaron y, en medio de una habitación *oscura como boca de lobo*, el criminal mató a su víctima sin que ella pudiera notar su presencia.

10. Todos los años mi abuelo *sembraba* fresas en su jardín y nos las daba para que las comiéramos.

Después de tanto trabajo, las plantas que *sembraron* los agricultores acabaron muriéndose por la falta de agua.

Ahora, empareja la palabra o expresión con su definición o sinónimo.

Palabra/expresión	Definiciones o sinónimos
_____ 6. no saber ni jota de	f. tirar algo que ya no se quiere; deshacerse de algo
_____ 7. desarmar	g. plantar
_____ 8. botar	h. (aplicado a información) no tener ni idea de algo; desconocer por completo
_____ 9. oscuro/a como boca de lobo	i. desmantelar, desmontar, desensamblar
_____ 10. sembrar	j. cuando no hay nada de luz; en total oscuridad

6.3-8 Antes de leer...

Ahora vas a leer «El niño y la bomba», una lectura que nos habla sobre un niño que se encuentra una bomba.

Antes de empezar a leer, reflexiona un poco.

1. Pensando en el título de la lectura, ¿cuál crees que será el tema?

2. Aparte de su uso lógico (para la guerra), ¿de qué otra manera se podría usar una bomba?

¿Se te ocurre alguna otra aplicación, práctica y buena, para una bomba? ¿Cuál(es)?

Después de leer, encontrarás tres secciones diferentes con preguntas sobre la lectura. Ya puedes empezar.

EL NIÑO Y LA BOMBA

Era un sábado por la mañana. El niño salió disparado[1] de su casa con un pan en una mano y la pelota en la otra. Buscó y no encontró a sus amigos por ninguna parte. Se comió el pan. Caminó hacia un gran lote vacío a ver si encontraba a sus amiguitos. Tampoco había nadie en ese lugar.

Le dio una patada a la pelota y fue a caer del otro lado de un monte muy alto. Se metió entre la yerba[2] a buscar la pelota, y se encontró con la bomba. La bomba era de color gris y tenía la nariz enterrada en el barro. El niño no tenía fuerza ni poder, pues apenas podía con[3] la pelota. La bomba vino a dar a[4] ese lugar, porque se cayó del avión que la llevaba a una guerra. Por suerte la bomba no explotó. El niño agarró con más fuerza su pelota y le preguntó a la bomba:

— *¿Quién eres? ¿Qué haces? No te pareces a ninguna cosa que conozco...*

— *Soy una bomba. Tengo poder para destruir; ése es mi trabajo.*

---

[1]que va muy rápido, como si fuera un proyectil saliendo de un arma
[2]variante ortográfica de «hierba»
[3]poder con = tener fuerza o energía para hacer algo
[4]venir a dar a = acabar llegando a un sitio; encontrarse / tropezarse / toparse con

— *¿Acaso puedes acabar con todo lo que quieras?* —dijo el niño.

— *Claro que sí* —dijo la bomba.

— *¿Puedes destruir un edificio tan grande como la estación de bomberos?*

— *En un dos por tres. Puedo hacer volar no sólo a los bomberos, también a la escuela, el templo, y todas las casas con la gente de este lugar, niño* —dijo la bomba.

El niño preocupado le preguntó cómo era que ella funcionaba. La bomba le explicó pero el niño no entendió nada.

La bomba le pidió:

— *Mira, ayúdame a salir de aquí. ¡Estoy incómoda!*

— *¿Para qué quieres salir?* —le preguntó el niño.

La bomba dijo que tenía que alcanzar el avión y llegar a la guerra, a destruir un pueblo parecido al del niño. El niño le respondió, que no la podía ayudar a salir porque no estaba de acuerdo con el trabajo que la bomba hacía. Entonces la bomba le propuso un *trato* al niño: «Si me ayudas a salir de este barro, yo te cumpliré tres deseos. ¡Recuerda que tengo mucho poder! »

El niño lo pensó un momento, y le dijo que sí. Pero que para estar seguro, la bomba tenía que prometer, *jurar* y darle su palabra de honor que no se iría para la guerra. La bomba tuvo hasta que firmarlo todo, en un papel que escribió el niño.

El niño corrió a su casa y regresó con una palita que usaba para jugar con arena cuando iba a la playa. Además, trajo la correa con la que amarraban[5] al perro.

El niño cavó durante varias horas alrededor de la bomba. Cuando estuvo libre, rápidamente, le ató la correa en la nariz con el nudo[6] que le había enseñado hacer un tío que era marinero, y entonces le dijo:

— *¡Bueno, bomba, ahora camina!*

En el pueblo se formó un *revulú*[7] cuando vieron a ese niño tan pequeño, llevando amarrada a la enorme bomba que flotaba en el aire. El niño le fue enseñando las casas viejas, la gente enferma, y los hombres y mujeres que *no sabían ni jota de* leer y escribir. Al fin se detuvieron en un cerrito[8] desde donde se dominaba con la vista a todo el pueblo, y conversaron debajo de un viejo árbol. El niño le pidió a la bomba que cumpliera sus tres deseos:

— *Primero, que todas las familias tengan casas buenas, amplias y baratas.*

— *Segundo, que la gente no se muera por enfermedades que se pueden curar.*

— *Tercero, que todos aprendan a leer y escribir.*

---

[5]atar

[6]el resultado de atar una cuerda o un cordón, por ejemplo, en los zapatos

[7]Esta palabra tiene dos variantes: *revolú* (la forma aceptada por el Diccionario de la Real Academia de la Lengua Española y también usada en la República Dominicana y Puerto Rico) o también *revulú*, que se usa en otros países, como ocurre en el texto.

[8]cerro pequeño; un cerro es más pequeño que una montaña

continúa

La bomba levantó la voz y dijo:

— *Yo sólo soy una bomba, me pides demasiado.*

Y lloró lágrimas de pólvora[9] y cobre[10] derretido, porque ella no podía hacer eso. Sufría mucho al darse cuenta de todas las casas que se habrían podido construir, de la gente que podría haber tenido salud, y aprendido a leer y escribir con el dinero que ella, y las otras bombas, habían costado. El niño al ver llorar a la bomba también se puso muy triste.

— *Puedes irte, pero no le hagas daño a nadie.*

La bomba decidió no ir a ninguna guerra. Le pidió al niño quedarse con él en ese pueblo. Pero también comprendió que era un peligro para la gente porque podía explotar, y acabar con todo y con todos, aún sin ella quererlo. La bomba tomó una decisión. Llamó al niño que se alejaba y le pidió:

— *Sácame las entrañas con mucho cuidado. Yo te diré cómo.*

El niño entendió lo que la bomba quería hacer. La *desarmó* y le sacó lo que tenía adentro. *Botó* en el mar todo lo que podía explotar. Los alambres[11] sirvieron para arreglar la iluminación de la plaza, que hace tiempo estaba *oscura como boca de lobo*. Sólo quedó el cascote[12] de la bomba. Entre todos los niños lo cargaron y ahora esta ahí en medio de la plaza.

La gente *ha sembrado* flores alrededor y los niños pintan dibujos sobre el cascote, y todos cantan. Hoy existe una leyenda. La gente cuenta que la bomba es como esos caracoles, en los cuales se escuchan las olas del mar. Sólo que cuando se pega el oído sobre el frío acero[13] del cascote, lo que se escucha no es el mar, ni tampoco sonidos de guerras, sino, canciones y más canciones de paz. Algunos dicen que los sábados en la mañana, la bomba sonríe.

---

[9]sustancia explosiva, como polvo, que se usa en la fabricación de bombas (o fuegos artificiales)
[10]metal de color rojizo
[11]filamento metálico parecido a un cable
[12]parte exterior de una bomba
[13]metal que es el resultado de combinar hierro y partículas de carbono, que le dan mayor resistencia y flexibilidad.

6.3-9 A vista de pájaro: ¿Cierto o Falso?

Señala si las siguientes oraciones son ciertas (C) o falsas (F). No te olvides de hacer los cambios necesarios en aquellas oraciones que sean falsas.

_____ **1.** El niño encontró la bomba cuando salía de su casa.

_____

_____ **2.** La bomba le pidió al niño que la desenterrara.

_____

_____ **3.** Los dos hicieron un pacto para ir a la guerra.

_____

_____ **4.** Al principio el niño no quiso enseñarle la bomba a nadie.

_____

_____ **5.** La bomba no pudo concederle ningún deseo.

_____

_____ **6.** Los materiales que sacó de la bomba le permitieron ayudar a su pueblo.

_____

_____ **7.** Pusieron una parte de la bomba en la plaza del pueblo.

_____

6.3-10 Vayamos por partes

Contesta las siguientes preguntas con la información de la lectura.

1. ¿Cuáles fueron los deseos que el niño le pidió a la bomba?

_____

_____

_____

2. ¿Por qué dijo la bomba que no podía cumplir los deseos del niño? ¿Cómo reaccionó después de decirle eso al niño? Con tus palabras, ¿por qué reaccionó así?

_____

_____

_____

3. ¿Qué le pasó al niño cuando vio lo que hacía la bomba? ¿Qué le pidió él a la bomba?

_____

_____

4. La bomba propuso una solución intermedia. ¿Cuál fue y qué tenía que hacer el niño?

_____

_____

5. ¿Qué hicieron con el cascote? ¿Para qué lo usan ahora en el pueblo?

_____

_____

_____

6. ¿Qué ocurre si se acerca el oído al cascote de la bomba? ¿Qué cuenta la leyenda?

_____

_____

6.3-11 Adivina... ¿Quién lo diría?

¿Quién diría lo siguiente: la bomba (B), el niño (N) o la gente del pueblo (G)?

_____ **1.** Tengo mucho poder, así que debes respetarme más.

_____ **2.** Al principio, pensábamos que estaba loco.

_____ **3.** Me defraudó un poco al principio, pero salimos ganando todos.

_____ **4.** No nos molesta que los chicos puedan jugar allí.

_____ **5.** Me encanta ser parte de sus juegos.

6.3-12 Y, ¿qué piensas tú?

Contesta estas preguntas según tu opinión.

1. ¿Cuál de los dos personajes principales de la historia te parece más humano? ¿Por qué?

_____

_____

2. ¿A quién le recomendarías que leyera esta historia? Explica tus razones.

_____

_____

3. ¿Cuál de los tres deseos que pide el niño te parece más importante? ¿En qué basas tu opinión?

_____

_____

4. Suponiendo que tú participaras en la historia o que pudieras rescribirla, ¿se te ocurre otra forma de enfocarla? ¿Qué cambiarías y por qué?

_____

_____

_____

5. En el diálogo entre la bomba y el niño hay una alusión bastante clara a los altos presupuestos necesarios para crear armamento, al costo de las guerras y a lo que se podría hacer con ese dinero para ayudar a la gente. ¿Qué te parece la crítica que se hace?

_____

_____

6. Según tú, ¿cuál es el mensaje que intenta transmitir esta historia?

_____

_____

7. Debate. ¿Estás de acuerdo con esta afirmación?

En el mundo actual es necesario estar preparado para la guerra. Por eso es preferible que los gobiernos aumenten los presupuestos de armamento aunque sea a costa de reducir los programas de ayuda social.

IV. Escribamos

Escribe sobre uno de estos temas según las indicaciones que te dé tu profesor/a.

6.3-13 Diario

Hemos hablado, escuchado y leído mucho sobre los deseos y las supersticiones. Ahora vete a tu diario y anota todo aquello que te gustaría recordar. Antes de terminar, aprovecha también para pensar en los tres deseos que pedirías ahora. ¿Cuáles serían? Escríbelos y después explica por qué pedirías cada uno de ellos. Recuerda que el vocabulario de «Para hablar de...» puede ser útil ahora.

6.3-14 Composición

Hemos oído y discutido sobre dos historias diferentes: por un lado, la de Aladino y el genio de la lámpara y por otro la del niño y la bomba... ¿Serías capaz de inventarte una historia similar? Para guiarte antes de narrar la historia, piensa en los siguientes elementos típicos de una narración:

- **los personajes:** ¿quiénes son? ¿cómo son? ¿a qué se dedican en la vida?
- **trasfondo de la historia:** ¿qué ocurre antes de empezar la historia? ¿por qué es importante para lo que va a ocurrir después?
- **contenido y estructura de la historia:**
  - ¿cuál es el motivo central de la historia? (probablemente, que alguien pide un deseo o varios)
  - la trama: ¿introducción? ¿acción complicada? ¿clímax? ¿resolución?
- tono: ¿serio? ¿cómico?

Aquí tienes unos ejemplos de puntos gramaticales que podrías necesitar al escribir:

- pretérito / imperfecto
- presente simple / presente continuo
- ser / estar / parecer + *adjetivo*: para hacer descripciones
- estructuras comparativas

No olvides que también puedes usar el vocabulario de la sección «Para hablar de...».

¿Qué opinas?

7.1 Los toros

I. Escuchemos

7.1-1 Piensa...

En este tema, *Los toros*, Vicente, Cristina y Juande nos hablan sobre sus sentimientos y actitudes hacia las corridas de toros.

1. ¿Sabes qué es una corrida de toros?
2. ¿Qué crees que vas a oír en las audiciones?
3. ¿Qué imagen te viene a la mente cuando piensas en un toro?
4. ¿Qué es para ti un toro: un animal salvaje o la víctima de una cultura?

7.1-2 Para hablar de...

A continuación verás cinco categorías de vocabulario relacionado con el tema. Trabaja en grupo con toda la clase y con la ayuda de tu profesor, piensa en palabras asociadas a cada bloque que puedan ser útiles para hablar sobre el tema de los toros. ¿Qué palabras crees necesario incorporar?

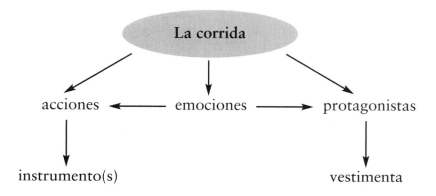

Protagonistas	Acciones	Instrumento(s)	Vestimenta	Emociones
Torero	lidiar	estoque	montera	temor

7.1-3 ¿Qué nos cuentan estas personas?

Es la hora de escuchar a Vicente, Cristina y Juande, tres españoles que nos presentan sus puntos de vista, a veces muy encontrados, a favor o en contra de los toros. Nos hablan de sus motivos para tomar esta postura y describen sus experiencias en el mundo de los toros. Anota en el cuadro toda la información que puedas entender (ver Apéndice D).

7.1-4 Adivina... ¿Quién diría esto?

Después de escuchar a Vicente, Cristina y Juande y según lo que han dicho, intenta adivinar quién diría cada uno de estos enunciados. Escribe el número del hablante (1, 2 o 3) en el espacio que corresponda y recuerda que un enunciado no corresponde a nadie y debe quedar en blanco.

H____: Detrás de la fiesta taurina, hay toda una cultura que muchos ignoran.

H____: ¿Por qué se escandalizan? Es un deporte más.

H____: ¿No podrían buscar otra forma de divertirse?

H____: No soy aficionada, pero ahora entiendo mejor la parte artística.

7.1-5 Información cultural: ¿Lo sabías?

Orígenes de las corridas de toros

Aunque no se sabe con total seguridad, parece que, como apunta Vicente (el segundo hablante), este espectáculo tiene su origen en la isla de Creta (al sur de Grecia en el mar Mediterráneo; ver el mapa en el Apéndice E para, su localización) para luego ser adoptado en la Península Ibérica.

Más de 2000 años antes de Cristo, en Grecia nació la leyenda del Minotauro, dios-hombre con cabeza de toro, que vivía en la isla de Creta. En su honor, los cretenses sacrificaban a jóvenes mujeres. También había gimnastas desnudos que desafiaban a

continúa

los toros saltando por encima de ellos: a veces no tenían suerte y acababan siendo víctimas del toro y, por supuesto, muriendo en el intento. También en Grecia nació la leyenda de que uno de los doce trabajos de Hércules fue capturar a un toro furioso que aterrorizaba la isla de Creta.

Muchos siglos después, en los bosques de Polonia y España, se empezó a cazar a los toros con lanza y a caballo como deporte.

En la España medieval, el toreo era un «deporte», que se destinaba solamente a los nobles. La corrida caballeresca, cuyos orígenes se datan en el siglo XIII, fue practicada por los nobles españoles hasta el siglo XVII. En sus comienzos, las corridas caballerescas celebraban sucesos extraordinarios, relacionados siempre con los compromisos matrimoniales de reyes y nobles, las bodas, nacimientos, y también la presencia de algún monarca en una ciudad con motivo de un viaje. El señor feudal, subido en un caballo y con una caña larga (usada como una lanza), luchaba contra el toro.

La corrida actual nace en el siglo XVIII, momento en que los nobles dejaron de torear a caballo; de hecho, abandonaron totalmente el toreo y entonces fue el pueblo quien empezó a torear, pero, a diferencia de los nobles, el pueblo toreaba a pie solamente.

En la actualidad, muchas veces una corrida de toros no ocurre como un evento aislado sino que forma parte de una serie, que se llama Feria; estas Ferias suelen ir ligadas a las fiestas locales de una ciudad o región; en España, por ejemplo, se pueden mencionar, entre otras, las ferias de Madrid (Feria de San Isidro), Sevilla (Feria de Abril), Pamplona (Feria de San Fermín), Valencia (Feria de Fallas o de San José). En México, una de las más importantes es la Feria de San Marcos, en el estado de Aguascalientes, que se celebra aproximadamente entre la tercera semana de abril y los diez primeros días de mayo.

El toreo a caballo

Cristina menciona el toreo en Portugal, donde no se mata a los toros. Sufren heridas, pero después se les aplican curas médicas. Esta modalidad de toreo se hace a caballo. En español se le llama «rejoneo»; en portugués, es el «arte de Marialva» (por el Marqués de Marialva, una de sus figuras más destacadas). El rejoneo fue heredado de la tradición medieval de las corridas caballerescas que se celebraban tanto en España como en Portugal. Se dejó de practicar en España en el siglo XVII y no se vio un verdadero resurgir del rejoneo hasta la década de 1960; por el contrario, en Portugal ha seguido practicándose ininterrumpidamente hasta nuestros días. También se da en otros países hispanos (fundamentalmente México), pero en ningún país es tan popular como en Portugal.

Restricciones a las corridas de toros

En Chile, Argentina, Cuba, Uruguay y Paraguay están prohibidas las corridas de toros. En Bolivia se prohibieron en 1997. En Venezuela no se admite la entrada a estos eventos a los menores de catorce años, y en Costa Rica son legales, pero no matan al toro.

Corridas de toros en California

Quizás te sorprenda saber que en algunos lugares de California (Cross Landing, Turlock, Stevenson, Gustine, Laton, Elk Grove, Tracy, Tulare, Escalon, Artesia y Thornton) se celebra un tipo especial de corrida de toros y no estamos hablando de los rodeos. Son corridas legales, pero en ellas los toros no sufren heridas ni dolor, no hay sangre y siguen vivos después de la corrida. Imitan todas las acciones realizadas en una corrida convencional, pero el toro está protegido por un manto que lo cubre. Todos los objetos usados en la corrida se adhieren a este manto con velcro.

No sólo el toro es la víctima...

Juande, el tercer hablante, menciona que los toreros también mueren. Aquí tienes algunos ejemplos de información que él no menciona:

- Han muerto unos 63 toreros en los últimos 200 años; por ejemplo: Gallito (José Gómez Ortega), Manuel Granero, Manolete (Manuel Rodríguez Sánchez), el Yiyo (José Cubero Sánchez), Paquirri (Francisco Rivera Pérez) o Pepe Cáceres (José Eslava Cáceres).
- Muchos sufren heridas gravísimas, pero muy pocos se retiran por esto. Pedro Romero es de los pocos que se retiró sin recibir una sola cornada (herida causada por el cuerno) en toda su carrera: otros parecen haber tenido excesiva mala suerte, como «el Tigre de Guanajuato» (Juan Silveti, mexicano), que recibió 32 cornadas en su carrera.
- También han muerto unos 350 subalternos (los ayudantes del torero).

¿Cierto o falso? Veamos si has entendido... Lee los siguientes enunciados y decide si son ciertos o falsos según lo que has leído. Cuando sean falsos, corrígelos.

_____ **1.** Parece ser que las corridas de toros nacieron en Grecia.

_____ **2.** En las corridas caballerescas medievales, toreaban solamente los nobles.

_____ **3.** El motivo principal para celebrar una corrida en la época medieval era celebrar algún evento importante.

_____ **4.** Cuando los nobles dejaron de torear, el pueblo decidió continuar con la tradición de torear a caballo.

_____ **5.** El rejoneo es una forma de torear, pero a caballo.

_____ **6.** Los portugueses les copiaron a los españoles la costumbre de torear a caballo.

_____ **7.** En países como Argentina o Chile las corridas de toros están prohibidas excepto si no se mata al toro.

_____ **8.** También hay corridas de toros en algunas partes de los Estados Unidos.

_____ **9.** Aunque no pasa todos los días, los toreros también pueden ser víctima mortal en una corrida de toros.

II. Conversemos

7.1-6 Y ahora tú...

En esta ocasión vas a charlar sobre los toros. Empezarás expresando tus opiniones sobre los comentarios que hicieron los hablantes. Luego, hablarás sobre la existencia o no de crueldad hacia los animales en diferentes actividades humanas, incluidos los festejos taurinos, para terminar debatiendo si estás a favor o en contra de la celebración de eventos taurinos. Trabaja según las indicaciones que encuentres en la actividad y las instrucciones del profesor.

A. Los hablantes: sus opiniones y las tuyas

1. Vicente dice que la gente discute lo que es la fiesta de los toros sin saber en realidad qué es. ¿Has asistido alguna vez a una corrida de toros? Si es así, ¿qué te pareció? Si no has ido a ninguna corrida, ¿conoces a alguien que lo haya hecho? ¿Qué te contó?

2. Cristina describió los toros como un arte, como un baile entre el hombre y el toro. ¿Qué te parece dicha opinión? ¿Crees que los toros son un arte? ¿Qué piensas de usar la palabra «arte», «fiesta» o «espectáculo» para referirse a lo que ocurre en una plaza de toros?

B. Los toros, «tortura y crueldad»

1. Según algunos, si no hubiera corridas de toros, el toro de lidia se habría extinguido en España como ocurrió en otros países. ¿Quién crees que defiende más a los animales: la persona que va a las corridas de toros y sabe que este toro continúa ahí por eso o los que están en contra de la fiesta de los toros y piensan que es una crueldad? ¿Por qué crees esto?

2. Vicente compara la muerte de un toro en una corrida y en el matadero, diciendo: «Por otra parte, no creo que sufra menos un toro que va al matadero cuando lo matan para cortarlo en filetes y ponerlo en una carnicería. Lo que ocurre es que el método es distinto y la gente no lo ve.» ¿Estás de acuerdo? ¿Qué es más cruel, criar a un animal en el campo y libre (en el caso del toro) o criarlo en un lugar cerrado, sin espacio y sin que pueda moverse (el ganado) para que después sea sacrificado y cortado en filetes con la finalidad de comérselo? ¿Por qué crees esto?

_____

_____

3. Los contrarios a la fiesta de los toros dicen que es una crueldad, pero... ¿qué otras actividades te vienen a la mente en las que nos aprovechamos de los animales? Completa la tabla y después compara tus conclusiones con las de otros/as estudiantes.

Situaciones	¿Qué se hace con ellos?
_____	_____
_____	_____
_____	_____
_____	_____

Después de pensar un poco en lo que has escrito arriba, ¿sigues teniendo la misma opinión con relación a las corridas de toros? Explícanos por qué.

_____

_____

C. Debate

Muchas personas opinan que el toreo debería prohibirse y que los organismos internacionales como la ONU (Organización de las Naciones Unidas) y la UE (Unión Europea) deberían aplicar sanciones a los países que permiten el toreo. Otras personas opinan que el toreo es un arte, es la lucha entre la fuerza (el toro) y la inteligencia (el ser humano) y que no debería prohibirse, porque es parte de la cultura española. ¿Qué opinas tú al respecto? Para prepararte para el debate, primero haz una pequeña lluvia de ideas. En la tabla de abajo, anota razones diferentes para estar a favor o en contra, y finalmente decide cuál es tu postura (Toros sí / Toros no).

Toros sí	Toros no
_____	_____
_____	_____
_____	_____
_____	_____

Ahora reúnete con tres o cuatro compañeros que compartan tu opinión sobre los toros (sí / no) y discutan los motivos que justifican su posición. Después, busquen otros grupos que piensen igual que Uds. y formen un grupo de debate. Antes del debate, tómense unos minutos para intercambiar todas las razones que identificaron previamente y buscar aquellos argumentos más fuertes y convincentes. Cuando estén preparados,... ¡adelante!

III. Leamos

Para el tema de *Los Toros*, te sugerimos la lectura «Mi primera corrida». Antes de leer, trabaja con el vocabulario que aparece a continuación y que viene de la lectura.

7.1-7 Descubre el significado: Identifica y empareja

Lee las siguientes oraciones. Sin usar el diccionario, intenta encontrar el significado de las palabras *en cursiva* según el contexto en el que aparecen. Verás las palabras presentadas en dos bloques con cinco pares de oraciones. Detrás de cada bloque, empareja el vocabulario presentado en la columna izquierda con sus definiciones o sinónimos que aparecen a la derecha.

1. Eres demasiado caótica. Tienes que *acostumbrarte* a vivir de manera ordenada.

   Cuando vives una vida muy cómoda y sin problemas, es difícil *acostumbrarse* a no tener nada.

2. Sonó el *clarín* y todos supimos que iba a salir el toro.

   Mi hijo toca el *clarín* en la banda del colegio. Eligió este instrumento musical porque le gusta.

3. Para cortar la carne, primero tienes que *clavar* el tenedor, es decir, introducirlo en la carne y después usar el cuchillo.

   Para matar a un vampiro es necesario *clavarle* una estaca en el corazón.

4. El enfermo *sangró* mucho en la operación y necesitó una transfusión para recuperar la sangre perdida.

   Dicen que si tienes una herida que *sangra,* no debes meterte en el océano porque la sangre atrae a los tiburones.

5. Como fue un niño malo y no hizo lo que debía, lo *castigaron* a estar dos semanas sin jugar, ver la tele ni comer postres.

   Cuando los jugadores de jockey cometen una falta, se les *castiga,* mandándolos fuera de la pista.

Ahora, empareja la palabra con su definición o sinónimo.

Palabras
_____ 1. acostumbrar(se)
_____ 2. clarín
_____ 3. clavar
_____ 4. sangrar
_____ 5. castigar

Definición o sinónimo
a. emitir o perder sangre
b. en la corrida, herir para hacer más débil; en otros casos, lo opuesto de premiar
c. adquirir un hábito, habituarse
d. insertar un objeto con punta en algo
e. instrumento musical de viento y metal de la familia de la trompeta

Y ahora sigue con estas oraciones...

6. Después de la operación, *se había debilitado* mucho y necesitó mucho tiempo para recuperar la energía y vitalidad que tenía antes.

Como no comía, *se debilitó*. El médico le dio una dieta a base de carbohidratos, proteínas y muchas vitaminas para que recuperase el tono vital.

7. En el Carnaval de Nueva Orleáns la gente *arroja* collares de plástico desde los balcones. Es divertidísimo intentar agarrarlos entre la multitud.

Lola cantó tan mal durante el concurso que el público le *arrojó* tomates.

8. Si las personas *se compenetran*, es decir, si se entienden bien, es más fácil resolver los problemas.

Enrique y Pablo se fueron de vacaciones a las montañas para *compenetrarse* con la naturaleza.

9. Su actitud cambió mucho; le *premiaron* por su buena conducta, llevándolo a su parque de atracciones favorito.

Finalmente *premiaron* los esfuerzos humanitarios del Presidente Carter al darle el Premio Nóbel de la Paz.

10. Según algunos expertos, los asesinos en serie *enloquecen* antes de cometer sus crímenes. Sólo pensando que se vuelven locos, se entiende que maten a otros.

Julia pierde el control cuando escucha a Enrique Iglesias; ese cantante la *enloquece*.

Ahora, empareja la palabra con su definición o sinónimo.

Palabras

_____ 6. debilitar(se)

_____ 7. arrojar

_____ 8. compenetrar(se)

_____ 9. premiar

_____ 10. enloquecer

Definición o sinónimo

f. volverse loco/a; estar loco/a

g. dar un premio o trofeo para (re)compensar por algo bien hecho

h. lanzar algo (por ejemplo, un proyectil, misil...); proyectar

i. hacer menos fuerte; disminuir la fuerza

j. identificarse; comprenderse, entenderse con otros seres

7.1-8 Antes de leer

Vas a leer «Mi primera corrida», donde conocerás a Christina, una joven estadounidense que está de visita en España y que nos cuenta su primera visita a una plaza de toros para ver una corrida.

Antes de empezar a leer, reflexiona un poco.

1. ¿Has visto alguna vez una corrida de toros en directo o en televisión?

2. ¿En qué consiste? Si no has visto nunca una corrida, ¿qué sabes de ellas?

Una vez que hayas leído la lectura, verás tres bloques de preguntas relacionadas con su contenido. Ahora ponte a leer y... ¡que te diviertas!

MI PRIMERA CORRIDA

Son las cinco de la tarde. Hace una tarde preciosa y estoy ansiosa por ver mi primera corrida. ¡Ah, me llamo Christina! He leído bastante sobre los toros y la verdad es que me apasiona la Fiesta Nacional. Como todas las tardes durante la Feria de Abril, hay corrida de toros en la Maestranza de Sevilla. A la Maestranza, que es una de las plazas con mayor tradición en España, se la conoce como la Catedral del toreo. Los toreros de la tarde son El Juli, Jesulín de Ubrique y Francisco Rivera Ordóñez, mi torero favorito. Mientras estoy en la plaza, te voy a contar lo que ocurre. Esto de los toros es un mundo aparte; casi todo tiene una palabra específica que se usa sólo entre los «entendidos» y aficionados a los toros. Me ha costado *acostumbrarme* a todo ese vocabulario nuevo, porque en la universidad nadie me lo enseñó.

En una corrida típica, hay tres toreros (también llamados maestros, diestros o matadores; a veces, se les llama también «espadas» o «estoques», lo cual hace referencia al instrumento usado para matar al toro). Cada torero sale a la plaza acompañado por su cuadrilla, que es el grupo de ayudantes del torero. Reciben el nombre de subalternos. A veces los subalternos sustituyen al torero por unos momentos y también hacen las funciones de banderilleros, que veremos luego. Los toreros se visten con el traje de luces, que es una ropa muy colorida y brillante, hecha de seda y adornada con oro o plata. El calificativo «de luces» lo recibe porque está decorado con lentejuelas (unas cositas redondas y pequeñas) que reflejan la luz del sol y producen efectos luminosos. Por ese motivo, da la impresión de que el traje tiene «luces».

Además del torero y su cuadrilla, también son importantes: 1) el Presidente de la plaza que, sentado en un palco o balcón lejos de la arena, supervisa que la corrida funcione según las normas; 2) los alguacilillos, dos hombres vestidos de negro y montados a caballo, que salen al principio de la corrida y abren una puerta para que salga el toro a la plaza; y 3) los picadores, también a caballo, que actúan en la segunda parte de la lidia de un toro.

Cada torero lidia, torea o combate contra dos toros, con lo cual en una corrida suele haber un total de seis toros. La lidia de un toro, también llamada «faena», es el proceso que va desde que el toro sale a la plaza hasta que muere y se lo llevan y dura aproximadamente quince minutos. Una señora gordita que está a mi derecha me cuenta que el orden en que torean los toreros se decide por su antigüedad, es decir, el tiempo que cada torero lleva toreando y depende de la fecha en que el torero tomó la «alternativa». La «toma de la alternativa» es como una ceremonia de «graduación» de la universidad: ese día, otro torero con mucha más experiencia le «da permiso» para que toree en público por primera vez.

El ambiente es buenísimo. La gente ya está sentada y todos estamos deseando que empiece la corrida. Como faltan unos minutos para que empiecen a torear, déjame que te hable un poco sobre esta tradición española. La fiesta de los toros es tan antigua como los primeros pobladores de la Península Ibérica. El toro bravo español es una variedad bovina derivada de razas de toros egipcios y europeos que se asentó en Europa. Con el tiempo, se extinguió en todo el continente, excepto en la Península Ibérica y el sur de Francia. El origen de la plaza o redondel se remonta a los templos celtibéricos (donde se hacían sacrificios religiosos de reses bravas) y también al circo romano. ¡Uy! Perdón. Un momento... Ya se oye la música de la banda por toda la plaza. ¡Va a empezar la corrida!

Empiezan con el paseíllo, que es un desfile de todas las personas que intervienen directamente en la corrida. Primero, salen los dos alguacilillos y detrás los tres toreros seguidos por sus cuadrillas. Ahí viene mi torero, Francisco Rivera, más conocido como Fran Rivera. ¡Qué emoción! ¡Qué guapo! Una chica que hay a mi lado dice «Míralo. Ahí está. Está buenísimo.» «Sí, ¡está como un tren!» indica otra chica. «Y... ¡qué ojos tiene!» Creo que «está como un tren» significa que «es muy *sexy*», pero no estoy segura si las he entendido bien. Bueno, no importa, detrás de los toreros y sus cuadrillas vienen los picadores y, al final, aparecen los mozos y las mulas de arrastre (encargados de llevarse al toro cuando ya está muerto).

Se retiran todas las personas que salieron a la arena durante el paseíllo. Ahora ya no hay nadie en la arena, excepto los alguacilillos y mi torero, Fran Rivera. Fran está justo en el centro de la plaza esperando al toro. Está muy guapo. En este momento, Fran lleva el capote, que es una capa bastante pesada de color rosa y amarillo que se usa durante la mayor parte de la corrida. Al final, cuando vaya a matar al toro, cambiará el capote por otra capa de color rojo, llamada «muleta». Los alguacilillos van justo enfrente del palco del Presidente y éste les da permiso para abrir los toriles (donde están los toros). Van a la puerta de toriles, la abren y sale el toro. ¡Empieza la lidia!

El maestro tiene su primer encuentro con el toro. El toro sale con mucha fuerza y corre por toda la plaza. Los aficionados a la Fiesta dicen que es porque el toro, por su bravura, está buscando la lucha con el torero. Los detractores opinan que en realidad el toro corre porque tiene miedo y está buscando la salida que le lleve a la tranquilidad del toril. Yo, si quieres saber la verdad, no sé qué pensar. Desde luego, si yo fuera toro, tendría miedo y querría salir corriendo. Pero claro, como yo no soy toro bravo...

Una vez que el toro está en la plaza, el resto de la faena o lidia del toro se divide en tres partes llamadas «tercios» o «suertes»: tercio de varas, tercio de banderillas y suerte suprema. El comienzo de cada tercio se indica haciendo sonar el *clarín*. Después de haber hecho los primeros pases, suena el clarín que marca el inicio del tercio de varas. Esta parte de la corrida se hace a caballo. Entonces, los dos picadores salen al ruedo. Cada uno se sitúa en un extremo de la plaza. Pero solamente el picador a quien se le acerque primero el toro es el que pica al toro. El picador lleva en la mano la pica, que es como una lanza. Picar al toro consiste en *clavar*le en la espalda el extremo de esa lanza para hacerle *sangrar*. Dicen los «entendidos» que esto es para «*castigar*» al toro (con la intención de evaluar su bravura o coraje, debilitarlo y reducir su fuerza).

continúa

Cuando terminan los picadores, se retiran de la plaza y nuevamente se quedan el toro y mi hombre inmersos en este duelo del que solamente uno de ellos saldrá con vida. La mayoría de las veces el que muere es el toro, pero hay muchos casos en la historia del toreo, algunos muy famosos, en los que el torero es la víctima. Por ejemplo, Paquirri (el padre de Fran Rivera), que también era torero, murió toreando en la plaza. En algunas ocasiones, cuando el toro ha sido muy bravo y valiente, se le perdona la vida y se le deja vivir para que dé vida a otros toros. Como ves, la suerte de unos y otros no siempre está tan clara cuando empieza la corrida.

Rivera está haciendo una faena increíble. Claro, por eso es mi torero favorito. Después de hacerle más pases al toro, vuelve a sonar el clarín que anuncia el comienzo de la segunda parte, el tercio o suerte de banderillas, que es espectacular. Tiende a reanimar o estimular al toro. Ahora es el turno de los subalternos o banderilleros, que tienen que banderillear al toro, lo cual consiste en ponerle o clavarle al toro tres pares de banderillas. Las banderillas son unos palos decorados que tienen un arpón en el extremo inferior. Normalmente un toro recibe tres pares de banderillas. El primer banderillero toma un par. Empieza a correr y... ¡Ay! El toro le embiste, esto es, le ataca, pero no le pasa nada. Le clava una banderilla y la otra se le cae al suelo. Sigue el segundo banderillero... Rivera agarra el último par (como ahora, a veces, el propio matador pone un par). Tengo miedo. No quiero que le pase nada al torero. Sale corriendo y... No puedo mirar. ¡Olé! La gente se levanta, aplaude, grita... Están como locos con él y yo, por supuesto, encantada. ¡Ojalá pudiera casarme con él!

Otra vez suena el clarín. Empieza la Suerte suprema. Es el momento de preparar al toro para la muerte y también cuando el maestro puede exhibir su habilidad como torero. Rivera pide los trastos de matar, es decir la muleta y el estoque (o espada). Antes de matar al toro, es frecuente que el torero le «brinde» (o dedique) su muerte a alguien. Coge la muleta y el estoque con la mano izquierda, lleva la montera en la derecha, y va hacia la persona a la que quiere dedicarle el toro. Rivera se dirige hacia donde estoy yo. ¿Me va a ofrecer la muerte del toro a mí? Parece que sí. Está a menos de veinte metros de mí, mira hacia mí como si estuviera buscándome. Pero... ¡Ay! ¡No! Está mirando a la chica que hay a mi lado. ¡Qué rabia! ¿Será su novia? Con el brazo derecho extendido, formula la dedicatoria, y después *arroja* la montera al ruedo por encima del hombro. Dice la tradición que es señal de buena suerte si la montera queda boca abajo, por lo que el diestro muchas veces la vuelve si queda boca arriba. Esta vez ha caído boca abajo.

Es la parte mejor de toda la lidia. Y también la más emocionante. El toro y el torero están muy *compenetrados*. La actuación del diestro es cada vez mejor y por fin llega el momento que todos estábamos esperando. El matador prepara el estoque y... Ha sido una faena espectacular. Como es costumbre, el público quiere *premiar* al torero.

Los trofeos que puede recibir el torero son una o dos orejas del toro que acaba de matar y, en casos excepcionales (cuando la lidia es muy buena), también el rabo. El público le pide los trofeos al presidente moviendo sus pañuelos blancos. El Presidente de la plaza también parece estar muy satisfecho y decide darle las dos orejas y el rabo. La gente está *enloquecida* con el maestro. Aplauden y aplauden. Gritan. Todos están tan contentos que deciden darle el mayor honor que puede tener un torero después de una faena de estas características: salir del ruedo a hombros de la multitud entre gritos y aplausos. ¡Ay, mi hombre! Sale el segundo toro y...

7.1-9 A vista de pájaro: ¿Cierto o Falso?

¿Qué te han parecido las aventuras de Christina? ¿Has entendido lo que contaba? Veámoslo. Para ello, indica si las siguientes oraciones son ciertas (C) o falsas (F) y modifica aquellas que sean falsas para que reflejen el contenido la lectura.

_____ **1.** El orden en que torean los toreros está predeterminado.

_____ **2.** «Tomar la alternativa» es cuando un torero viejo se retira.

_____ **3.** Los celtíberos tenían espectáculos comparables a las corridas.

_____ **4.** El toro bravo es una especie única en España.

_____ **5.** El paseíllo es el momento de mayor peligro para el torero.

_____ **6.** En una hora sólo hay tiempo para lidiar dos toros.

_____ **7.** La lidia se estructura en tres partes o tercios.

_____ **8.** El objetivo del tercio de varas es que el toro pierda fuerza.

_____ **9.** En el segundo tercio, los banderilleros van a caballo.

_____ **10.** El toro muere durante la suerte de banderillas.

7.1-10 Vayamos por partes

Contesta las siguientes preguntas según lo que has leído.

Los orígenes de la corrida

1. ¿Cuáles son algunos de los antecedentes históricos de la corrida que se mencionan?

_____

_____

_____

2. ¿Qué palabra se usa para referirse a una plaza de toros?

_____

Los participantes

3. Aparte del torero y el toro, ¿quiénes participan directa o indirectamente en una corrida? Menciona dos. ¿Cuál es la función de cada uno?

_____

_____

_____

_____

4. ¿Cuántos toros y toreros hay habitualmente en una corrida?

_____

5. ¿Qué palabras se usan para designar al torero? ¿Cuál te gusta más?

_____

Estructura de la corrida

6. ¿Qué ocurre justo al principio de la corrida y antes de empezar a torear?

_____

_____

7. ¿Qué dos palabras se puede usar como sinónimos de «partes de la lidia (o faena) de un toro» según el texto? ¿Cuáles son estas partes?

_____

_____

8. ¿Qué hace el torero con la montera casi al final de la lidia? ¿Por qué?

_____

_____

9. ¿Cómo premia el público a un torero por su valor? ¿Quién toma la decisión final sobre el trofeo? ¿Cuál es el mayor honor que puede recibir un torero? ¿Y el toro?

_____

_____

_____

7.1-11 Adivina... ¿Quién lo diría?

¿Quién diría lo siguiente: torero (T), picador (P), banderillero (B), Christina (C) o el Presidente (PR)?

_____ **1.** Me alegra hacerlo a caballo; si no, yo no lo haría.

_____ **2.** ¿Quién será esa chica que me mira tanto?

_____ **3.** Lo hizo muy bien, pero no le voy a dar el rabo.

_____ **4.** El picador tiene más suerte; yo debo clavarlas a pie.

_____ **5.** Si no deja de moverse, no podré clavarle el estoque.

_____ **6.** ¡Ojalá me hubiera ofrecido el toro a mí!

_____ **7.** ¡Qué aburrido es verlo desde aquí arriba!

_____ **8.** Quiero volver a casa para contárselo a mi amiga Carla.

_____ **9.** Voy a sacarla; ya no necesita más castigo.

7.1-12 Y, ¿qué piensas tú?

Ya has leído la lectura. Ahora, contesta según tu opinión.

1. ¿Qué te ha parecido la actitud de Christina respecto a la Fiesta Nacional?

_____

_____

2. De las acciones típicas de una corrida, ¿cuál te parece la más curiosa o extraña? ¿Y la más o menos cruel? ¿Y la más divertida? ¿Y la más tonta? No olvides dar una justificación a tus respuestas.

_____

_____

_____

_____

_____

_____

3. La fascinación por los toreros, de la cual Christina es un ejemplo magnífico, es un fenómeno que se repite en otros espectáculos de masas. ¿Cuáles se te ocurren? ¿Crees que realmente hay un paralelismo entre unos y otros? ¿Por qué?

_____

_____

_____

_____

4. ¿Te gustaría haber estado en la corrida en su lugar? ¿Qué habrías hecho tú si hubieras estado allí? ¿Por qué?

_____

_____

_____

5. Compara una corrida de toros con una pelea/riña de gallos[1] o de perros. ¿En qué aspectos se parecen? ¿En cuáles difieren? ¿Qué opinas de estos eventos? ¿Crees que son muestras de crueldad humana hacia los animales? Después de todo lo que has leído y oído, ¿sigues teniendo la opinión que tenías al principio sobre las corridas de toros? ¿Por qué?

_____

_____

_____

_____

IV. Escribamos

Escribe sobre uno de estos temas, según las indicaciones que te dé tu profesor.

7.1-13 Diario

Has escuchado a los hablantes, has leído una lectura y has discutido en clase sobre el tema de _Los Toros_. Ahora sabes mucho más sobre este evento. Por eso vuelve a tu diario y escribe tu posición (a favor o en contra) de los toros. No olvides indicar las razones que te llevan a adoptar esta posición. Puedes usar, si así lo deseas, algunos de los argumentos que has visto, leído y oído. Para hacer tu propia lluvia de ideas, podrías empezar preparando una lista en dos columnas. En la columna de la izquierda, anota los aspectos positivos y en la columna de la derecha los que consideres negativos. Cuando tengas esa información, ponte a escribir.

7.1-14 Composición

A. Sefor en la Tierra

Eres Sefor, un extraterrestre del planeta Yrgon, que casualmente aterriza en medio de una plaza de toros mientras tiene lugar una corrida. Lógicamente, no puedes resistir la tentación de mandarles un «yr-meil» (correo galáctico) a tus amigos de Yrgon, contándoles lo que estás viendo. Recuerda que las corridas de toros son tan nuevas para ellos como para ti y debes ser lo más claro que puedas en la explicación. Aquí tienes unos ejemplos (pero añade todo lo que parezca relevante y necesario para que entiendan bien el contexto de una corrida de toros).

- Descripción del lugar, los participantes, la música...
- ¿Qué cosas pasan? ¿Qué hacen el toro, el torero y el público?
- ¿Qué le pasa a unos y a otros durante la lidia y / o la corrida en general?

---

[1] Cock fight

Aquí te sugerimos algunos aspectos lingüísticos que puedes tener en cuenta al escribir:

- *presente simple*
- *presente progresivo* o continuo
- «se» recíproco: se miran, se acercan...
- marcadores discursivos: primero, luego, después, antes...

Y, como siempre, recuerda el vocabulario aprendido en «Para hablar de...».

B. Role-play

Después de leer tu yr-meil, Antur, que es el superintendente de la flota estelar, te acaba de dar órdenes de que les mandes más información. Están intrigadísimos y, al mismo tiempo, hay muchos detalles que se le escapan. Al otro lado de la pantalla del transmisor se encuentra Antur con Epis y Frutis (dos comandantes de la estación espacial T-759). Usando tus habilidades para leer el pensamiento (tan comunes en Yrgon), explícales:

1. ¿Qué piensan y sienten el toro y el torero durante la lidia?
2. ¿Qué emociones te produce lo que ocurre a tu alrededor? ¿Qué te parece lo que ves y lo que percibes del toro y el torero?
3. Otras cosas que no entiendas o te parezcan interesantes.

Recuerda que las baterías del transmisor son de poca duración, así que... ¡date prisa!

7.2 Eutanasia

I. Escuchemos

7.2-1 Piensa...

En este tema, tres personas expresan su opinión sobre un tema muy controversial, la eutanasia. Ellos nos hablan de la dificultad de tomar una decisión tan importante y sus implicaciones legales y morales. ¿Sabes lo que es la eutanasia?

7.2-2 Para hablar de...

A continuación verás cuatro categorías de vocabulario relacionado con el tema. Trabajando con toda la clase y con la ayuda de tu profesor, piensa en palabras asociadas a cada bloque que puedan ser útiles para hablar sobre el tema. ¿Qué palabras crees que es necesario incorporar?

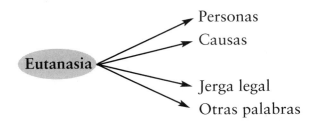

Personas	Causas	Jerga legal	Otras palabras
enfermero	accidente	coartar	ambulancia

7.2-3 ¿Qué nos cuentan estas personas?

En esta sección, Vicente, Andrea y Óscar opinan sobre la eutanasia y exponen sus razones. Escúchalos y apunta en el cuadro las ideas y conceptos que hayas entendido (ver Apéndice D).

7.2-4 Adivina... ¿Quién diría esto?

Después de escuchar a los hablantes y teniendo en cuenta lo que han contado, adivina quién diría esto. Identifica cada enunciado con un hablante. Recuerda que un enunciado debe quedar en blanco.

H____: Acabaría permitiéndolo, pero me costaría muchísimo tomar una decisión así.

H____: Si ellos no pueden decidir, debemos hacerlo por consenso (la familia, los médicos y un abogado).

H____: No tengo nada claro este asunto de la eutanasia.

H____: Cuando el enfermo no tiene espíritu, no tiene vida. Es hora de dejarle marchar.

II. Conversemos

7.2-5 Y ahora tú...

Ahora es tu turno de expresar tus opiniones. Habla con tus compañeros sobre la eutanasia y sus implicaciones éticas. Trabaja según las indicaciones que encuentres en la actividad y las instrucciones del profesor.

A. Los hablantes, sus opiniones y las tuyas

1. Vicente dice que la eutanasia es un derecho indiscutible del ser humano. ¿Crees que es mejor morir que depender de una máquina? ¿Estás de acuerdo? ¿Qué es más cruel, prolongar una vida de sufrimiento y dolor de forma artificial o interrumpirla sin saber

realmente si la persona es (o no es) consciente de lo que pasa a su alrededor? ¿Cuáles
son los pros y los contras de ambas situaciones?

_____

_____

_____

_____

2. Andrea y Óscar discuten la cuestión de «quién» debe decidir si se le debe practicar la [3]
eutanasia a alguien o no. Andrea dijo que la decisión le corresponde a los familiares si
el / la enfermo/a está en coma. Óscar considera que la eutanasia es producto de la compasión y no cree que tengamos derecho a tomar decisiones parecidas. ¿Qué te parecen
dichas opiniones? ¿Con cuál estás más de acuerdo? ¿Por qué?

_____

_____

_____

_____

_____

B. Moral, ciencia y derecho frente a frente

1. Para Vicente, penalizar la eutanasia es eliminar una parte importante de nuestra [3]
humanidad. ¿Por qué crees que opina así? ¿A qué parte de nuestra humanidad se
refiere? ¿Te parece que es posible legislar la eutanasia de manera que no haya abusos?
¿Qué se podría hacer para evitarlos?

_____

_____

_____

2. ¿Sabes cuál es la diferencia entre la eutanasia activa y la eutanasia pasiva? Cuando de- [T]
cimos que la legislación actual prohibe la eutanasia, ¿a qué tipo de eutanasia nos estamos refiriendo realmente? Desde el punto de vista ético / moral, ¿en qué se diferencian?

_____

_____

_____

3. Óscar compara la eutanasia con el aborto. ¿En qué aspectos se parecen? ¿En qué se [3]
diferencian?

_____

_____

_____

Fíjate en la información siguiente y después responde a las preguntas que están a continuación. No olvides justificar tus argumentos. Ahora... ¡Lee!

• El único país de la Unión Europea donde la eutanasia está legalizada es Holanda. En
  muchos países el aborto se permite sobre todo en casos de incesto o violación. Todos

los países de la Unión Europea han prohibido la pena de muerte, pero todavía está vigente en Egipto, Japón y EE.UU., entre otros. Eutanasia, aborto, suicidio y pena de muerte representan cuatro maneras de interrumpir la vida humana.

• Recientemente en Chile, se creó una gran polémica cuando el Cardenal Jorge Medina llamó a los católicos a no votar, en las elecciones parlamentarias, a aquellos candidatos que apoyaran el divorcio, el aborto, la eutanasia y la «píldora del día después». El que se haya usado el púlpito para hacer declaraciones políticas es un hecho sin precedentes, ya que la opinión de la iglesia católica en Chile sigue siendo de gran importancia para la población.

Anota tus impresiones en la tabla siguiente.

	eutanasia	aborto	pena de muerte	suicidio
semejanzas				
diferencias				

Después haber completado la tabla, ¿crees que se pueden comparar estos temas? ¿Y se puede estar a favor de unos y en contra de otros? ¿Por qué? ¿A qué conclusiones han llegado? ¿Han podido establecer diferencias morales o éticas respecto a cada uno de los casos? ¿Es posible justificar el apoyo a algunas de estas situaciones pero no a las otras? ¿cuáles ? ¿por qué?

_____

_____

_____

_____

_____

_____

4. Todos hemos oído hablar de casos en los que el veterinario aconseja terminar el sufrimiento de un animalito de compañía, interrumpiendo su vida. Aunque nos pone tristes, muchas veces aceptamos. Después de todo, es un acto de compasión aceptable. ¿O no? ¿No es esto eutanasia también? Si consideramos que la eutanasia es un asesinato cuando se le aplica a las personas, ¿por qué suele parecernos menos grave cuando la «víctima» es un animal? ¿Qué diferencia hay entre la eutanasia aplicada a los humanos y a los animales?

_____

_____

_____

C. Debate: ¿A favor o en contra de la eutanasia?

Reúnete con compañeros que compartan tu opinión sobre la eutanasia. Discutan las razones por las que están a favor o en contra de cada uno de ellos. Trabajen primero en grupos de tres o cuatro. Antes del debate, tendrán oportunidad de intercambiar sus razones con los otros grupos que piensan igual.

III. Leamos

Para el tema de la eutanasia, te sugerimos la lectura de un artículo que trata de dos casos notables en Francia. Antes de leer, trabaja con el vocabulario que aparece a continuación y que viene del artículo.

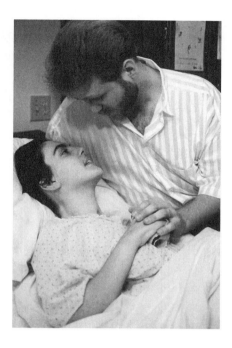

7.2-6 Descubre el significado: Identifica y empareja

Lee las siguientes oraciones y descubre el significado de las diez palabras *en cursiva*, ayudándote del contexto en que aparecen. Luego, empareja las palabras con su definición. Te presentamos las palabras en dos bloques de cinco.

1. Después de su accidente Juan Carlos quedó *tetrapléjico*, y ahora no puede mover ni los brazos ni las piernas.

   Las enfermeras cambian de posición a los *tetrapléjicos* para que no se les hagan heridas en la espalda por estar tanto tiempo en la cama.

2. Enrique se quedó *mudo* de sorpresa cuando vio su coche nuevo; no pudo decir ni una palabra.

   Te digo que Yolanda no es *muda;* puede hablar muy bien, pero como no puede oír, prefiere usar señas para comunicarse.

3. La evidencia demostrará que Jorge no es culpable y le devolverán lo que le pertenece. Para él lo más importante es ser *reivindicado*.

   Después de tantos años, algunos emigrantes cubanos quieren reclamar sus propiedades en Cuba, quieren justicia y *reivindicación* de lo que es suyo por derecho.

4. Dicen que Álvaro *se quitó la vida*, pero yo creo que ha sido un asesinato.

   Laura Elena decidió *quitarse la vida* cuando le dieron el diagnóstico; tenía el cáncer muy avanzado.

5. Supe que la cantante Celia Cruz había muerto cuando leí la *esquela* en el periódico.

   La *esquela* del señor Tamayo dice que lo sobreviven su mujer y dos hijos.

Ahora, empareja la palabra (o expresión) con su definición o sinónimo.

Palabras

_____ 1. tetrapléjico

_____ 2. mudo

_____ 3. reivindicar; reivindicación

_____ 4. quitarse la vida

_____ 5. esquela

Definiciones o sinónimos

a. aviso de la muerte de una persona, por ejemplo el obituario de un periódico

b. paralizado de las cuatro extremidades

c. que no puede hablar

d. suicidarse

e. reclamar algo a lo que se tiene derecho; reclamación

6. Olivia estaba *redactando* el primer capítulo de su libro, cuando la llamaron de una casa editorial para ofrecerle un contrato de publicación.

Emilio requiere silencio y tranquilidad para *redactar*. No soporta ni la más mínima distracción.

7. Los González decidieron no comprar la casa que está en la calle Trujillo; aunque era muy barata, reparar el *deterioro* en el que se encontraba les habría costado una fortuna.

Conforme pasa el tiempo, el *deterioro* de las facultades físicas y mentales se hace evidente.

8. Tengo que visitar a mi abuela. Si sigo ignorando sus *misivas*, me voy a meter en un lío con mi madre.

Mientras estabas de viaje, recibiste una *misiva* de la oficina del director. Quiere que te pongas en contacto con él de inmediato.

9. Los médicos están descorazonados, aunque el paciente parecía recuperarse, su mejoría en los últimos días ha sido muy *leve*.

Fermín está bien. El accidente que tuvo fue muy *leve*. No hubo necesidad de llevarlo al hospital.

10. Rubén no puede escribir; se hizo daño en el dedo *pulgar* y no puede coger el bolígrafo.

Los dedos de la mano son: *pulgar*, índice, medio o corazón, anular y meñique.

Ahora, empareja la palabra con su definición o sinónimo.

Palabras

_____ 6. redactar

_____ 7. deterioro

_____ 8. misiva

_____ 9. leve

_____ 10. pulgar

Definiciones o sinónimos.

f. pérdida de la calidad, algo que se encuentra peor que antes

g. el dedo más corto y gordo de la mano

h. poner algo por escrito, escribir algo

i. papel o carta que se envía a alguien

j. ligero, que casi no se puede percibir

7.2-7 Antes de leer

Ahora vas a leer un artículo publicado por el periódico español *El Mundo* en el que se discuten dos casos, uno de eutanasia asistida y uno de suicidio.

Antes de empezar a leer, reflexiona un poco. Cada vez hay más personas que dejan un «testamento vital», que es un documento legal en el que una persona establece qué desea que se haga con ella en caso de entrar en una situación de enfermedad o degeneración física tal que no pueda tomar decisiones.

1. ¿Qué diferencia ves desde los puntos de vista legal y moral entre este «testamento vital» y las cartas que dejan algunas personas cuando se suicidan? ¿Dónde está el límite entre el derecho a una muerte digna y el derecho al suicidio?

2. ¿Creen que el testamento vital es una forma de legitimar y «embellecer» un suicidio auspiciado por la ciencia médica? Explíquense en cada caso.

Ahora es el momento de empezar a leer. Una vez que hayas leído el artículo, vamos a trabajar con el. Ya puedes empezar a leer.

SE REABRE EN FRANCIA EL DEBATE SOBRE LA EUTANASIA.

PARÍS.- El suicidio de Mireille Jospin, la madre del ex-primer ministro francés Lionel Jospin, y la petición de un joven *tetrapléjico* al presidente francés, Jacques Chirac, de que le autorice a morir, han reabierto el debate de la eutanasia en Francia.

«Señor presidente, usted es mi última oportunidad...». Así comienza la carta que mandó a Jacques Chirac por Vincent Humbert, de 21 años, tetrapléjico, *mudo* y ciego desde que hace dos años tuvo un accidente de tráfico, y que *reivindica* su derecho a morir.

Mireille Jospin-Dandieu «ha decidido, en la serenidad, *quitarse la vida* a los 92 años, el 6 de diciembre de 2002», precisaba la *esquela* aparecida en el diario «*Le Monde*» dos días más tarde.

Miembro de la Asociación por el derecho a morir dignamente (ADMD), Mireille Jospin dirigió su última carta, *redactada* antes de suicidarse, a «la ADMD. A todos y a todas: 92 años, ¡ya ha llegado el momento de irme antes de que los *deterioros* se instalen! Me voy de esta vida serena. No obstante, estoy muy triste por tener que dejar a los míos, grandes y pequeños, a los que aún están por llegar, a mis amigos, pero ¿no es lo normal?», escribió la madre de Jospin.

Dos *misivas* casi simultáneas en el tiempo y que han tocado la sensibilidad y las conciencias de los franceses frente al tema, frecuentemente tabú, de la muerte.

Vincent Humbert, el joven normando tetrapléjico, al contrario que Mireille Jospin, ha pedido permiso para irse, ya que su situación —sólo tiene una *leve* movilidad en un *pulgar*— le impide quitarse la vida sin ayuda.

7.2-8 A vista de pájaro: ¿Cierto o Falso?

Ahora que ya has leído, señala si las siguientes oraciones son ciertas o falsas. Recuerda que si las oraciones son falsas, tienes que modificarlas para que reflejen el contenido que verdaderamente aparece en la lectura.

_____ **1.** Hace 21 años Vincent Humbert tuvo un accidente que lo dejó incapacitado.

_____ **2.** Mireille Jospin-Dandieu es la madre del presidente de Francia.

_____

_____ **3.** Mireille Jospin-Dandieu expresó tristeza por la decisión que había tomado.

_____

_____ **4.** Mireille Jospin-Dandieu formaba parte de la Asociación por el derecho a morir dignamente.

_____

_____ **5.** En Francia no se discute abiertamente el tema de la muerte.

_____

7.2-9 Vayamos por partes

Contesta las siguientes preguntas con la información de los artículos.

1. ¿En qué estado físico se encuentra Vincent Humbert?

_____

_____

2. ¿Por qué decidió suicidarse Mireille Jospin-Dandieu?

_____

_____

_____

3. ¿Cuál es la diferencia entre los casos de Humbert y Jospin-Dandieu?

_____

_____

_____

7.2-10 Adivina... ¿Quién lo diría?

¿Quién diría lo siguiente, Vincent Humbert [VH], Mireille Jospin-Dandieu [MJ], Médico [M], Asociación por el derecho de morir dignamente [ADMA]?

_____ **1.** Cada quien tiene libertad de escoger lo que hace con su vida, ni el gobierno ni los médicos tienen derecho a imponer sus creencias. Por eso, apoyamos las decisiones de Vincent y Mireille.

_____ **2.** El estado físico en el que me encuentro me impide moverme como una persona normal.

_____ **3.** Es importante vivir y morir con dignidad, he tomado una decisión muy difícil.

_____ **4.** A causa del accidente, el paciente no puede ni ver, ni hablar, ni moverse; es una pena siendo tan joven...

_____ **5.** No quiero seguir viviendo así, por eso le escribí una carta al presidente.

_____ **6.** Me da tristeza dejar a mi familia, pero creo que he tomado la mejor decisión.

7.2-11 Y, ¿qué piensas tú?

Ahora, contesta las siguientes preguntas según tu opinión.

1. ¿Crees que la eutanasia debe ser legalizada en tu país? ¿De qué depende la legalización de la eutanasia según tú: de cada caso individual o se puede generalizar? ¿Por qué opinas eso?

_____

_____

_____

2. ¿Qué piensas de la situación de Vincent Humbert? Si tú fueras el presidente de Francia, ¿cómo responderías a su petición?

_____

_____

_____

3. La señora Jospin-Dandieu tomó una decisión que afectará a sus seres queridos. ¿Crees que es egoísta lo que hizo? ¿Por qué?

_____

_____

_____

IV. Escribamos

Escribe sobre uno de estos temas según las indicaciones que te dé tu profesor/a.

7.2-12 Diario

Los hablantes mencionaron los aspectos morales y de dignidad de la eutanasia. ¿Estás de acuerdo con ellos? Elige a un hablante y expresa tu opinión con respecto a lo que dice. Puedes ayudarte con el vocabulario de «Para hablar de...».

7.2-13 Composición

¿Tiene derecho a morir Vincent Humbert? Escoge una postura y escribe una composición de 200 palabras siguiendo las instrucciones.

A. A favor

- Menciona por qué crees que Vincent Humbert tiene derecho a morir.
- Escribe dos razones por las que el presidente debe concederle su petición.
- Habla de las consecuencias —económicas, psicológicas, morales— de mantenerlo con vida.

B. En contra

- Menciona por qué Vincent Humbert no tiene derecho a morir.
- Escribe dos razones por las que el presidente debe negarle la petición.
- Habla de las consecuencias —económicas, psicológicas, morales —de terminar su vida.

Aquí tienes ejemplos de estructuras que puedes utilizar:

- En mi opinión...
- Creo que + *indicativo*
- No creo que + *subjuntivo*
- Es importante que + *subjuntivo*
- Espero que + *subjuntivo*
- Es evidente que + *indicativo*
- Por eso...
- A consecuencia de...
- Si (*presente*)....+ (*presente / futuro*): Si permite... debe / deberá...

Temas informativos

UNIDAD 8

Nuestros valores

8.1 Valores de la familia

I. Escuchemos

8.1-1 Piensa...

En este tema escucharemos a Irma, Cristina y Andrea, que nos van a hablar sobre la familia y los valores familiares en sus países de origen.

1. ¿En qué aspectos crees que se van a centrar al tratar los valores de la familia?
2. Según tu experiencia, ¿dónde se le da más importancia a la familia: en tu cultura o entre los hispanos?
3. En cuanto a los valores familiares que más se enfatizan en ambas culturas, ¿qué diferencias anticipas entre la cultura hispana y la tuya?

8.1-2 Para hablar de...

A continuación discutirás cinco categorías de vocabulario relacionado con los «Valores de la familia». Trabajando en grupo con toda la clase y con la ayuda de tu profesor/a, piensa en palabras que puedan ser útiles para hablar y escribir sobre este tema. Te damos unos ejemplos de cada categoría.

Etapas en la vida	Personas y parientes	Acciones	Valores y relaciones
el nacimiento	el recién nacido	hacerse cargo de	respeto

8.1-3 ¿Qué nos cuentan estas personas?

Cristina, Irma y Andrea nos explican cómo son las relaciones familiares a nivel general y lo que sucede entre ellas y sus parientes. Además, hablan sobre qué representa el concepto de familia en su vida y sobre los valores que han heredado de su familia. Escúchalas y apunta en el cuadro lo que entiendas (ver Apéndice D).

8.1-4 Adivina... ¿Quién diría esto?

Después de escuchar a Cristina, Andrea e Irma y considerando lo que dicen, intenta identificar cada uno de estos enunciados con una de ellas y escribe el número de la hablante (1, 2 o 3) en el espacio correspondiente. Recuerda que un enunciado se quedará en blanco porque no corresponde a ninguna de las tres.

H_____: Los abuelos ayudan mucho en las familias de mi país.

H_____: Que la familia esté unida en todos los aspectos es muy importante para mí la relación entre padres, hijos y hermanos es muy estrecha e importante.

H_____: Las relaciones familiares en mi país son muy distantes y frías.

H_____: Yo no podría llevar a mis padres a un asilo.

8.1-5 Información cultural: ¿Lo sabías?

Lee esta información que trata de algunos aspectos sobre los valores familiares que fueron mencionados por Andrea, Cristina e Irma.

- **El concepto de familia:** En Latinoamérica y España, la familia incluye la idea de «familia extendida».
- **La unión familiar:** Esta unión actúa como elemento de cohesión social, económica y moral.
- **La familia:** Es un punto de referencia muy importante en la vida de muchos hispanos. Sus valores se heredan y se transmiten de generación en generación.
- **El contacto con toda la familia:** Este contacto es frecuente. Muchas veces, los miembros de una familia viven en el mismo pueblo o ciudad, lo que facilita estar en contacto frecuente con otros parientes. Sin embargo, la movilidad geográfica es cada vez mayor a causa de las necesidades laborales, con lo que el contacto directo y constante con los parientes se está viendo afectado. Cuando hay un evento familiar, casi siempre van todos.
- **El cuidado y la protección de los otros:** El más fuerte cuida al más débil (padres a hijos cuando son pequeños e hijos a padres cuando son ancianos; los ancianos ayudan a la familia cuidando de los nietos). Es una relación de hoy por mí y mañana por ti.
- **El respeto a los mayores:** Es importante respetarlos y cuidarlos.
- **Los asilos de ancianos:** Cristina señala que los españoles no ven bien el llevar a sus mayores a los asilos de ancianos, porque lo consideran una forma de abandono; esto parece implicar que el mero hecho de llevarlos podría considerarse como algo poco frecuente. En realidad, su comentario es una generalización. De hecho, es cada vez mayor la oferta de asilos o residencias de ancianos (así es como se les conoce en España) así como el número de ancianos que acuden voluntariamente a ellos aunque es verdad que todavía hay cierto estigma asociado al vivir en un asilo.

¿Ya has terminado de leer? Veamos si has comprendido bien o no. Indica si estas oraciones son ciertas o falsas, corrigiendo después las que sean falsas.

_____ **1.** El contacto entre familiares está disminuyendo porque solamente se ven para comer.

_____

_____ **2.** Las relaciones familiares se caracterizan por la ayuda y el respeto mutuo.

_____

_____ **3.** Los españoles no tienen ningún problema a la hora de llevar a sus mayores a una residencia.

_____

Y antes de terminar, ¿qué te ha llamado más la atención de todo lo que has leído? Anota tres aspectos que quieras recordar.

1. _____

2. _____

3. _____

II. Conversemos

8.1-6 Y ahora tú...

Ahora es tu turno de hablar. Vas a contrastar los comentarios de Andrea, Cristina e Irma con tus opiniones personales sobre los valores de la familia. Después, hablarás sobre qué representan para ti los valores y las repercusiones que pueden haber tenido en ti los valores que has adquirido en tu familia. Discute las siguientes preguntas según las instrucciones y siguiendo las indicaciones de tu profesor.

A. Los valores de la familia: las hablantes y tú

1 3 **1.** En la sección «Piensa...», reflexionaste sobre cuáles creías que iban a ser los valores familiares que tratarían las hablantes. Después de escuchar a Cristina, Andrea e Irma, ¿en qué se parecen y en qué difieren las ideas que tú tenías al principio y lo que ellas comentaron? Toma nota de esta información en la tabla de abajo.

Lo que ellas dijeron	Lo que yo pensaba

Ahora, reúnete con otros/as compañeros/as y comenten lo que cada uno de Uds. anotó. ¿Qué diferencias hubo entre Uds.?

2 T **2.** ¿Sigues teniendo la misma imagen de la familia latinoamericana y de sus valores? ¿En qué ha cambiado tu visión? ¿Lo ha hecho para bien o para mal? ¿Por qué opinas así?

_____

_____

_____

_____

1 T **3.** Teniendo en cuenta la información recogida en la sección «Lo que ellas dijeron» de la actividad 1, piensa en cuáles son las diferencias y semejanzas más importantes entre las familias que describen las hablantes y las familias de tu país o comunidad. Primero, trabaja solo y anota tus ideas en la tabla.

Familias hispanas y familias de mi comunidad	
semejanzas	**diferencias**

Conversa ahora con otros/as compañeros/as para comparar tus notas con sus opiniones. ¿Están Uds. de acuerdo en todo? ¿En qué puntos hay discrepancias entre Uds.?

B. «La familia», los valores y tú

1. Piensa en el concepto de «familia»... ¿Qué palabra(s) capta(n) mejor la idea de «familia» que tú tienes? Si tuvieras que dar un sinónimo de «familia» o palabras que asocies al concepto de «familia», ¿qué palabra(s) usarías? ¿Por qué?   `1` `3` `T`

_____

_____

Después de pensar en esto tú mismo, trabaja en grupo y explícales qué palabras te vinieron a la mente y por qué elegiste estas palabras. Después, todo el grupo expondrá su punto de vista ante el resto de la clase.

2. ¿Qué significa «la familia» en tu vida? Y... ¿qué representan para ti los valores familiares?   `1` `2` `T`

_____

_____

3. ¿Crees que el ambiente donde te has criado determina tu concepto de familia y los valores que ésta representa para ti? ¿De qué manera? Si no crees que es así, ¿por qué no?   `1` `3` `T`

_____

_____

4. ¡Conócete mejor! Lee los siguientes bloques de frases y en cada uno marca con una X las dos frases que representen lo que para ti son las dos cosas más importantes de cada bloque.   `1`

Bloque 1

_____ a) amar y sentirme amado/a

_____ b) ayudar a mi familia y a otras personas

_____ c) conseguir todos mis objetivos personales o profesionales a toda costa sin importarme cómo pueda afectar a otra gente

_____ d) decir siempre lo que pienso

_____ e) estar abierto/a a que los demás me pidan ayuda si la necesitan

_____ f) hacer cosas nuevas y diferentes con frecuencia

Bloque 2

_____ g) tener amigos

_____ h) hacer lo posible para que la atmósfera familiar contribuya a tener una vida familiar satisfactoria

_____ i) hacer lo que es correcto según mis creencias

_____ j) hacer todo aquello que me produzca satisfacción física o emocional

_____ k) respetar y ser respetado/a

_____ l) estar bien considerado por los demás

continúa

Bloque 3

_____ **m)** ser capaz de influir en la gente

_____ **n)** ser el/la mejor en mi trabajo

_____ **ñ)** tener claro mi futuro y el de mi familia

_____ **o)** tener el mayor número de posesiones que pueda

_____ **p)** tener mis cosas limpias, en orden, y organizadas

_____ **q)** tener toda la libertad que pueda para hacer lo que quiero hacer

Ahora vuelve a las seis frases que has elegido y ponlas en orden de importancia empezando con la que consideras más importante (1), y terminando con la que te parece menos importante (6). Ve a la tabla de abajo y escribe debajo de la columna «Opción escogida» las letras (a, b, c...) que representan cada opción, asegurándote de que cada letra aparece al lado del número correspondiente según su importancia para ti. Por el momento no completes la columna «Significado de mi respuesta».

Opción escogida	Significado de mi respuesta
1. _____	_____
2. _____	_____
3. _____	_____
4. _____	_____
5. _____	_____
6. _____	_____

¿Ya has puesto las frases en orden? Bueno, pues ahora ve a la «Clave de respuestas». Busca en la clave las letras que corresponden a tus elecciones. Verás que cada frase tiene asociada una palabra que representa un «valor» diferente. Vuelve a la tabla de arriba y escribe en «Significado de mi respuesta» el significado que da la clave para cada una de ellas. Cuando hayas terminado, te será muy fácil distinguir cuáles son los valores que son más importantes para ti.

CLAVE DE RESPUESTAS

a) amor	g) amistad	m) influencia
b) utilidad	h) vida familiar	n) éxito profesional
c) ambición	i) religión	ñ) seguridad
d) franqueza	j) placer	o) riqueza
e) confiabilidad	k) respeto	p) orden
f) experiencias nuevas	l) reconocimiento	q) libertad

Antes de terminar, reflexiona un poco. ¿Se corresponden tus resultados con la imagen que tenías de ti mismo? ¿Qué te sorprendió más?

5. Usando los resultados que obtuviste al hacer la actividad 4, conversa con tres com- `3` `T`
pañeros para aprender un poco sobre ellos. Pero antes de empezar a hablar, piensa en
lo siguiente y recoge tus respuestas en la tabla que sigue a estas preguntas.

  a) De todos los valores mencionados en la actividad 4, ¿cuáles te gustaría transmitir a
  tus hijos y cuáles crees que se debería erradicar?

  b) ¿Qué otros valores te gustaría que hereden tus hijos?

Me gustan; los transmitiría	No me gustan; los erradicaría

Ahora charla con tus compañeros sobre lo siguiente.

  a) De los valores que escogieron cada uno/a de Uds. en la actividad anterior, ¿cuáles
  han heredado de sus familias y cuáles no?

  b) De los valores que no escogieron, ¿cuáles les han intentado inculcar sus padres?

  c) ¿Cuáles son los valores que preservarían o erradicarían?

No olviden que tienen que explicar sus razones.

C. La vida familiar

1. Andrea comenta que en Colombia, que es su país de origen, los hijos viven con los `1` `3` `T`
padres hasta que se casan. ¿Qué te parece eso? ¿Qué ocurre en tu país, estado o región?
¿Qué opción te parece mejor: marcharse pronto de casa o vivir con los padres hasta que
uno se casa? ¿En qué basas tu opinión?

2. Andrea, Cristina e Irma mencionan las residencias de ancianos o asilos. ¿Cuál es tu `2` `3` `T`
opinión sobre esos lugares? ¿Ha vivido algún miembro de tu familia en un asilo? ¿Qué
dice o decía de vivir allí? Si nadie que conozcas ha estado en un asilo, ¿llevarías a un
pariente? ¿Cuándo y por qué lo harías? Y a ti, ¿te importaría ir cuando seas mayor?
¿En qué circunstancias?

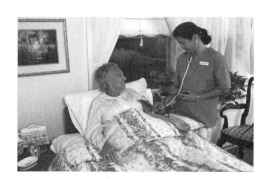

D. Familias de película

Hay muchas películas, programas y series de televisión que se han centrado en recrear la vida familiar.

3 T **1.** Piensa en ejemplos de este tipo de programas o películas, y escríbelos abajo. Te damos tres ejemplos y varias fotos que te ayudarán a recordar.

Título del programa, serie o película
La Familia Brady
La Familia Munster
El Show de Bill Cosby

2. Piensa en los programas y películas de la actividad anterior y comenta en grupo.   `3` `T`

   a) ¿Qué tienen en común en cuanto a los valores familiares que transmiten?

   b) ¿Qué imagen dan de la familia como institución? (Una ayuda: ¿Es una imagen positiva, negativa, realista, idealista...?) ¿Por qué lo dices?

   c) ¿Cuál de todas crees que representa el prototipo de la «familia ideal»? ¿Por qué?

E. Role-play

Con otros estudiantes, escoge una serie y durante unos minutos prepara una escena que represente un valor familiar en el contexto de esta familia. Después, tu grupo actuará para el resto de la clase y los demás tendrán que adivinar qué familia es y qué valor familiar estaban representando.

F. Debate

¿Estás de acuerdo con la siguiente afirmación?

   Si no fuera por las mujeres, la vida familiar sería un completo desastre.

Van a formar dos grupos: uno con los que piensan que esta afirmación es cierta; otro con los que estén en contra y piensen que las mujeres no son tan importantes en el éxito de la familia. Para prepararse para el debate y una vez que estén en su grupo, hagan una lista de las razones que van a apoyar la postura del grupo en el debate. ¡Adelante! Saquen los guantes de boxeo y... ¡A pelear! Bueno, no, ¡A debatir!

III. Leamos

Para el tema «Valores de la familia», te sugerimos una lectura que discute el matrimonio entre parejas del mismo sexo. Antes de leer, trabaja con el vocabulario siguiente que viene del texto que vas a leer.

8.1-7 Descubre el significado: Identifica y empareja

Lee las siguientes oraciones. Sin usar el diccionario, intenta encontrar el significado de las palabras *en cursiva* según el contexto en el que aparecen. Después empareja cada palabra con la definición o el sinónimo más apropiado. Te presentamos el vocabulario en tres bloques.

   1. El gobierno *ha aprobado* una ley que regula los casos en que se puede practicar la eutanasia.

   La *aprobación* de esta ley, según algunos, podría llevar a violaciones del derecho a la privacidad.

   2. Gracias a esta ley, todas las parejas tendrán el mismo estatus *jurídico*.

   La aprobación de los matrimonios civiles en Massachusetts sienta un precedente *jurídico* importantísimo para la causa homosexual.

   3. El *fallo* del Tribunal Supremo estadounidense permitió la eliminación de las leyes de sodomía en trece estados.

   Para sorpresa de todos, la Corte Suprema *falló* en contra del famoso actor.

   4. Después de múltiples peticiones al Vaticano, Marta y Manolo consiguieron que se *anulara* su matrimonio. Desde ahora, son libres para casarse de nuevo.

   Tras el fallo del Tribunal Supremo, se *anuló* la ley de sodomía en Texas y otros estados.

Ahora, empareja la palabra con su definicíon o sinónimo.

Palabras

_____ 1. aprobar; aprobación

_____ 2. jurídico

_____ 3. fallo; fallar

_____ 4. anular

Definiciones o sinónimos

a. judicial, relacionado con la ley o jurisprudencia

b. decisión de un tribunal o un juez al finalizar un juicio; decidir un juicio

c. invalidar; hacer nulo o inválido, por ejemplo, un matrimonio o una ley

d. aceptar una ley nueva; aceptación institucional de la validez de una ley nueva, que desde ese momento se puede aplicar

Ahora sigue con estas...

5. Los obreros pasaron dos días instalando el *andamiaje* en el exterior de la casa antes de empezar con la remodelación del edificio.

Antonio J. P., obrero de la construcción de 36 años, murió en un accidente fatal que podría haberse evitado si se hubieran seguido las normas de seguridad más elementales al construir el *andamiaje*.

6. Después de tres años de *convivencia*, Elena y Antonio decidieron vivir por separado a causa de diferencias irreconciliables.

Cuando empezaron a vivir juntos, Marcos y Cristóbal se dieron cuenta de que la *convivencia* no era tan fácil como suponían antes de mudarse a la misma casa.

7. Según el *parte médico*, la muerte de Cristina fue causada por inhalación de monóxido de carbono.

Tras leer el *parte médico*, el comité de expertos decidió que debían concederle la pensión por larga enfermedad.

8. Cuando leyeron el testamento del multimillonario Millonetti, descubrieron que había dejado toda su *herencia* a la Cruz Roja. ¡No se lo podían creer!

Al morir su padre, Margarita recibió en *herencia* una mansión en Malibú, tres millones de euros y una colección de cuadros.

Ahora, empareja la palabra o expresión con su definición o sinónimo.

Palabras

_____ 5. andamiaje

_____ 6. convivencia, convivir

_____ 7. parte médico

_____ 8. herencia

Definiciones o sinónimos

e. dossier que contiene la historia clínica de un enfermo

f. plataforma que permite trabajar en la construcción o remodelación de algo, por ejemplo, casas o edificios; (*fig.*) en este contexto, estructura legal

g. dinero o propiedades recibidos después de la muerte de otra persona

h. situación de vivir con alguien

Y, aquí tienes el último bloque...

9. Decidieron disolver el grupo musical cuando se hicieron públicos los escándalos sexuales de uno de los *integrantes* del grupo.

Los dos *integrantes* de una pareja, independientemente de su orientación, tendrán derecho a ser tratados con justicia.

10. La perseverancia de los médicos no evitó el *fallecimiento* de la joven actriz. Con su muerte, decidieron suspender el rodaje indefinidamente.

Al *fallecer* su madre, Felipe entró en una depresión profunda.

11. Todos los políticos de la región *se sumaron a* la manifestación por la paz.

Los integrantes de la Alianza Pro Vida *se sumarán a* la huelga de hambre indefinida hasta que se derogue la ley del aborto aprobada por el Congreso.

12. El *marco* de la puerta estaba muy viejo y decidieron cambiarlo.

De acuerdo con el *marco* legal presente en la mayoría de países occidentales, no es posible el matrimonio homosexual.

Ahora, empareja la palabra con su definición o sinónimo.

Palabras

_____ 9. integrante

_____ 10. fallecimiento; fallecer

_____ 11. sumarse a

_____ 12. marco

Definiciones o sinónimos

i. estructura (física o jurídica) que marca los límites de algo, por ejemplo, el de una puerta o un cuadro

j. miembro de una pareja o grupo

k. muerte; morir

l. unirse, tomar parte en, participar

8.1-8 Antes de leer

Vas a leer un texto en el que se describe cuál es la situación de las parejas homosexuales que desean contraer matrimonio.

Antes de empezar a leer, reflexiona un poco.

1. Algunas personas que están en contra del matrimonio entre parejas del mismo sexo usan el argumento de que el matrimonio es una situación que solamente se aplica a un hombre y una mujer y se basan en la religión para justificar sus argumentos. ¿No es posible separar la religión y el estado? ¿Qué les dirían Uds. a estas personas?

2. En abril de 2001, cuatro parejas holandesas de lesbianas y homosexuales pudieron casarse por medio de una ceremonia civil con idénticas características y derechos que las celebradas entre heterosexuales. Desde entonces, se han casado más de 1900 parejas en Holanda. ¿Recuerdas los casos de matrimonios celebrados en San Francisco? ¿Crees que algún día esta situación llegará a generalizarse en todos los países occidentales? ¿Por qué?

Ahora es el momento de leer. Cuando termines, vas a trabajar con preguntas sobre la lectura. Ya puedes empezar.

UNA DECISIÓN QUE PUEDE SENTAR UN PRECEDENTE PARA EL RESTO DE EE.UU.

La *aprobación* por parte de la Corte Suprema de Massachusetts de los matrimonios civiles para parejas del mismo sexo ha sentado un precedente *jurídico* que eventualmente podría conducir a su legalización en el resto de Estados Unidos. La decisión de Massachusetts sigue a un *fallo* sin precedentes del máximo tribunal de Estados Unidos que en agosto de 2003 *anuló* las leyes de sodomía.

En opinión de algunos analistas, ambas decisiones constituyen una victoria para los grupos de defensa de derechos de los homosexuales, al haber desmantelado el *andamiaje* constitucional que permitía hacer una distinción entre las uniones heterosexuales y las homosexuales. El alto tribunal de Massachusetts «no pudo identificar ninguna razón constitucional adecuada para negar las uniones civiles a las parejas del mismo sexo», dijo el tribunal en su decisión de cuatro votos contra tres, y ordenó a la legislatura del estado proponer cambios en las leyes de matrimonio que contemplen este nuevo derecho dentro de 180 días.

«El matrimonio es una institución vital. El compromiso exclusivo de dos personas que nutre el amor y el apoyo mutuo ofrece estabilidad a nuestra sociedad», dijo la presidenta de la Corte Suprema de Massachusetts, Margaret Marshall.

Panorama legislativo

En Estados Unidos, el matrimonio entre homosexuales no está contemplado por la ley aunque otro estado, Vermont, ya permitía las uniones civiles de personas del mismo sexo. En el caso de Vermont, aunque la nueva figura no lleva el nombre de matrimonio, ofrece el mismo nivel de protecciones, beneficios y responsabilidades que los matrimonios civiles heterosexuales dentro del estado. En California y en Hawai, existen leyes que contemplan algunos derechos y beneficios para las parejas del mismo sexo que demuestren su *convivencia*.

En América Latina, la primera capital en aprobar una ley que reconoce derechos civiles a las parejas homosexuales ha sido la ciudad de Buenos Aires, cuya legislatura estableció en diciembre de 2002 una ley que permite la unión de personas del mismo sexo. «Se trata de otra figura jurídica pero no de otros derechos. Nos parece mucho mejor usar una nueva figura como es la unión civil, pero que esta unión civil tenga exactamente los mismos derechos que el matrimonio», dijo a CNNenEspañol.com

César Cigliutti, quien formalizó una relación de cinco años con su pareja Marcelo Suntheim e inauguró así el denominado registro de unión civil. La ley aprobada en Buenos Aires permite compartir el seguro de salud, ingresar a la sala de terapia intensiva si la pareja se enferma o conocer el *parte médico*, y solicitar un crédito en conjunto o planes de vivienda, aunque excluye otros derechos de legislación familiar, por ejemplo, el de la *herencia*. «Los grandes derechos que se están discutiendo a nivel mundial son el tema de la herencia y el tema de la adopción. Y también el tema de la seguridad social, si uno de los *integrantes* de la pareja se muere, que el otro pueda cobrar la pensión por *fallecimiento*. Y esto va a ser lo próximo que vamos a presentar en la Cámara de Diputados de la Nación», añadió Cigliutti, quien como titular de la Comunidad Homosexual Argentina (CHA), una asociación civil, dijo que seguirán esforzándose para que estas leyes abarquen el ámbito nacional.

En Canadá, cientos de parejas del mismo sexo han celebrado uniones civiles en Ontario y la Columbia Británica desde que a comienzos de 2003 en ambas provincias se declarara como discriminatoria la definición de matrimonio como únicamente la unión entre un hombre y una mujer. En Europa, Holanda cuenta con un registro de parejas homosexuales desde 1998 y Bélgica *se sumó a* esta medida en enero de 2003. Noruega, Suecia, Islandia y Francia también cuentan con esta legislación desde el año 2001, mientras que Italia y España consideran la aprobación de un *marco* legal que regule las uniones civiles de homosexuales. Además, Holanda aprobó en diciembre de 2000 leyes que permiten a parejas del mismo sexo casarse y adoptar a niños. A su vez, Dinamarca concede a las uniones homosexuales prácticamente los mismos derechos que a los matrimonios civiles heterosexuales desde 1989.

8.1-9 A vista de pájaro: ¿Cierto o Falso?

Indica si las siguientes oraciones son ciertas o falsas. Si son falsas, corrígelas.

_____ **1.** La sentencia del Tribunal Supremo de Massachusetts podría llevar a la legalización de la homosexualidad en todo Estados Unidos.

_____

_____ **2.** Las leyes de sodomía fueron abolidas por un juzgado en Massachusetts.

_____

_____ **3.** Según el tribunal de Massachusetts, no hay nada en la Constitución que impida las uniones homosexuales.

_____

_____ **4.** Vermont fue el primer estado de EE.UU. que permitió las uniones civiles con idénticos derechos y obligaciones independientemente del sexo de la pareja.

_____

_____ **5.** Argentina es el primer país del mundo que autorizó la existencia de un registro de uniones civiles que incluye las de homosexuales.

_____

_____ **6.** El derecho a la adopción y la herencia son dos beneficios civiles que los homosexuales están pidiendo en todo el mundo.

_____

_____ **7.** Es imposible celebrar una unión civil homosexual en Canadá.

_____

_____ **8.** Según la lectura, varios países europeos tienen registros de parejas homosexuales.

_____

_____ **9.** Cualquier pareja holandesa tiene derecho al matrimonio convencional y la
adopción.

_____

8.1-10 Vayamos por partes

Contesta las siguientes preguntas, basándote en lo que aprendiste mientras leías.

1. ¿Cuál es el «fallo sin precedentes» al que alude la lectura? ¿Qué repercusiones podría
tener este fallo?

_____

_____

2. ¿Qué opinan los activistas homosexuales de los dos fallos judiciales?

_____

_____

_____

3. ¿Crees que Margaret Marshall está a favor de las uniones homosexuales? ¿Por qué
opinas así? Explícalo con tus palabras.

_____

_____

4. Aparte de lo mencionado sobre Massachusetts, ¿cuál es la situación en el resto de
Norteamérica (Canadá y EE.UU.) en cuanto a las uniones de lesbianas y gays?

_____

_____

_____

_____

5. Según la legislación aprobada en Buenos Aires, ¿qué derechos conceden las uniones
civiles a las parejas homosexuales? ¿Cuáles están vetados todavía? ¿Qué es la CHA y
qué proyectos tiene?

_____

_____

_____

_____

_____

6. ¿Qué decisión hizo que empezaran a celebrarse uniones civiles entre homosexuales en Canadá?

_____

_____

_____

_____

7. Según la lectura, hay dos países europeos donde todavía no hay reglamentación para las parejas del mismo sexo; ¿cuáles son esos países? ¿Qué tienen en común geográfica y culturalmente? En tu opinión, ¿se puede relacionar la situación en estos dos países con lo que ocurre en buena parte de Latinoamérica? ¿Cómo y por qué?

_____

_____

_____

_____

8. ¿Observas algún paralelismo geográfico (Norte-Sur) entre Norteamérica (Estados Unidos y Canadá) y Europa respecto a su «apertura» hacia las uniones entre personas del mismo sexo? ¿Qué tienen en común el norte y el sur de Norteamérica con el norte y el sur de Europa? ¿Dónde están más abiertos a este tipo de uniones y dónde lo están menos?

_____

_____

_____

_____

8.1-11 Adivina... ¿Quién lo diría?

Después de leer, ¿quién crees que haría cada una de estas afirmaciones? Éstas son tus opciones: Margaret Marshall (M), César Cigliutti (C), gobernador de Vermont (V), alcalde de Amsterdam (A), pareja lesbiana de Holanda (PL).

_____ **1.** Todas las parejas de nuestro estado pueden casarse sin problemas.

_____ **2.** La votación fue dura pero valió la pena.

_____ **3.** En la capital de mi país, y sólo allí, dejaron que nos «casáramos».

_____ **4.** Gracias al fallo del Tribunal Supremo, nos ha sido más fácil decidirnos.

_____ **5.** Si nadie se opone, dentro de poco seremos el segundo estado que tenga uniones legales.

_____ **6.** Aunque estamos registrados, si él se muere, yo no tengo derecho a recibir ni su dinero ni sus propiedades.

_____ **7.** Me siento orgulloso de haber casado a esas dos mujeres.

_____ **8.** Mi país es de los más abiertos en Europa en cuanto a las uniones legales entre parejas del mismo sexo.

_____ **9.** Ese día mi novia y yo fuimos las más felices del mundo.

_____ **10.** Lucharemos hasta tener derecho a una pensión.

8.1-12 Y, ¿qué piensas tú?

Debate: La familia y los valores

Elijan uno de estos temas para debatir toda la clase.

- Los valores familiares en familias homoparentales. ¿Deberían adoptar y / o criar hijos las parejas homosexuales? Aquí tienes unas ideas a considerar. ¿Qué valores les van a transmitir? ¿Cómo podría afectar a un niño o una niña la orientación sexual de sus padres?

- Hijos de familias monoparentales. ¿Es bueno que un hijo se críe sólo con uno de los dos padres? Éstos son algunos puntos que puedes tener en cuenta para desarrollar tus argumentos. ¿Cómo puede afectar a su maduración como persona la falta de una de las dos figuras (paterna o materna)? ¿Y a su forma de entender el mundo o a los valores que hereda?

- Los derechos de las parejas homosexuales. En algunos sectores de la comunidad hispana se sigue teniendo prejuicios contra la homosexualidad y no se ve bien que los homosexuales tengan ciertos derechos comúnmente aceptados entre los heterosexuales como el derecho al matrimonio. Sin embargo, iniciativas como la de Argentina demuestran que las cosas están cambiando también entre los hispanos. ¿Debería existir igualdad absoluta de derechos legales para las parejas del mismo sexo en todo el mundo? Una idea para reflexionar mientras buscar argumentos: ¿qué derechos legales tienen las lesbianas y los homosexuales en tu región, estado o país?

IV. Escribamos

Has oído, leído y discutido muchas cosas sobre la familia y sus valores. Ahora te toca escribir. Escribe sobre uno de estos temas según las indicaciones que te dé tu profesor/a.

8.1-13 Diario

Escribe en tu diario sobre tu familia:

- cómo es
- quiénes son los miembros que la integran
- a qué se dedica cada uno
- cómo comparten los buenos momentos
- qué hacen en los malos momentos
- de qué manera los valores que has aprendido en tu casa han afectado tu personalidad y tu forma de ver el mundo
- cómo condicionan esos valores y experiencias familiares tus relaciones con el mundo exterior
- otros detalles que consideres interesantes o importantes

Recuerda que cuando escribas, te será útil el vocabulario de «Para hablar de...».

8.1-14 Composición

Llevas un rato mirando tu bola de cristal. Lo estás viendo muy claramente. ¡Dios mío! ¡Qué futuro le espera a la familia! ¿Qué futuro le espera? ¿Cuál crees que será el futuro de la familia? ¡Cuéntanos!

Éstas son sólo algunas ideas a considerar... Por supuesto, puedes centrarte en otros aspectos que se te ocurran.

- ¿Cuál sería su estructura?
- ¿Quiénes serían los responsables de la familia?
- ¿Habría un padre y una madre? ¿Dos padres? ¿Dos madres? ¿Sería una familia monoparental?
- ¿Qué valores debería incluir o transmitir? ¿Cuáles no deberían estar presentes?
- ¿Cómo se distribuirían las responsabilidades? Por ejemplo,
  a) persona(s) encargada(s) de las tareas domésticas
  b) quién(es) trabajaría(n) fuera del hogar
  c) cuidado y educación de los hijos, por ejemplo, atención a las necesidades físicas: salud, alimentación, higiene, educación; atención a las necesidades emocionales; disciplina de los hijos, por ejemplo, sus responsabilidades, libertad de movimientos de los hijos, horarios ...

No te olvides de dar argumentos que justifiquen tus decisiones, y recuerda que el vocabulario de «Para hablar de...» te podría ser útil en este momento. Aquí tienes unos ejemplos de estructuras que podrías usar al escribir la redacción:

- expresión de obligaciones (en *condicional*): tener que + *infinitivo*, haber (habría) que + *infinitivo*
- estructuras condicionales («si» + *imperfecto de subjuntivo, condicional simple*)
- *condicional simple* (trabajaríamos, viviríamos...)
- *futuro simple* (trabajarán, viviremos...)
- conectores para expresar propuestas con condiciones: siempre que, siempre y cuando, con tal de que, a menos que, a no ser que (todas estas expresiones van seguidas de subjuntivo)
- marcadores de discurso: primero, luego, después, por último

8.2 Valores de la juventud

I. Escuchemos

8.2-1 Piensa...

El tema que vas a escuchar trata de los valores de la juventud.

1. ¿Qué piensas que oirás en la actividad?

2. ¿Tienes idea de los valores de la juventud hispana? ¿Sabes lo que piensan los jóvenes hispanos respecto a la vida moderna?

8.2-2 Para hablar de...

A continuación verás categorías de vocabulario relacionadas con el tema. Trabajando con toda la clase y con la ayuda de tu profesor/a, piensa en palabras asociadas a cada bloque que puedan ser útiles para hablar sobre los valores de la juventud. ¿Qué palabras incluirías en cada categoría? Te damos unos ejemplos.

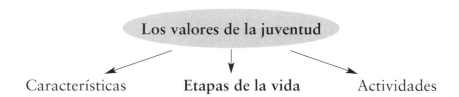

Los valores de la juventud

Características   Etapas de la vida   Actividades

Características	Etapas de la vida	Actividades	Otras palabras
aburrimiento	adolescencia	informarse	costumbres

8.2-3 ¿Qué nos cuentan estas personas?

En el tema que vas a escuchar, Laura, Victoria y Loli hablan sobre los valores de la juventud de hoy y los de su generación: características, gustos, etc. Recoge en el cuadro la información que hayas entendido (ver Apéndice D).

8.2-4 Adivina... ¿Quién diría esto?

Después de escuchar a Laura, Victoria y Loli, y teniendo en cuenta lo que han contado, identifica cada enunciado con una hablante. Un enunciado no corresponde a nadie y debe quedar en blanco.

H_____: En el fondo somos iguales, aunque ahora los jóvenes saben más de tecnología.

H_____: La juventud de ahora está muy preocupada por la política.

H_____: Antes nos importaban más la política y las cuestiones sociales.

H_____: El ambiente familiar en el que has vivido influye en tu forma de ser.

8.2-5 Información cultural: ¿Lo sabías?

Laura es de Argentina y ella nos cuenta cómo en los años setenta los jóvenes en muchos países de Latinoamérica, y en todo el mundo, estaban envueltos activamente en la política. La situación política en Latinoamérica era difícil de ignorar debido a los golpes de estado, la dictadura militar y la violación de los derechos humanos. Por esas razones, la militancia política era casi una obligación moral para esos jóvenes.

Victoria, española, comenta que en su generación la tecnología no era parte de la vida diaria. Hoy la tecnología se ha diseminado ampliamente no solamente en España, sino también en Latinoamérica, y es parte integrante de los jóvenes de hoy en día. Los ciber-cafés permiten que los jóvenes que no tienen una computadora en casa puedan enviar correos electrónicos y navegar por el Internet.

Loli, también de España, menciona que la mayoría de los jóvenes en España muestran interés por el arte, la literatura, la música y la cultura en general. Los jóvenes españoles tienen conocimientos de temas muy variados y expresan sus opiniones abiertamente. Esto que ocurre en España se aplica a muchos países de Latinoamérica.

¿Puedes contestar las siguientes preguntas, teniendo en cuenta la información que has leído?

1. ¿Cuál es una de las características de la juventud de la década de los setenta?

_____

_____

_____

2. ¿Por qué son populares los ciber-cafés en España?

_____

_____

_____

3. ¿Cuáles son algunos intereses de los jóvenes españoles y latinoamericanos?

_____

_____

_____

II. Conversemos

8.2-6 Y ahora tú...

Ahora vas a reflexionar sobre los valores que tiene la juventud de hoy en día y el origen de esos valores. Discutan en grupos las preguntas indicadas por su profesor. Después, compartan con el resto de la clase lo que hayan comentado.

`1` `T` **1.** Primero, haz una lista con las características y valores que tienen los jóvenes de hoy. Después, compártela con toda la clase.

Ya has escuchado a Laura, Victoria y Loli en relación a los jóvenes hispanos y has pensado en cómo son los jóvenes norteamericanos. Ahora, compáralos. ¿Crees que son muy diferentes o no? ¿Puedes mencionar algunos ejemplos? Completa el siguiente cuadro con la información pertinente.

Sugerencias: interés en la política, diversiones, preparación profesional, valores morales, etc.

Jóvenes norteamericanos e hispanos	
Semejanzas	**Diferencias**
_____	_____
_____	_____
_____	_____

`3` **2.** ¿Crees que los jóvenes de tu generación son radicalmente diferentes a los jóvenes de la generación de tus padres? Si los valores son diferentes, ¿cuál ha podido ser la causa del cambio? Explica tus opiniones.

_____

_____

_____

_____

`T` **3.** ¿Cuáles son los valores más importantes para ti? ¿Por qué ésos y no otros? ¿De dónde los has adquirido? ¿Son comunes esos valores entre los jóvenes de tu generación?

_____

_____

_____

_____

`2` **4.** ¿Te molesta que alguien cuestione tus valores? ¿Puedes dar un ejemplo?

_____

_____

_____

III. Leamos

Para el tema de los valores de la juventud vamos a leer un artículo referente a las perforaciones que los jóvenes se hacen en distintas partes del cuerpo. Antes de leer, trabaja con el vocabulario sacado de la lectura que presentamos a continuación.

8.2-7 Descubre el significado: Identifica y empareja

Lee las siguientes oraciones, y con la ayuda del contexto, descubre el significado de las palabras *en cursiva*. Después, identifica y empareja la palabra con su definición o sinónimo. Recuerda que el significado que aquí encontrarás es el que tienen las palabras en la lectura.

1. Cuando Mariana hace ejercicio, se le pone la cara muy roja, especialmente las *mejillas*.

Las *mejillas* son la parte de la cara que está a los lados de la boca.

2. René ayuda a sus compañeras *por amor al arte*. Nunca espera nada a cambio.

Algunas cosas se hacen *por amor al arte*, es decir, sin recibir pago, recompensa o reconocimiento.

3. La ropa de moda esta temporada deja al descubierto la cintura y se puede ver el *ombligo*.

El *ombligo* es la señal que queda en el cuerpo después de cortar el cordón umbilical, el cual conecta a la madre con el feto durante la gestación.

4. Las palabras de Mauricio *entrañan* mucho significado. Habla poco, pero dice mucho.

La caja que recibió Federico a la muerte de su padre *entrañaba* muchos recuerdos familiares, fotos, recortes de prensa y cartas escritas por él.

5. Cuando me rompí el brazo, la *hinchazón* era tal que ¡parecía Popeye!

Yolanda tiene manos pequeñas, pero cuando hace calor se le *hinchan* y no se puede sacar los anillos que lleva en los dedos.

Ahora, empareja la palabra o expresión con su definición o sinónimo.

Palabras

_____ 1. mejillas

_____ 2. por amor al arte

_____ 3. ombligo

_____ 4. entrañar

_____ 5. hinchazón; hinchar

Definiciones o sinónimos

a. hacer algo por gusto, sin cobrar, sin beneficiarse

b. implicar, conllevar

c. aumento de volumen de algo, por ejemplo cuando te pica un mosquito

d. parte de la cara debajo de los ojos y a ambos lados de la nariz

e. marca dejada por el cordón umbilical a nivel de la cintura

6. Después de la cirugía el médico le recomendó usar un *cicatrizante* para estimular la reparación de la piel.

Se dice que algunas marcas de la piel, *cicatrices* de cortadas o quemaduras, disminuyen cuando se aplica una solución que contiene madre perla.

7. Durante los últimos dos años no ha llovido mucho, hemos instalado en el jardín un sistema de *irrigación* para que las plantas tengan suficiente agua.

El sistema de riego que usaban los egipcios era muy eficiente, ya que *irrigaba* grandes porciones de tierra en pleno desierto.

8. Algunos expertos dicen que los perros boxer tienen *mandíbulas* muy fuertes. Si muerden a una persona, es necesario intervenir para que abran la boca.

Estuve masticando chicle todo el día y ahora me duele la *mandíbula*.

9. Rita es muy *precavida*; siempre lleva el paraguas con ella por si llueve.

Claudio siempre lee todos los papeles antes de firmarlos; es muy *precavido*.

10. Martín es tan limpio y escrupuloso que no me sorprendería que *esterilizara* su cepillo de dientes.

Los botes donde se ponen las conservas deben estar *esterilizados* para que no tengan bacterias.

Ahora, empareja la palabra con su definición o sinónimo.

Palabras

_____ 6. cicatrizar; cicatrizante

_____ 7. irrigar; irrigación

_____ 8. mandíbula

_____ 9. precavido

_____ 10. esterilizar

Definiciones o sinónimos

f. regar, mojar, bañar con agua u otro líquido; riego

g. destruir los gérmenes, limpiar a fondo instrumentos para evitar infecciones

h. parte de la cara donde están los dientes inferiores

i. alguien que planea las cosas previniendo lo que va a pasar

j. curación de una herida, cuando se cierra completamente; curar

8.2-8 Antes de leer

La lectura a continuación «El peligro de los piercings en la lengua» es un artículo de la revista electrónica Saludmanía. Como el título lo indica, el artículo habla de los posibles problemas que trae el perforarse la lengua —y otras partes del cuerpo— al insertar objetos de metal. Antes de leer, considera la siguiente pregunta. ¿Qué piensas de las perforaciones en la lengua y en otras partes de la cara? ¿Tienes alguna perforación como éstas?

Ahora lee el artículo y responde a las siguientes preguntas según la información que hayas encontrado.

EL PELIGRO DE LOS PIERCINGS EN LA LENGUA

Los labios, las cejas, las *mejillas* e incluso la lengua. Todo parece material potencial para ponerse un piercing. Sin embargo, hay que saber si merece la pena cuando el *«amor al arte»* puede poner en peligro nuestra salud, por ejemplo, perforando una zona tan delicada como la lengua.

Los piercings llevan años de moda. No hay un sitio del cuerpo que se escape a la perforación: orejas, nariz, *ombligos*, pezones... Pero últimamente en Estados Unidos, y en menor medida en Europa, se ha convertido en algo habitual agujerearse también cejas, mejillas y lengua.

Cuidado. Esta práctica no sólo *entraña* los problemas habituales del piercing (rechazo, infección, picor, dolor...) sino que, dadas las insuficientes condiciones higiénicas en las que muchas veces se practican, puede entrañar otros riesgos: transmisión de hepatitis B o C por vía sanguínea y, en casos extremos, el contagio del virus del SIDA.

Hemorragias y asfixia

Además del dolor y la *hinchazón* que puede provocar este adorno cuando es mal tolerado, puede producir un desagradable aumento del flujo salival, aparte de causar hipersensibilidad o alergia al metal.

El piercing en la lengua puede incluso dificultar el habla y la masticación, favorecer la aparición de un molesto tejido *cicatrizante* o lesionar los nervios de la lengua. También pueden producirse traumatismos en los dientes por el choque con la «joya», por lo que si te pones uno, debes tener cuidado hasta que te acostumbres a llevarlo. Muchos son los dentistas que desaconsejan esta práctica por razones obvias de salud:

- puede provocar una obstrucción de las vías respiratorias debido a la hinchazón de los tejidos e inhalación del metal
- aparición de hemorragias por una sección de las arterias que *irrigan* la lengua

Riesgo de infección

La lengua, más que cualquier otra parte del cuerpo, es susceptible al riesgo de infección. En su estado natural, la boca contiene numerosas bacterias, lo que favorece la aparición de infecciones si el piercing no ha sido bien desinfectado antes de su colocación. Estas infecciones pueden afectar desde las *mandíbulas* a toda la boca.

Si además la persona padece problemas dentales o bucales, colocarse un piercing en la lengua puede ser una mala idea, no sólo por el riesgo de infección adicional sino porque deberá ser retirado cada vez que sea necesario realizar una radiografía.

continúa

Exige mucha higiene

Lo mejor es renunciar a perforarse una zona tan frágil del cuerpo. Pero si no puedes resistirte a esta moda, al menos sé extremadamente *precavida* antes de hacerlo.

Asegúrate de que la persona que va a ponerte el piercing tenga experiencia probada en esta práctica y exige que el material utilizado esté totalmente *esterilizado*.

Es mejor que te informes en varios sitios y te decidas por el que más garantías ofrezca. Piensa que, en este caso, lo barato puede salirte caro.

8.2-9 A vista de pájaro: ¿Cierto o Falso?

Señala si las siguientes oraciones son ciertas o falsas; si son falsas, corrígelas.

_____ **1.** En estos días, hacerse una perforación es algo completamente natural.

_____ **2.** Se ha puesto de moda perforarse las orejas.

_____ **3.** Perforarse la lengua nunca causa dolor ni molestias.

_____ **4.** A veces es difícil entender lo que dicen las personas que tienen una perforación en la lengua.

_____ **5.** Una «joya» en la lengua puede dañar los dientes.

_____ **6.** Es posible tener una infección, especialmente si la perforación es en la lengua.

_____ **7.** Los objetos de metal en la boca no presentan tantos problemas como en otras zonas más frágiles del cuerpo.

_____ **8.** Según el artículo, es más sano no hacerse perforaciones.

_____ **9.** Es importante que un médico te haga la perforación.

_____**10.** En lo que se refiere a las perforaciones, la limpieza es muy importante.

8.2-10 Vayamos por partes

Contesta las siguientes preguntas con la información del artículo.

1. ¿Cuáles son las partes del cuerpo más populares para hacerse una perforación?

2. ¿Cuáles son algunos problemas que trae hacerse estas perforaciones?

_____

_____

_____

3. ¿Por qué es especialmente problemático el piercing en la lengua?

_____

_____

_____

4. ¿Cómo afecta a los dientes tener un objeto de metal en la lengua?

_____

_____

_____

5. ¿Cuáles son algunas recomendaciones para las personas que quieren hacerse perforaciones en la lengua?

_____

_____

_____

_____

8.2-11 Adivina... ¿Quién lo diría?

¿Quién diría cada una de estas afirmaciones: Un joven con muchas perforaciones (J), Médico (M), La persona que hace perforaciones (P), Un joven que no ha tomado una decisión (I).

_____ **1.** Yo tuve mucha hinchazón al principio, pero tomé medicamentos y se me quitó.

_____ **2.** Yo tengo todos mis instrumentos debidamente esterilizados...

_____ **3.** Recomiendo que no te hagas una perforación en la lengua.

_____ **4.** He oído que es muy doloroso y que las infecciones son peligrosas.

_____ **5.** Hace dos años que me perforé la ceja y el labio...

8.2-12 Y, ¿qué piensas tú?

Ahora contesta las siguientes preguntas según tu punto de vista.

1. ¿Crees que esta moda de decorarse el cuerpo es buena o mala? ¿Por qué?

_____

_____

2. Hace años los tatuajes se consideraban como algo vulgar que tenía connotaciones negativas. Obviamente los gustos han cambiado. ¿A qué se debe este cambio? ¿Crees que dentro de diez años volveremos a ver estas modas como algo negativo?

_____

_____

3. Los jóvenes tienden a imitar a sus ídolos, atletas, cantantes, actores. ¿Qué piensas de la tendencia de imitar el estilo de vestir y de actuar de los famosos?

_____

_____

La clase se debe dividir en tres grupos y examinar las influencias tanto positivas como negativas de los famosos. Para reforzar los argumentos, será necesario citar ejemplos concretos.

Grupo A: Los atletas. Este grupo debe considerar factores como el salario, la educación y el futuro de los atletas —los años que dura su carrera, las consecuencias de una lesión, etc.— y argumentar a favor o en contra de su influencia en la juventud.

Grupo B: Los cantantes. Este grupo debe considerar el salario, la publicidad y la vigencia de los cantantes —si son una moda efímera o si son duraderos— y argumentar a favor o en contra de su influencia en la manera de vestir o la conducta de los jóvenes.

Grupo C: Los actores. Este grupo debe considerar el salario, la apariencia física y el talento de los actores y argumentar a favor o en contra de la difusión que reciben en los medios de comunicación y su influencia en los jóvenes.

Una vez que hayan terminado, preparen un breve resumen para presentarlo al resto de la clase. Los otros dos grupos deben hacer preguntas o expresar desacuerdo con los argumentos presentados.

IV. Escribamos

Escribe sobre uno de estos temas, según las indicaciones que te dé tu profesor.

8.2-13 Diario

Escribe en tu diario una descripción de tu generación. Usa las siguientes preguntas como guía y el vocabulario de la sección «Para hablar de...»:

- ¿Cuáles son las características de los jóvenes de esta generación?
- ¿Crees que tu generación es radicalmente diferente a la que describen los hablantes?
- ¿Es diferente a la de tus padres? ¿Cómo?

8.2-14 Composición

Tu mejor amigo/a ha decidido hacerse perforaciones en la lengua, la nariz y la ceja. Hace mucho que quiere hacerlo y ahora ha tomado la decisión. Su novio/a se opone terminantemente, sus padres están escandalizados y tú tienes que ayudar.

A. Si estás de acuerdo con su decisión...

- Explica por qué es importante escoger cuidadosamente el establecimiento donde te vas a hacer las perforaciones.
- Dale algunos consejos de qué hacer una vez que el procedimiento haya terminado.
- Dale consejos para hablar con sus seres queridos y que respeten su voluntad.

B. Si no estás de acuerdo con su decisión...

- Explica por qué es una mala idea
- Menciona las consecuencias que tendrá este acto de rebeldía en su salud y en sus relaciones personales (por ejemplo, con su familia, y juicios y prejuicios que pueden tener los demás basándose en su imagen).

Aquí tienes ejemplos de estructuras que puedes utilizar:

- Es importante que + *subjuntivo*
- Recomiendo que + *subjuntivo*
- Sugiero que + *subjuntivo*
- Creo que + *indicativo*

También te puede servir del vocabulario de la lectura.

8.3 El papel de la mujer

I. Escuchemos

8.3-1 Piensa...

El tema que vas a escuchar trata del papel de la mujer en la sociedad actual.

1. ¿Tienes idea de la situación de las mujeres en el mundo hispano?

2. ¿Sabes algo del papel que desempeñan las mujeres hispanas en la vida moderna?

3. ¿Te sorprendería saber que algunos países de Latinoamérica han tenido mujeres presidentes? ¿Crees que eso podría ocurrir en tu país?

8.3-2 Para hablar de...

A continuación verás categorías de vocabulario relacionado con el tema. Trabajando con toda la clase y con la ayuda de tu profesor, piensa en palabras asociadas a cada bloque que puedan ser útiles para hablar sobre el papel de la mujer. ¿Qué palabras incluirías en cada categoría? Te damos unos ejemplos.

El papel de la mujer → Empleo → Beneficios / Obligaciones
→ Hogar → Quehaceres
→ Otras actividades → Hijos / Tiempo libre

Empleo	Hogar	Otras actividades
seguro médico	barrer	ayudar a hacer los deberes

8.3-3 ¿Qué nos cuentan estas personas?

Sandra, Óscar y Laura discuten el papel de la mujer en diferentes países. Recoge en el cuadro siguiente la información que hayas entendido (ver Apéndice D).

8.3-4 Adivina... ¿Quién diría esto?

Después de escuchar a los hablantes, y teniendo en cuenta lo que han contado, adivina quién diría esto. Identifica cada enunciado con un hablante y escribe el número del hablante en el espacio que corresponda. Recuerda, hay sólo tres hablantes; un enunciado debe quedar en blanco.

H____: Los hombres siempre seremos superiores a las mujeres.

H____: Prácticamente, la mujer recibe el mismo trato que el hombre, aunque todavía existen algunas diferencias.

H____: La mujer se ha querido igualar al hombre y ha perdido. Ahora trabaja en casa y en la oficina.

H____: La mujer se ha ganado a pulso el lugar que tiene en la sociedad. Nos ha costado... pero lo conseguimos.

8.3-5 Información cultural: ¿Lo sabías?

En El Salvador, el Movimiento de Mujeres «Mélida Anaya Montes» (MAM) se dedica a promover los derechos humanos de las trabajadoras. Esta fundación ha contribuido al aumento de participación social y política de las mujeres.

En Chile, según el censo del año 2000, el 95% de las labores domésticas las realizaban las mujeres. En el campo laboral, las mujeres recibían un salario 36% menor que el de los hombres por el mismo trabajo. Una vez identificada esta discrepancia, el gobierno intenta buscar soluciones.

continúa

En Argentina, el Programa Federal de la Mujer está dedicado a fortalecer la situación de las mujeres a nivel nacional. Este programa promueve la participación política, la educación y la igualdad entre hombres y mujeres.

Las sufragistas fueron un grupo de mujeres en Inglaterra que a principios del siglo XX lucharon por darles a las mujeres el derecho al voto. Su ejemplo inspiró a mujeres en otras partes del mundo.

¡Veamos lo que has aprendido! Identifica cada uno de estos enunciados con el país al que se refieren: El Salvador (E), Chile (C), Argentina (A), Inglaterra (I).

_____ **1.** Este programa afirma que todos los ciudadanos tienen los mismos derechos.

_____ **2.** Este programa trata de que el sueldo que se les paga a todos los trabajadores sea equitativo.

_____ **3.** Gracias a este programa, las mujeres ahora toman parte en los asuntos del gobierno y de la sociedad.

_____ **4.** Estas mujeres sirvieron como modelo para que en otros países se iniciaran movimientos para que las mujeres obtuvieran el derecho a participar activamente en las elecciones.

II. Conversemos

8.3-6 Y ahora tú...

Discutan en grupos las preguntas indicadas por tu profesor/a. Después, compartan con el resto de la clase lo que hayan comentado.

2 **1.** Después de escuchar a Sandra, Óscar y Laura, ¿crees que el papel de la mujer en la sociedad varía según el país o la época en la que se vive? ¿Puedes mencionar algunas diferencias entre la situación de las mujeres en tu país y en Latinoamérica? Completa el siguiente cuadro con la información pertinente.

	en mi país	en Latinoamérica
ahora	_____	_____
	_____	_____
	_____	_____
hace veinticinco años	_____	_____
	_____	_____
	_____	_____

2 0 **2.** ¿Crees que existe la equiparación o igualdad laboral y académica entre hombres y mujeres? Explica.

_____

_____

3. ¿Cómo deben dividirse las responsabilidades domésticas de una pareja? ¿Qué tareas serían para el hombre y cuáles para la mujer? ¿Quién debe elegir primero, el hombre o la mujer? ¿Por qué?

Lo que hace el hombre en la casa	Lo que hace la mujer en la casa

Completen el cuadro individualmente y después compárenlo con el de sus compañeros/as. ¿Coinciden las respuestas de los hombres y de las mujeres de la clase? ¿Dónde se producen más discrepancias? ¿Qué aspectos te sorprenden en un caso y en otro?

Debate. ¿Crees que es posible llevar a cabo los dos papeles —el de profesional y el de madre— con éxito? ¿O crees que es inevitable que uno de los papeles se descuide un poco? La clase se divide en grupos a favor y en contra del doble papel de la mujer. Cada grupo debe hacer una lista de argumentos a favor de su posición y razones para apoyar los argumentos. Al terminar, los grupos deben compartir sus resultados con el resto de la clase.

Doble papel: mujer trabajadora y madre a la vez

SÍ	NO

En tu familia, ¿siguen la división tradicional respecto a los papeles femeninos y masculinos? ¿Cómo es la situación?

III. Leamos

Antes de leer, trabaja con el vocabulario sacado de la lectura que presentamos a continuación.

8.3-7 Descubre el significado: Identifica y empareja

Lee las siguientes oraciones y encuentra el significado de las diez palabras *en cursiva*, ayudándote del contexto en que aparecen. Luego empareja las palabras con su definición. Te presentamos el vocabulario (que viene de la lectura) en dos bloques de cinco.

1. El mundo *laboral* ha abierto las puertas a las mujeres en muchos ámbitos.

   Julia no quiere trabajar en esta compañía, porque el ambiente *laboral* es muy negativo: no gana lo suficiente, no se lleva bien con sus compañeros y su jefe es muy sexista.

2. Rolando siempre sale de casa muy bien vestido, lleva siempre ropa limpia y *planchada*.

   Después de lavar las camisas de algodón, es necesario *plancharlas* para quitarles las arrugas.

3. No puedo ir de compras contigo, porque tengo mucho trabajo en el jardín, pero si *me echas una mano*, termino rápidamente y vamos.

   A los estudiantes que no sabían cómo usar el ordenador, Francisco *les echó una mano* y todos aprendieron a mandar mensajes electrónicos.

4. Elsa es muy *resolutiva*: no duda nunca y siempre sabe lo que quiere.

   No me gusta trabajar con Esteban. Nunca puede decidir qué hacer. Prefiero una persona *resolutiva* que sea segura y tome decisiones pronto.

5. ¡Vaya *jornada* he tenido! Primero, el coche no funcionaba, llegué tarde al trabajo; luego me llamaron del colegio de Guille porque mordió a otro niño; para colmo se me olvidó recoger a la nena después de su clase de karate.

   Si quieres trabajar con nosotros, te advierto que las *jornadas* son largas —diez horas diarias— pero la paga es estupenda.

Ahora, identifica la palabra o expresión con su definición o sinónimo.

Palabras
_____ 1. laboral
_____ 2. planchar
_____ 3. echar una mano
_____ 4. resolutivo
_____ 5. jornada

Definiciones o sinónimos
a. ayudar
b. es la característica de tomar decisiones y resolver problemas rápidamente
c. que se relaciona con el trabajo
d. el periodo de tiempo que se trabaja
e. aplicar calor a la ropa limpia con un aparato eléctrico para que tenga una mejor apariencia

Ahora, prueba con estas oraciones.

6. Mauricio *está agotado* después de correr diez millas cuesta arriba.

   Cariñito... ¿Puedes hacer la cena? *Estoy agotada* después de mi clase de «spinning».

7. Muchas personas evitan las alturas porque al mirar hacia abajo les da *vértigo*.

   He tenido que ir a tantos sitios en el coche el día de hoy y, con el calor que hace, me ha dado un poco de *vértigo*.

8. Rosalía, ponte el vestido negro; te *sienta muy bien* y te hace más delgada.

   Antes del almuerzo fui a nadar. Me *ha sentado muy bien* el ejercicio porque tengo más energía y estoy relajada.

9. Bueno, la verdad es que estoy cansada de mis compañeros de trabajo. Si no lavan las tazas del café, siempre *asumen* que lo haré yo.

Yoli es muy madura, *asumió* sus responsabilidades académicas y domésticas muy eficazmente cuando entró a la universidad.

10. Ignacio no *es capaz de* llegar tarde a ninguna parte; es la persona más puntual que conozco.

¿*Eres capaz de* comerte un insecto? ¡Yo, no! Eso se lo dejo a los de la tele.

Ahora, empareja la palabra o expresión con su definición o sinónimo.

Palabras

_____ 6. agotar

_____ 7. vértigo

_____ 8. sentar (muy) bien

_____ 9. asumir

_____ 10. ser capaz (de + *infinitivo*)

Definiciones o sinónimos

f. favorecer, que hace verse o sentirse bien a una persona

g. tener la aptitud de hacer algo

h. sensación de malestar causada por las alturas o el movimiento

i. aceptar, presuponer

j. cansar, agobiar

8.3-8 Antes de leer

La lectura que verás a continuación, «Trabajar fuera de casa», presenta la situación que supone para muchas mujeres tener una doble jornada. Como el título lo indica, el artículo habla sobre las responsabilidades de las mujeres que trabajan fuera de casa y que, al volver a casa, tienen que encargarse de la organización y la administración del hogar. Antes de leer, considera las siguientes preguntas.

1. ¿Crees que la situación de la mujer ha mejorado en los últimos años?

2. ¿Cuáles son algunas ventajas o desventajas de la liberación de la mujer?

Ahora, lee el artículo y responde las preguntas que siguen, según la información que hayas encontrado.

«TRABAJAR FUERA DE CASA»

Trabajar fuera de casa supone una doble jornada para muchas mujeres. Pese a que la incorporación de las mujeres al mundo *laboral* es una realidad, el precio que la mayoría tiene que pagar es elevado. Además de trabajar fuera, suelen realizar la mayoría de las tareas domésticas, soportando una doble jornada que las convierte en «supermujeres». Cocinar para toda la familia, lavar, *planchar*, llevar a los niños al colegio, hacer la compra a medio día, resolver los asuntos de trabajo... la agenda de muchas mujeres es una auténtica carrera de obstáculos. Ellas suelen dedicarse íntegramente al trabajo y luego *echar «una manilla»* en casa. Estas mujeres son capaces de pensar en mil cosas al mismo tiempo y de hacer muchas cosas a la vez. En el trabajo son muy organizadas y *resolutivas*, unas empleadas muy eficaces que rara vez faltan.

Muchos han sido los estudios realizados sobre el reparto de las tareas domésticas que demuestran que el peso del hogar, aunque la mujer trabaje o estudie fuera de casa y su *jornada* sea similar a la del hombre, sigue recayendo en ésta. Aunque ellos hacen cosas, suelen elegir tareas como ir a la compra, poner la mesa, ocuparse de las plantas o pasear a los niños.

Cansancio físico y mental

Trabajar dentro y fuera de casa *agota* a cualquiera. El estrés al que puede verse sometida una mujer con esta doble jornada es muy grande: cuando salen del trabajo, continúan en casa. Según un estudio realizado entre las españolas por el Instituto de la Mujer, esta doble jornada implica un gran desgaste físico y psicológico. Más que liberadas, actualmente las mujeres parecen más esclavizadas. Según la socióloga María Ángeles Durán, que lleva más de veinte años estudiando el reparto de las tareas domésticas en España, el hombre dispone de unas dos horas y media diarias más que la mujer para hacer lo que quiera. Un problema añadido es la desigualdad respecto a los salarios, la dificultad para ascender en el trabajo y la discriminación por maternidad.

Consejos para las «supermujeres»

Si eres una de esas mujeres con una agenda diaria de *vértigo*, aquí tienes algunos consejos prácticos para «sobrevivir» al día a día:

- Come bien y de manera equilibrada. Intenta no saltarte comidas ni almorzar de pie o en el puesto de trabajo; tendrás más energías.
- Aprovecha la hora del almuerzo para desconectar, un paseo después de comer *te sentará bien*.
- Tómate unos minutos al día sólo para ti: date un baño de espuma y escucha música relajante.
- Intenta hacer algo de deporte, aunque sea los fines de semana; jugar con los niños es una buena alternativa.
- Planifica el reparto de las tareas con tu pareja y no caigas en la tentación de hacer su parte cuando «se le olvide».
- Intenta que los niños también ayuden en casa y *asuman* responsabilidades.

- Evita fumar o tomar mucho café. Ten siempre una botella de agua en tu mesa de trabajo y no estés mucho tiempo sentada.
- Piensa que no tienes que ser perfecta, pocos hombres *serían capaces de* hacer tantas cosas a lo largo del día.

8.3-9 A vista de pájaro: ¿Cierto o Falso?

Señala si las siguientes oraciones son ciertas o falsas; si son falsas, corrígelas.

_____ **1.**   El artículo dice que las amas de casa que también trabajan fuera de la casa son «supermujeres».

_____ **2.**   Para ellas es fácil combinar las obligaciones del trabajo con las de la casa.

_____ **3.**   Por lo general, los hombres trabajan fuera y ayudan un poco en casa.

_____ **4.**   Las mujeres que trabajan fuera de casa son muy competentes en su trabajo, pero un desastre en casa.

_____ **5.**   Como las mujeres hacen la mayoría de las tareas domésticas, ellas escogen qué es lo que quieren hacer.

_____ **6.**   El trabajo de una mujer no termina cuando llega a casa.

_____ **7.**   De acuerdo con un estudio, los hombres tienen más tiempo personal que las mujeres.

_____ **8.**   Para combatir el estrés de la doble jornada, se recomienda tener una dieta saludable, hacer ejercicio y compartir el trabajo de casa.

_____ **9.**   También es importante pasar la hora del almuerzo discutiendo los problemas laborales.

_____ **10.**   Uno de los consejos es aceptar que los demás no son perfectos y hacer las cosas que se les olvidan.

8.3-10 Vayamos por partes

Contesta las siguientes preguntas con la información del artículo.

1. ¿Cómo es la «supermujer»?

2. ¿Por qué crees que estas mujeres son muy organizadas?

_____

_____

3. ¿Cuáles son las causas del desgaste físico y psicológico?

_____

_____

_____

4. ¿Cuál es la función de los hombres en el hogar? ¿Tienen también una doble jornada?

_____

_____

_____

5. ¿Qué recomendación te parece la más efectiva para combatir el estrés? ¿Por qué?

_____

_____

_____

8.3-11 Adivina... ¿Quién lo diría?

¿Quién diría cada una de estas afirmaciones? Indica «Supermujer» (S), Médico (M), Esposo de la «supermujer» (E) o Ama de casa (A).

_____ **1.** No tengo tiempo para almorzar, tengo que ir al banco y a la tintorería.

_____ **2.** Tome mucha agua y haga ejercicio.

_____ **3.** Si quieres, yo pongo la mesa y saco la basura.

_____ **4.** Después de llevar a los niños al colegio, regreso a casa y hago las camas.

_____ **5.** Tenemos que dividir los quehaceres domésticos más equitativamente...

8.3-12 Y, ¿qué piensas tú?

Después de haber leído el artículo, contesta las siguientes preguntas según tu punto de vista.

1. ¿Cómo podrían mejorar su situación las mujeres que trabajan fuera de casa?

_____

_____

_____

2. La expresión «tenerlo todo» se usa en el texto para referirse a aquellas mujeres que tienen una carrera y una familia. ¿Crees que es posible «tenerlo todo» sin tener mucho estrés? ¿Por qué?

_____

_____

_____

3. ¿Es diferente la situación de los hombres y las mujeres? ¿Cómo?

_____

_____

_____

Role-play. Con un/a compañero/a, escoge una de las siguientes situaciones y crea un diálogo. Luego practícalo y preséntalo a la clase.

Situación A: Trabaja en parejas compuestas por un hombre y una mujer. Una persona va a hacer el papel de una supermujer que necesita un respiro; la otra persona va a hacer el papel del esposo que no contribuye mucho a los quehaceres domésticos. Entablen un diálogo para negociar la división equitativa de las responsabilidades domésticas.

Situación B: Trabaja en parejas, compuestas por dos mujeres. Una persona va a hacer el papel de un ama de casa que cree que las supermujeres descuidan a la familia; la otra va a hacer el papel de una supermujer que cree que puede «tenerlo todo». Entablen un diálogo para exponer sus puntos de vista sobre la situación.

Situación C: Trabaja en grupos de tres mujeres, si es posible. Uds. son unas amigas. Dos de Uds. son mujeres que se han incorporado al mercado laboral: una es ejecutiva y presidenta de una compañía importante (casada y con una hija), mientras que la otra trabaja de maestra en una escuela elemental (está divorciada y tiene tres hijos: un niño y dos niñas). La tercera es una amiga de la universidad que, a pesar de haber estudiado, prefirió casarse y adoptar el rol tradicionalmente asignado a la mujer: la atención de la casa; está casada, tiene dos hijos de seis y tres años y en casa viven los padres de su esposo. Entre las tres discuten cuáles son sus alegrías y algunas de sus frustraciones.

Situación D: Trabaja en grupos de (dos o) tres hombres. Uds. son los maridos y el ex-marido de las tres mujeres que aparecen en la situación C. Están en una cafetería discutiendo sus experiencias como esposos de estas mujeres.

IV. Escribamos

Escribe sobre uno de estos temas, según las indicaciones que te dá tu profesor.

8.3-13 Diario

Escribe en tu diario tu opinión sobre los papeles que tienen los hombres y las mujeres en cuanto a contribuir económicamente a las finanzas, educar a los hijos y hacer las tareas domésticas. ¿Son papeles diferentes o iguales? ¿Cuál sería la situación ideal? Puedes ayudarte con el vocabulario de «Para hablar de...».

8.3-14 Composición

Un día en la vida de una «supermujer»

¿Qué hace la supermujer en un día de la semana? Escribe una redacción donde describas la rutina de la supermujer. Recuerda que tiene un trabajo de tiempo completo, dos hijos, un marido, un perro y muchas obligaciones más.

Si quieres, puedes narrar la rutina en orden cronológico; lo importante es que incluyas detalles relevantes y comuniques la idea de constante actividad en la vida de esta mujer.

Aquí tienes ejemplos de estructuras que puedes utilizar:

- Verbos reflexivos
- Estar + gerundio (-ando, -iendo), por ejemplo, «siempre está haciendo algo...»

- Marcadores de discurso: primero, luego, después, por último
- Adverbios de cantidad y tiempo: siempre, constantemente, frecuentemente / con frecuencia, habitualmente, a menudo, raramente, mientras, etc.

También te puede servir del vocabulario de la lectura.

8.4. Lo diferente: choque cultural

I. Escuchemos

8.4-1 Piensa...

En este tema, Victoria, Alma y Margarita nos hablan sobre las cosas que les sorprendieron en otros países y que les causó un choque cultural. Antes de escuchar, piensa en lo siguiente.

Muchas personas experimentan un choque cultural cuando encuentran diferencias culturales. No es necesario salir de tu país, ni siquiera de tu estado para notar diferencias en la comida, la manera de hablar y las costumbres de los demás. También experimentan el choque cultural los nativos del lugar. ¿Has experimentado alguna vez el choque cultural? ¿Qué pasó?

8.4-2 Para hablar de...

A continuación verás varias categorías de vocabulario relacionado con el tema. Trabajando con toda la clase y con la ayuda de tu profesor/a, piensa en palabras asociadas a cada bloque que puedan ser útiles para hablar sobre el tema. ¿Qué palabras crees que es necesario incorporar? Te damos un ejemplo de cada una.

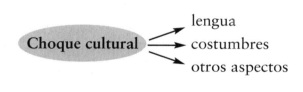

Lengua	Costumbres	Otros aspectos
dialecto	comportamiento	clima

8.4-3 ¿Qué nos cuentan estas personas?

Escucha lo que Victoria, Alma y Margarita tienen que decir sobre su choque cultural, dónde fue y qué lo causó. Apunta en el cuadro las ideas y conceptos que hayas entendido (ver Apéndice D).

8.4-4 Adivina... ¿Quién diría esto?

Después de escuchar a las hablantes y teniendo en cuenta lo que han contado, adivina quién diría esto. Identifica cada enunciado con una hablante. Recuerda que un enunciado debe quedar en blanco.

H_____: Me he adaptado bien, pero al principio todo era extraño.

H_____: Como hablaba la misma lengua, no tuve ningún problema a la hora de comunicarme con los demás.

H_____: Aunque parezca mentira, me afectaron mucho los pequeños detalles de la vida cotidiana.

H_____: Y yo que pensaba que, por hablar la misma lengua, todo sería igual.

8.4-5 Información cultural ¿Lo sabías?

Victoria, Alma y Margarita mencionan diferentes factores que les causaron choque cultural. Veamos algo más sobre estos puntos.

En España y en algunos países de América Latina se considera poco apropiado comer o beber mientras se camina por la calle. Esto está cambiando, debido a los ajustes en los horarios de trabajo que en algunos lugares se acercan cada vez más al modelo comercial donde se trabaja de 9:00 a 5:00 y se tiene menos tiempo para ir a casa a comer a mediodía.

Bolivia es uno de los países más pobres de América del Sur, pero su riqueza cultural, sus espectaculares paisajes y las ruinas de antiguas civilizaciones lo hacen un lugar sumamente atractivo para los viajeros aventureros.

Este país, que no tiene costa, se conoce como el «Tibet de las Américas» —la república más aislada y situada a mayor altitud que ninguna otra en Latinoamérica. Casi 50% de sus 8.800.000 de habitantes son indígenas y aún mantienen sus tradiciones y creencias. Además del español, se hablan quechua y aimará. (Ver el mapa en el Apéndice E para su localización geográfica.)

Uruguay es un país muy pequeño —187.000 kms^2— . Su capital, Montevideo, es una de las más interesantes de América del Sur. Tiene también hermosas ciudades coloniales, pampas y complejos turísticos de fama internacional.

Las diferencias que se encuentran entre los dialectos —o variantes— de una misma lengua pueden provocar confusiones. Estas variantes no se refieren sólo al léxico, pronunciación y entonación, también se pueden encontrar en la gramática y en algunas expresiones.

El lenguaje corporal varía según el país y a veces según la región. Algunos gestos que tienen un significado en una cultura pueden considerarse obscenos en otras.

Menciona tres factores que te hayan parecido interesantes y que te ayuden a entender mejor el concepto de choque cultural.

1. _____
2. _____
3. _____

II. Conversemos

8.4-6 Y ahora tú...

Ahora es tu turno de expresar tus opiniones. Habla con tus compañeros sobre los problemas que conlleva el adaptarse a una nueva cultura o aceptar costumbres diferentes. Trabaja según las indicaciones que encuentres en la actividad y las instrucciones del profesor.

2 T   **1.** Después de escuchar a Victoria, Alma y Margarita, ¿crees que experimentar el choque cultural depende de la personalidad? ¿Cómo definirías «estereotipo»? ¿Podrías distinguir entre los estereotipos y las características verdaderas de un grupo? Completa el siguiente cuadro con la información pertinente.

	Estereotipo del hispano	Características verdaderas
aspecto físico	_____	_____
educación	_____	_____
familia	_____	_____
lengua	_____	_____
raza	_____	_____
religión	_____	_____

2. ¿Crees que es posible asimilarse completamente a otra cultura? Explica. `2`

_____

_____

3. Si tuvieras que vivir en otro país por cuestiones de trabajo, matrimonio, etc., ¿qué `1` `2`
echarías de menos? Haz una lista de las cinco cosas que llevarías contigo para evitar la
nostalgia.

_____

_____

_____

4. ¿Puedes identificar una costumbre o dicho de tu familia que causa sorpresa a tus ami- `2`
gos o conocidos?

_____

_____

5. ¿Has experimentado alguna vez un «choque cultural»? Explica dónde, cuándo y por `3`
qué.

_____

_____

_____

_____

6. Según lo que has oído de Victoria, Alma y Margarita, ¿qué crees que causa el «choque `T`
cultural»?

_____

_____

_____

7. Discute con tu grupo el efecto que tienen los extranjeros en la población local. ¿Qué `3`
aspectos de tu vida cotidiana se ven afectados por la presencia de personas de otra cultura? Cuando terminen, presenten sus conclusiones al resto de la clase. ¿Están de
acuerdo? ¿Hay muchas diferencias entre los miembros de la clase?

III. Leamos

Para el tema de «Choque cultural», vamos a leer las opiniones de tres personas en diferentes circunstancias: Lorena es española, trabaja en Hamburgo y vive con un joven de ahí;
Mariana es argentina y estuvo como estudiante de intercambio en España; Rafael es
español, mantiene su diario personal en una página de Internet y tiene amigos de otros
países europeos. Antes de leer, trabaja con el vocabulario que aparece a continuación y que
viene de la lectura.

8.4-7 Descubre el significado: Identifica y empareja

Lee las siguientes oraciones y encuentra el significado de las diez palabras _en cursiva_,
ayudándote del contexto en que aparecen. Luego empareja las palabras con su definición.
Te presentamos el vocabulario en dos bloques de cinco palabras.

1. El esposo de Olga es un *grosero;* cuando vamos a visitarlos, no nos ofrece ni agua.

   Estoy cansada de la conducta de algunos niños que llegan a tu casa y no saludan ni dan las gracias: son unos *groseros.*

2. A Elvira no le gusta confrontar a sus compañeros de casa; con tal de evitar una *disputa*, está dispuesta a trabajar más que nadie.

   La *disputa* empezó cuando el padre de uno de los jugadores insultó al entrenador.

3. Hemos notado que desde que toma clases de yoga, Efraín está muy *sereno* y tranquilo.

   He tenido un día muy movido; lo que necesito es música suave y un ambiente *sereno* para relajarme.

4. Me *choca* ver a niñas pequeñas con maquillaje. Cuando yo era pequeña, no podía salir de casa con la boca pintada.

   A muchos europeos les *choca* la grandiosidad del paisaje americano: las calles son anchas, los rascacielos enormes y hay una amplitud espacial que no se ve en las ciudades europeas.

5. Mauricio estuvo en Galicia, en el pueblo natal de su abuelo. ¿Sabías que su abuelo era *gallego*?

   Traje muchas cosas de España, especialmente de Galicia donde pasé más tiempo. Ven a probar este vino *gallego* que es divino.

Ahora, empareja la palabra con su definición o sinónimo.

Palabras

_____ 1. grosero
_____ 2. disputa
_____ 3. sereno
_____ 4. chocar
_____ 5. gallego

Definiciones o sinónimos

a. causar extrañeza, perplejidad, confusión.

b. descortés, poco considerado o atento

c. pelea, discusión

d. nativo de Galicia

e. tranquilo, sosegado

Ahora, continúa con el resto del vocabulario.

6. Alejandro es de Mérida; allí nació y ha vivido ahí toda su vida. En la decoración de su casa predomina el elemento *autóctono*.

   Si vas a Ecuador, no dejes de probar la comida *autóctona*. Dicen que las «pupusas» son deliciosas.

7. Nadie puede hablar de Jimmy Carter sin *aludir* al Premio Nóbel de la Paz.

   El juez prohibe que los abogados *aludan* a hechos que no tienen relevancia en el caso.

8. Marta y Carolina tienen solamente veinte minutos para comer; por eso tienen que *engullir* su comida en la oficina.

   Después de estar doce horas sin comer, Manuel tenía tanta hambre que *engulló* una pizza en dos minutos.

9. Nos quedamos *estupefactos* ante la decisión del presidente; es increíble que haya optado por ignorar la resolución de las Naciones Unidas.

Malena se va a divorciar después de estar casada sólo cuatro meses. La noticia me dejó *estupefacto*.

10. Alicia es tan *despistada* que se le olvida poner las luces cuando conduce por la noche.

El profesor de biología es muy *despistado*, y a veces se equivoca de edificio cuando va a dar la clase.

Ahora, empareja la palabra con su definición o sinónimo.

Palabras	Definiciones o sinónimos
_____ 6. autóctono	f. que no se da cuenta de lo que pasa a su alrededor, distraído
_____ 7. aludir	g. asombrado, sorprendido
_____ 8. engullir	h. comer rápidamente sin masticar adecuadamente
_____ 9. estupefacto	i. hacer referencia a algo o a alguien
_____ 10. despistado	j. nativo de un lugar

8.4-8 Antes de leer

Antes de empezar a leer, reflexiona un poco.

¿Cuál sería para ti el problema más grande para adaptarte en otro país: la lengua, la comida, las costumbres sociales, la organización del tiempo?

Una vez que hayas leído, vamos a trabajar con la lectura. ¡Ya puedes empezar a leer! ¡Diviértete!

Hamburgo: Lorena, española

¿Has tenido algún choque de mentalidad?

Pues no, la verdad es que no, no he sentido un choque cultural, el idioma sí, pero cultural, no. Ya luego con el tiempo uno se va dando cuenta más de los detalles. A mí al principio me parecía increíble, por ejemplo, que cuando recién llegué a Hamburgo, estuvieran cerrados los supermercados sábados y domingos, y ahora encuentro que tienen en parte razón, que las personas tienen que disfrutar de su tiempo libre. Tampoco entendía el que los vendedores no fueran muy amistosos, uno pregunta y recibe respuesta como de «váyase que molesta», pero no ha sido siempre así, y ha sido en la mayoría de los casos con mujeres; eso me llama la atención. Los hombres siempre me han atendido mejor.

No es que las mujeres sean *groseras*, sino que culturalmente son muy independientes; por ejemplo, no aceptan de buena gana la ayuda de un hombre, porque «yo me la puedo sola». En cambio, nosotras tenemos una cultura que no es que sea machista, sino más respetuosa y que acepta más la ayuda de otros de forma más humilde, sin que sea una vergüenza. Recuerdo que una de las pequeñas «*disputas*» culturales que hemos tenido fue con la bicicleta. Yo la tenía siempre que sacar del sótano donde la guardo e Ingo jamás se ofreció a ayudarme. Hasta que un día le dije: «¿Sabes qué? ¿Por qué no me ayudas? Algún día podrías ser amable y decirme

continúa

yo la subo hoy. Me gusta sentir que te preocupas y recibir tu atención». Entonces él me dijo que aquí las mujeres no son así, que les gusta hacer las cosas solas, por sí mismas.

Y yo le dije que yo también podía hacerlo sola, pero que de vez en cuando es agradable que te ayuden. Y desde entonces me pregunta siempre: ¿«asistencia»? Y depende, pues le digo, sí o no.

Ahora recuerdo otro detalle que me enojó mucho. Fue una vez en que me dijo Ingo «Venga, vamos a tomar un «Alsterwasser» (cerveza con agua mineral con sabor limón)». Y yo encantada, pensé, muy bien, me invita. Vamos al bar, la tomamos y al ir a pagar viene el camarero y pregunta: «¿Juntos o por separado?» Entonces Ingo contestó que por separado y yo me enojé tanto que ni siquiera podía hablar y él no entendía. Ya más tarde cuando estaba más *serena*, pues hablamos de ello y me dijo: «De verdad que yo no lo hago por la plata; estoy acostumbrado, las mujeres se pagan lo suyo». Y yo: «sí pero nosotros vivimos juntos, no soy una amiga». Me pareció tan poco caballeroso. Y eso me *chocó*; estoy acostumbrada a otra cosa. Y ahora siempre me pregunta y decidimos antes quién paga.

Para mí no es machismo; me molestó el que separara mentalmente, esto es mío, esto tuyo, no por los dos euros, claro. Ésos son los choques culturales, que luego se hablan y se conversan, pero sólo cuando pasan porque uno no se imagina que van a pasar.

Santiago de Compostela: Mariana, argentina

Lo primero que se me ocurre al reflexionar sobre mi experiencia es la idea del intercambio cultural. En el pensamiento popular argentino se encuentra el concepto de que los españoles (y sobre todo los *gallegos*) son iguales a nosotros. Si bien en algunos aspectos es así; hay muchos otros que convierten a los gallegos en una cultura muy diferente a la nuestra.

Las diferencias se encuentran desde la comida hasta el humor. Pero que algunas costumbres sean diferentes, no significa que sean mejores ni peores, sólo distintas. Al principio sentí cierto choque cultural, pero como el ser humano es un animal de costumbre y adaptación, supe descifrar sus códigos culturales. Una vez entendidos éstos, el camino hacia la fraternidad mutua y la amistad es fácil.

Pero el intercambio no es sólo para nosotros; también lo es para la gente del lugar, que al conocernos aprende otros códigos culturales y a través de ellos, otro mundo. Si bien hay muchos argentinos viviendo en toda España; en Santiago no son tantos como uno imagina, y hay muchos gallegos que nunca han tenido un amigo o amiga argentina.

Una diferencia en lo académico es la forma que tienen para evaluar a los alumnos. Si bien tienen exámenes finales, el cincuenta por ciento de la nota se basa en un trabajo realizado durante el cuatrimestre. El otro cincuenta por ciento es lo que resultaba de un examen escrito sobre la parte teórica. Por otro lado, las notas no son numéricas, sino conceptuales.

En cuanto a las dificultades, la única cuestión fue el tema del idioma. Si bien todos saben castellano, muchos hablan la lengua *autóctona*: el gallego, muy parecido al portugués. La mayoría de las clases en esa Facultad son dictadas en esa lengua. Por eso, como alumna extranjera, debía persuadir a los profesores para que las dieran en castellano. En una sola ocasión un profesor se negó a dar la clase en español, y *aludió* a cuestiones políticas.

Sitges: Rafael, español

Diferencias culturales

Ayer fue mi primer día de playa del 2003. Estuve en Sitges con mi hermano y unos amigos. Todavía no se puede uno meter en el agua, pero sí disfrutar del sol que ya calienta. Además la arena todavía no está masificada.

Una de las chicas, de Copenhague, me explicó que le resultaba chocante que en Barcelona las parejas se besaran en público en la calle. En Dinamarca parece ser que no es algo muy normal, y a ella en particular tampoco le parecía muy bien. Es curioso, porque ese país, como todos los del norte, tiene fama de ser mucho más avanzado, abierto y progresista socialmente. También me contó que el saludo habitual entre amigos y en las presentaciones es darse la mano, no dos besos como aquí. Las chicas sólo se saludan con dos besos cuando son muy amigas y hay mucha confianza. Sorprendente, ¿no? Parece que últimamente las costumbres están empezando a cambiar por allí, y empieza a ser normal que la gente se salude besándose. Aquí ya empiezan a verse saludos entre chicos con dos besos, así que parece que en estos temas les seguimos llevando ventaja.

8.4-9 A vista de pájaro: ¿Cierto o Falso?

Ahora que ya has leído, señala si las siguientes oraciones son ciertas o falsas. Recuerda que si las oraciones que aparecen a continuación son falsas, tienes que modificarlas para que reflejen el contenido que verdaderamente aparece en la lectura.

_____ **1.** Lorena cree que es razonable que los supermercados estén cerrados el fin de semana.

_____ **2.** Las mujeres en Hamburgo son groseras porque no tienen mucha educación.

_____ **3.** A Lorena le molestó que Ingo no pagara la cuenta del bar porque ella no tiene mucho dinero.

_____ **4.** Los gallegos son de Argentina.

_____ **5.** El choque cultural sólo afecta a los visitantes, es decir, no afecta a los locales.

_____ **6.** Mariana notó algunas diferencias académicas entre España y Argentina, especialmente en la forma de asignar las notas.

_____ **7.** A las chicas de Dinamarca les sorprendió ver tanta gente en la playa en abril.

_____ **8.** En algunos países de Europa las personas no se besan cuando se saludan.

8.4-10 Vayamos por partes

Contesta las siguientes preguntas con la información de la lectura.

1. ¿Por qué cree Lorena que las mujeres en Hamburgo no son amables?

_____

_____

2. ¿Qué significa para Lorena que alguien «la invite» a tomar algo? ¿Qué le molestó de la actitud de Ingo?

_____

_____

_____

3. ¿Qué pensaba Mariana de los gallegos, o los españoles, antes de llegar a Santiago?

_____

_____

4. ¿Qué problema tuvo Mariana con la lengua?

_____

_____

5. ¿Qué piensa la amiga de Rafael de las personas que se besan en público? ¿Por qué le sorprende a Rafael esta reacción?

_____

_____

_____

8.4-11 Adivina... ¿Quién lo diría?

Quién diría cada una de estas afirmaciones: Lorena (L), Ingo (I), Mariana (M), Rafael (Ra).

_____ **1.** He aprendido a vivir con las diferencias culturales.

_____ **2.** Me gusta que me ofrezcan ayuda aunque no la necesite.

_____ **3.** Dinamarca es un país progresista y avanzado.

_____ **4.** Me sorprende que las chicas danesas no sean más extrovertidas.

_____ **5.** Si tú me invitas, tú pagas la cuenta.

_____ **6.** ¿Quieres que vaya contigo a hacer las compras?

_____ **7.** Yo quería ir de compras durante la hora de la comida, pero todas las tiendas están cerradas...

_____ **8.** Las mujeres en mi país son muy independientes.

8.4-12 Y, ¿qué piensas tú?

Ahora, contesta según tu opinión.

1. Lorena quería que Ingo le ofreciera ayuda con la bicicleta. ¿Qué piensas de su actitud? ¿Crees que los hombres deben ceder el paso a las mujeres, abrir la puerta del coche, pagar las cuentas?

_____

_____

2. Cuando sales con un amigo o amiga, ¿quién paga la cuenta? ¿Cuándo deciden quién va a pagar? ¿Qué pasa si una persona no sabe que tiene que pagar su parte y acepta una invitación?

_____

_____

_____

_____

3. ¿Crees que se podría dar una situación similar a la de Mariana si un estadounidense fuera a estudiar en Canadá? Explica.

_____

_____

4. ¿Besas a alguien cuando lo saludas? ¿A quién? ¿Qué te parece la costumbre de besar a una persona al saludarla?

_____

_____

5. ¿Qué opinas de las demostraciones de afecto en público?

_____

_____

6. ¿Qué te parece la idea de que los supermercados cierren durante el fin de semana? ¿Y las tiendas que cierran al mediodía? Escribe las ventajas y desventajas de estas situaciones.

Horario	Ventajas	Desventajas
Cerrar sábado y domingo	_____	_____
Cerrar de dos a cinco	_____	_____

IV. Escribamos

Escribe sobre uno de estos temas según las indicaciones que te dé tu profesor/a.

8.4-13 Diario

¿Qué piensas de lo que dicen Victoria, Alma y Margarita? ¿Te sorprendió lo que dijeron? Escoge a una de ellas y explica tu reacción a su choque cultural. Puedes ayudarte con el vocabulario de «Para hablar de...».

8.4-14 Composición

Describe a una persona de otra cultura la manera apropiada de saludar a una persona en diferentes situaciones —entre amigos, novios, compañeros de trabajo, familiares, personas que se acaban de conocer, etc.— Explícale lo que debe hacer en cada situación.

Aquí tienes ejemplos de estructuras que puedes utilizar:

- Acciones recíprocas, per ejemplo, se besan
- «Se» impersonal

Nuestras tradiciones

9.1 Fiestas latinoamericanas

I. Escuchemos

9.1-1 Piensa...

En este tema, Óscar, Larissa y Carmen nos hablan de las fiestas populares que se celebran en sus países de origen. Antes de escuchar, piensa en las fiestas o tradiciones populares que más te gusta celebrar.

1. ¿Conoces su origen?

2. Las fiestas que celebras, ¿son religiosas o seculares?

3. ¿Qué significado tienen para ti?

4. ¿Es importante celebrarlas con amigos y familiares? ¿Por qué?

9.1-2 Para hablar de...

A continuación verás varias categorías de vocabulario relacionado con el tema. Trabajando con toda la clase y con la ayuda de tu profesor/a, piensa en palabras asociadas a cada bloque que puedan ser útiles para hablar sobre el tema. ¿Qué palabras crees que es necesario incorporar? Te damos un ejemplo de cada una.

Fiestas
- Lo que se celebra
- Lo que se hace
- Otras palabras

Fiestas	Lo que celebra	Lo que se hace	Otras palabras
aniversario de...	boda	salir a cenar	25 años = plata

9.1-3 ¿Qué nos cuentan estas personas?

Óscar, Larissa y Carmen nos hablan de tres fiestas populares de sus países. Específicamente hacen referencia a dónde, cuándo y cómo se celebra cada una de estas fiestas y el tiempo que duran. Escucha lo que dicen y apunta en el cuadro las ideas y conceptos que hayas entendido (ver Apéndice D).

9.1-4 Adivina... ¿Quién diría esto?

Después de escuchar a Óscar, Larissa y Carmen y teniendo en cuenta lo que han contado, adivina quién diría esto. Identifica cada enunciado con un hablante y escribe el número del hablante en el espacio que corresponda. Recuerda que solamente hay tres hablantes; un enunciado debe quedar en blanco.

H_____: Es una celebración muy antigua que combina lo religioso y lo secular.

H_____: La música y la comida protagonizan esta fiesta nacional.

H_____: La gente solamente sale de casa para ir a la iglesia.

H_____: La gente va a visitar este pueblo y hay una fiesta muy grande.

9.1-5 Información cultural: ¿Lo sabías?

Chile se independizó de España el 18 de septiembre de 1810.

La chicha es una bebida de fruta o maíz fermentado. En Chile se hace típicamente con uvas o manzanas, y en Cuba con cáscaras de piña. En otros países de América Latina, se elabora con maíz y azúcar.

La cueca es un baile típico de Chile donde se representa el cortejo del gallo y de la gallina.

Honduras está en América Central y hace frontera con El Salvador, Guatemala y Nicaragua. Honduras tiene más de seis millones de habitantes y produce principalmente café, plátanos, caña de azúcar y tabaco.

Los garífonas constituyen 2,5% de la población de Honduras. Son descendientes de los esclavos africanos que naufragaron en 1635 en un barco español que los transportaba al Nuevo Mundo. Los supervivientes se establecieron en la isla caribeña de San Vicente donde adoptaron las costumbres de los indígenas y se casaron con las mujeres, dando origen a una cultura nueva. Los garífonas se encuentran ahora en la zona costeña de Honduras, Belice y Nicaragua.

Las Posadas son fiestas que se celebran en diciembre antes de Navidad para conmemorar el peregrinaje de José y María antes del nacimiento de Jesús. En esta celebración la gente va en procesión a una casa diferente cada día. Tradicionalmente se reza el rosario y se ofrecen dulces y comida típica de la temporada. Actualmente el aspecto religioso se ha ido perdiendo en las grandes ciudades y se ha convertido en una celebración donde los amigos intercambian regalos. En México, las piñatas eran parte esencial de la celebración. La piñata representaba el mal y los niños que la rompían, el bien.

En algunas comunidades indígenas la caléndula o maravilla es la flor típica que se lleva a los cementerios; con ella se adornan las tumbas. Esta flor se considera la «flor de muertos», que en México también se conoce por su nombre azteca «cempasúchil».

Después de leer la información cultural, explica por qué los siguientes enunciados son falsos.

_____ **1.** La chicha es una bebida de origen europeo.

_____

_____ **2.** Honduras está entre México y los EE.UU.

_____

_____ **3.** Los garífonas son descendientes de los españoles.

_____

_____ **4.** Las Posadas son una celebración exclusivamente religiosa.

_____

_____ **5.** En México no se acostumbra llevar flores a los cementerios.

_____

II. Conversemos

9.1-6 Y ahora tú...

En esta sección vas a dar tus impresiones de las fiestas que han mencionado Óscar, Larissa y Carmen, y también vas a discutir las fiestas que son importantes para ti. Trabaja siguiendo las instrucciones de las actividades y de tu profesor.

1. Óscar habla de una celebración importante en su país. ¿Cuál es? Menciona tres actividades que te llamaron la atención entre todo lo que se hace ese día. **T**

_____

_____

_____

2. Durante la celebración en Chile, el país de Óscar, se come algo especial. ¿Qué se come? **2**

_____

En tu cultura, ¿qué celebraciones tienen bebidas y comidas especiales? Piensa en tres celebraciones y completa el cuadro con la información apropiada.

Celebración	Comida	Bebida
1. _____	_____	_____
2. _____	_____	_____
3. _____	_____	_____

Una vez que hayas terminado, compara tus ideas con las de tu compañero/a. ¿Son semejantes o diferentes? ¿Has aprendido algo nuevo sobre celebraciones que ya conocías?

2 D C   **3.** Larissa menciona dos celebraciones religiosas de Honduras y explica lo que hace la gente en estas celebraciones —lo que se come y se bebe. Compara lo que se hace en Honduras y lo que se hace en tu país en relación a las fiestas religiosas.

_____

_____

_____

_____

_____

_____

3 D   **4.** ¿Qué celebración mencionada por Larissa se combina con la Semana Santa? ¿Qué hace la gente? ¿Cómo se celebra la Semana Santa en tu comunidad? ¿Quiénes la celebran?

_____

_____

_____

_____

_____

_____

T D   **5.** Carmen menciona una celebración muy popular en su país. ¿Qué fiesta es y cuándo se celebra? ¿Qué hace la gente durante la noche? ¿Qué ponen en los altares? ¿Con qué propósito? ¿Quiénes celebran esta fiesta principalmente? ¿Adónde van?

_____

_____

_____

_____

_____

_____

2 0   **6.** ¿Qué piensas del culto a los muertos? ¿Crees que debemos honrar la memoria de los muertos? ¿Cómo? ¿Qué elementos del Día de los Muertos adoptarías para honrar la memoria de tus seres queridos?

_____

_____

_____

_____

_____

7. ¿Son similares o diferentes Halloween y el Día de los Muertos? Preparen dos listas: una con semejanzas y otra con diferencias. Dos estudiantes preparan la lista de diferencias, y los otros dos hace la de semejanzas. Cuando terminen, discutan entre todos los resultados y preparen un pequeño resumen para presentarlo al resto de la clase. A continuación hay algunos temas que pueden tomar en consideración al hacer su lista. `4`

	Semejanzas	Diferencias
la fecha	_____	_____
la comida	_____	_____
lo que hace la gente	_____	_____
el lugar donde se celebra	_____	_____
el motivo por el que se celebra	_____	_____
el origen	_____	_____

8. Además de las fiestas citadas, ¿qué otras fiestas latinoamericanas conoces? ¿Sabes su origen? ¿Dónde se celebran? ¿Qué ocurre durante estas fiestas? ¿A cuáles te gustaría ir? ¿En cuáles no participarías nunca? No olvides justificar tus respuestas. `3`

_____

_____

_____

_____

_____

_____

_____

_____

_____

III. Leamos

Para el tema de fiestas latinoamericanas, te sugerimos leer la descripción de algunas fiestas populares en Cuba. Antes de leer, trabaja con el vocabulario que aparece a continuación y que viene de la lectura.

9.1-7 Descubre el significado: Identifica y empareja

Lee las siguientes oraciones y encuentra el significado de las diez palabras *en cursiva,* ayudándote del contexto en que aparecen. Luego, empareja las palabras con su definición. Te presentamos las palabras en dos bloques de cinco.

1. Algunas celebraciones siguen *teniendo vigencia* a pesar de los cambios sociales.

Las leyes *tienen vigencia* a partir de su aprobación.

2. Este torneo consiste en hacer pasar un palo largo por las *argollas,* como lo hacían los caballeros medievales.

Lina fue al supermercado a comprar *argollas* para colgar la cortina en el cuarto de baño.

3. El gobierno trata de legitimizar los *asentamientos* irregulares, es decir, todas las construcciones que no tienen servicios públicos como agua y electricidad.

Rubén y Amalia *se asentaron* finalmente en Florida donde el clima es más parecido al de su país.

4. El *carnaval* de Nueva Orleáns es muy popular entre los jóvenes.

Cecilia está buscando un traje especial para llevar durante el *carnaval;* quiere algo original y enigmático.

5. Rosalinda y María José no quieren ir de *comparsas* durante el carnaval; prefieren sentarse con el público y no tener que ponerse el disfraz.

Este año las *comparsas* fueron muy vistosas. Todos llevaban trajes muy bien confeccionados y de muchos colores.

Ahora, empareja la palabra o expresión con su definición o sinónimo.

Palabras

_____ 1. tener vigencia

_____ 2. argolla

_____ 3. asentamiento; asentarse

_____ 4. carnaval

_____ 5. comparsas

Definiciones o sinónimos

a. personas que participan en una celebración y que llevan vestidos especiales

b. alojamiento, instalación provisional de un grupo de personas; instalarse

c. que está en vigor / práctica, que se observa

d. especie de aro o anillo

e. fiesta que se celebra antes de la cuaresma con música, disfraces, desfiles, etc.

6. Susana no come carne durante la *cuaresma;* durante esos cuarenta días, su dieta consiste principalmente en pescado y vegetales.

Para muchos católicos la *cuaresma* es una época de reflexión y sacrificio.

7. La celebración del carnaval está *vinculada* a otras celebraciones religiosas.

La relación entre Mauricio y Claudia está *vinculada* por un gran amor.

8. Georgina no perdió el tiempo en Cuba: aprendió a bailar la *tumba* muy bien.

De los bailes cubanos, la *tumba* es uno de los más conocidos.

9. Este año el gobierno ha hecho un esfuerzo para celebrar el día de la independencia,: han contratado a un experto en *pirotecnia* para que dé un espectáculo de fuegos artificiales sin igual.

La cultura china es reconocida por su *pirotecnia* y la celebración del Año Nuevo es un buen ejemplo de su destreza.

10. Como la *santería* combina creencias de la religión católica y religiones africanas, muchos santos tienen un nombre católico y uno africano.

En Miami podemos encontrar establecimientos especializados en *santería* que es una de las creencias predominantes entre los cubanos.

Ahora, empareja la palabra con su definición o sinónimo.

Palabras

_____ 6. cuaresma

_____ 7. vinculado

_____ 8. tumba

_____ 9. pirotecnia

_____ 10. santería

Definiciones o sinónimos

   f. baile popular

   g. técnica de fabricación de explosivos, especialmente para fuegos artificiales

   h. relacionado, unido

   i. cuarenta días previos a la Pascua de Resurrección

   j. religión sincrética que mezcla elementos cristianos y paganos de origen africano

9.1-8 Antes de leer

Ahora vas a leer el texto titulado «Fiestas Tradicionales Cubanas». En esta lectura aprenderás sobre los diferentes tipos de fiestas celebradas en la isla caribeña.

Antes de empezar a leer, reflexiona un poco.

1. ¿Cómo crees que han cambiado las celebraciones en Cuba a partir de la revolución?

2. ¿Crees que las fiestas populares son diferentes a las de otros países de América Latina? ¿Por qué?

Una vez que hayas leído, vamos a trabajar con la lectura. ¡Ya puedes empezar a leer!

Fiestas Tradicionales Cubanas

En Cuba existen o han existido fiestas patronales, campesinas, carnavales, parrandas, charangas y festividades con antecedentes africanos.

Fiesta del Fuego

Hasta 1959 las fiestas con tradición popular en el país seguían el calendario de festejos de la Iglesia Católica —los festejos destinados a sus santos o alguna otra actividad cultural relevante, carnavales y campesinas.

continúa

Las fiestas patronales comenzaron a efectuarse en Cuba desde la ocupación española. Siempre incluían una procesión seguida de una fiesta, verbena[1], guateque o feria, según fuera el caso. Las más populares son Nuestra Señora de la Caridad, Nuestra Señora de la Candelaria y San Juan Bautista.

Las fiestas tradicionales campesinas se desarrollan en el ambiente campesino cubano y *tienen vigencia* porque han conseguido pervivir y conservarse en los diferentes cambios sociales. Se tipifican en: changüí, parrandas o guateques, torneos o fiestas de bandos, y fiestas de tambor, entre otras.

Fiesta Campesina

El guateque es el festejo que se celebra en zonas rurales y suburbanas en los que se emplea la música campesina de marcada influencia hispánica y canaria. Hace muchos años se celebraban con bailes como el zapateo[2], comidas y bebidas tradicionales y juegos de competencias. El changüí es una fiesta que se celebra en la provincia de Guantánamo con las características de las fiestas campesinas pero en las que el baile y la música es el changüí[3].

La fiesta de bandos o torneos se realiza atendiendo a habilidades con caballos, *argollas*, palo ensebado, etc. Los que participan en la celebración de la fiesta se dividen en bandos rojos y azules. Este tipo de fiesta aparece también en áreas urbanas, aunque con características diferentes.

Los bailes de tambor corresponden a los *asentamientos* de esclavos negros. Algunas de estas fiestas todavía se celebran. La fiesta del tambor kinfuiti[4] está revitalizada en la zona del Mariel, en la provincia La Habana.

Carnavales

Los *carnavales* son las fiestas tradicionales cubanas que tienen sus antecedentes en las fiestas celebradas por los hispanos y sus descendientes. Según la vieja tradición de la Península[5], posee elementos propios como los disfraces, carrozas, *comparsas* y desfiles entre otros. En la capital se celebraban durante los tres días anteriores a la *cuaresma*. Desde la región central hasta la oriental, su origen está *vinculado* a las fiestas patronales de los pueblos.

Los carnavales más populares son los de Santiago de Cuba, Camagüey y La Habana. En el primero casi todas las comparsas se originaron en *tumbas* francesas y cabildos africanos, debido a la influencia cultural francesa de Haití y a la presencia africana. Son famosos por su alegría y su participación colectiva.

Fiestas Folklóricas

Las parrandas y charangas son otro tipo de fiesta tradicional que tienen muchos puntos en común con los carnavales por el uso de carrozas y changüíes. Las más conocidas son las de Remedios en la provincia de Villa Clara y las de Bejucal en La Habana, pero también se celebran en Sancti Spíritus y en Ciego de Ávila. En ellas la

---

[1] fiesta popular que se celebra al aire libre
[2] seguir el compás de la música con los pies
[3] baile popular
[4] tipo de tambor africano
[5] España

población se divide en barrios que compiten entre sí en cuanto a trabajos de plaza, carrozas, *pirotecnia*, música, etc. Las carrozas están basadas en un tema que puede tomarse de la literatura universal o del cine o cualquier otra temática y en su confección trabaja todo el barrio.

Otro tipo de fiestas tradicionales son las vinculadas a las prácticas de *santería* que se conservan vivas en la mayor parte del país. El proceso ceremonial y festivo, según los diferentes aniversarios, incluye varios conjuntos instrumentales, múltiples cantos y bailes, que forman parte esencial de las actividades religiosas. Le siguen por su importancia y difusión las manifestaciones de palo monte, arará[6] y la santería cruzada con el espiritismo.

Actualmente el número de festejos revitalizados asciende a 370. En ellos se ha respetado la raíz tradicional de sus elementos principales sin desconocer los usos y costumbres surgidos en los últimos años.

[6]variaciones de la santería

9.1-9 A vista de pájaro: ¿Cierto o Falso?

Señala si las siguientes oraciones son ciertas o falsas. Si son falsas, corrígelas.

_____ **1.** En 1959 se dejó de seguir el calendario católico para las fiestas.

_____ **2.** En las fiestas patronales en Cuba siempre había una procesión y una misa.

_____ **3.** Las fiestas campesinas han desaparecido a causa de la modernidad.

_____ **4.** Todas las fiestas campesinas se caracterizan por la música changüí.

_____ **5.** En las fiestas de bandos se dividen los participantes en bandos de dos colores diferentes.

_____ **6.** Algunas fiestas que se celebran en Mariel tienen origen africano.

_____ **7.** El carnaval cubano se celebra durante la cuaresma.

_____ **8.** En las parrandas las carrozas pueden tener un tema religioso.

_____ **9.** En Cuba no hay fiestas que tengan relación con la santería.

_____ **10.** Las fiestas populares en Cuba combinan tantos elementos de su origen como usos modernos.

9.1-10 Vayamos por partes

Contesta las siguientes preguntas con la información de la lectura.

1. ¿Cómo empezaron las fiestas patronales en Cuba? ¿Cuáles eran las más conocidas?

_____

_____

2. ¿Cuál es el origen de la música en las fiestas campesinas? ¿Qué se hace en estas fiestas?

_____

_____

3. ¿Cuál es el origen del carnaval cubano? ¿Qué elementos importantes tiene esta fiesta? ¿Son estos elementos similares o diferentes a los de los carnavales celebrados en otras ciudades del mundo?

_____

_____

_____

4. ¿Por qué son famosos los carnavales de Santiago de Cuba?

_____

_____

5. ¿Qué es una parranda? ¿Cómo se celebra?

_____

_____

6. ¿Cuántas fiestas se han revitalizado? ¿Qué elementos se ha añadido?

_____

_____

9.1-11 Adivina... ¿Quién lo diría?

¿Quién diría lo siguiente? Éstas son tus opciones: alguien que celebra una Fiesta Campesina (FC); alguien que participa en los Carnavales (C); alguien que festeja en una Parranda (P); alguien que participa en una fiesta de Santería (S).

_____ **1.** Este año, mi barrio va a ganar el certamen de carrozas.

_____ **2.** Mi disfraz para este año va a sorprender a todos.

_____ **3.** ¡Qué lindos los fuegos artificiales!

_____ **4.** Este año voy a estar en el bando azul.

_____ **5.** Vamos a Camagüey a celebrar esta fiesta; es una de las más alegres.

_____ **6.** Voy a participar en las ceremonias espiritistas.

_____ **7.** La fiesta duró toda la noche, estuvimos zapateando y comimos platos tradicionales.

9.1-12 Y, ¿qué piensas tú?

Ahora, contesta las siguientes preguntas según tu opinión.

1. ¿Conserva tu familia una tradición cultural antigua? ¿Crees que es importante conservar esta tradición? ¿Por qué?

_____

_____

_____

2. ¿Cuál de las fiestas tradicionales cubanas te pareció la más interesante? ¿Te gustaría participar en una? Justifica tu respuesta.

_____

_____

_____

3. Todas estas fiestas tienen elementos importantes como la música, la comida, la bebida, etc. ¿Cuáles de las fiestas que celebras tienen estos elementos? ¿Es posible hacer cambios en las celebraciones sin alterar su espíritu?

_____

_____

_____

4. Describe dos celebraciones —tienes que conocerlas muy bien y saber su origen. Después, con un compañero, lee la primera descripción de la lista. Tu compañero/a tendrá tres oportunidades para adivinar cuál celebración es. Si no la adivina, tú debes darle la respuesta. Al terminar, escojan la mejor descripción para presentarla al resto de la clase.

IV. Escribamos

Escribe sobre uno de estos temas según las indicaciones que te dé tu profesor.

9.1-13 Diario

El Día de los Muertos es una celebración que se menciona con frecuencia cuando se habla de la cultura hispana, pero pocas personas saben que realmente no se celebra en todos los países de habla hispana. ¿Dónde se celebra y cómo? Haz una pequeña investigación para averiguar más información sobre esta fiesta. Puedes ayudarte con el vocabulario de «Para hablar de...».

9.1-14 Composición

Escoge uno de los dos temas.

A. Muchas personas se sienten deprimidas durante las fiestas; otros disfrutan de las fiestas sin inhibiciones. ¿Qué tipo de persona eres tú? Escoge una fiesta que te hace sentir particularmente bien o mal y describe con detalles los preparativos, tus emociones y lo que haces ese día.

B. ¿Hay algún tema o aspecto de las fiestas latinoamericanas que te interese? Escoge uno, realiza una investigación sobre eso y escribe un reporte informativo. Menciona:

- por qué escogiste ese tema
- los datos más sobresalientes
- semejanzas y diferencias con otras fiestas

Estructuras que podrías necesitar mientras escribes:

- Creo que + *indicativo*
- No creo que + *subjuntivo*
- Lo que (no) me gusta...
- Lo (más) importante / divertido / aburrido
- Lo mejor / peor

9.2 Fiestas de España

I. Escuchemos

9.2-1 Piensa...

En este tema, Vicente, Loli y Jesús nos hablan sobre distintas celebraciones en España. Cada uno explica lo que se hace en cada ocasión, la comida, el vestuario, etc.

1. ¿Qué fiestas españolas conoces?

2. Si pudieras viajar a España y participar en una de sus fiestas, ¿cuál(es) escogerías y por qué?

3. ¿Conocen el origen de todos los días feriados que celebran? ¿Qué saben sobre el origen del Día del Memorial, el Día del Trabajo o el Primero de Abril?

9.2-2 Para hablar de...

A continuación verás varias categorías de vocabulario relacionado con el tema. Trabajando con toda la clase y con la ayuda de tu profesor/a, piensa en palabras asociadas a cada bloque que puedan ser útiles para hablar sobre el tema. ¿Qué palabras crees que es necesario incorporar? Te damos un ejemplo de cada una.

Fiestas y celebraciones			
Fiesta	**¿Qué se celebra?**	**Fecha**	**Otras palabras**
Día de Acción de Gracias	convivencia armoniosa	el último jueves de noviembre	se come pavo

9.2-3 ¿Qué nos cuentan estas personas?

En esta sección Vicente, Loli y Jesús describen tres fiestas españolas que no son tan conocidas fuera de España. Presta mucha atención a lo que dicen y recoge información referente a dónde y cuándo se celebra la fiesta, su origen y qué se hace (ver Apéndice D).

9.2-4 Adivina... ¿Quién diría esto?

Después de escuchar a los hablantes y teniendo en cuenta lo que han contado, adivina quién diría esto. Identifica cada enunciado con un hablante. Recuerda que solamente hay tres hablantes; por lo tanto, un enunciado debe quedar en blanco.

H_____: Hay que vestirse de blanco y ser resistente.

H_____: Se celebra en la calle. Todo el mundo baila, come, bebe y se divierte.

H_____: Bailamos todo el día y comemos en el campo.

H_____: La gente participa espontáneamente en el desfile y baila por la calle.

9.2-5 Información cultural: ¿Lo sabías?

San Isidro es el patrón de Madrid. Como los milagros de San Isidro tienen que ver con el campo y los cultivos, durante la procesión se tira trigo en la calle desde un tractor. También se pone un ramo de manzanas en el santo y se subasta al final de la celebración. Durante las celebraciones de San Isidro, una parte importante es la Feria de Toros, creada en 1950, que se ha convertido en la más larga —veintitrés corridas de toros— e importante del mundo taurino.

La región vitivinícola de La Rioja está en el Valle del Ebro y tiene influencias de los climas atlántico y mediterráneo. Esta situación geográfica, las condiciones climáticas y la constitución del suelo la convierten en una región privilegiada para el cultivo de la vid. Siguiendo las técnicas francesas, se crearon las principales bodegas del vino de Rioja, sobre todo entre Haro y Logroño. En 1892 se fundó la Estación de Viticultura y Enología de Haro, que desarrolla estudios de mejora, control de calidad y control analítico de las exportaciones.

Durante la dictadura del General Francisco Franco (1939–1975), los carnavales dejaron de celebrarse en España, excepto en Tenerife. Tenerife es la mayor de las siete islas que comprenden el Archipiélago Canario. La isla se encuentra aproximadamente a unos 300 km. del continente africano y a unos 1300 km. de la Península Ibérica.

El Día de los Santos Inocentes es, en los países católicos de habla hispana, el equivalente a *April Fools Day*. Mientras que el primero de abril tiene como origen una celebración pagana —la llegada de la primavera y el Año Nuevo— la costumbre de hacer bromas se genera con los cambios al calendario gregoriano, el que usamos actualmente. Las personas que seguían celebrando el Año Nuevo en abril se consideraban *April Fools*. El Día de los Santos Inocentes, por otro lado, se celebra el 28 de diciembre y se refiere a la matanza de niños que ordenó Herodes para eliminar al niño Jesús. Aunque su origen nos parezca ahora cruento, se acostumbra también hacer bromas llamadas «inocentadas».

¿Puedes contestar las siguientes preguntas teniendo en cuenta la información que has leído?

1. Menciona un aspecto religioso y otro secular de la celebración de San Isidro.

_____

_____

2. Un dicho popular relacionado con este personaje es: «San Isidro Labrador quita el agua y pon el sol.» ¿Cuál puede ser el significado de ese dicho?

_____

_____

3. Menciona dos elementos que hacen destacar a Tenerife.

_____

_____

4. ¿Por qué tiene sentido celebrar el Día de los Inocentes el día 28 de diciembre?

_____

_____

II. Conversemos

9.2-6 Y ahora tú...

Ahora vas a discutir tus impresiones sobre lo que han dicho Vicente, Loli y Jesús. También tendrás oportunidad de expresar tu opinión y tus preferencias sobre las fiestas. Trabaja siguiendo las instrucciones de las actividades y de tu profesor.

1. Vicente mencionó la Fiesta de San Isidro Labrador. ¿Qué te parece la idea de la verbena? ¿Qué otras fiestas conoces en las que haya bailes públicos más o menos similares a una verbena? ¿Puedes comparar la Fiesta de San Isidro con alguna otra fiesta que conozcas? ¿Qué puntos tienen en común y cuáles son algunas diferencias?

_____

_____

_____

_____

_____

_____

T **2.** Loli describió La Batalla del Vino. ¿A qué otra batalla también celebrada en España te recuerda la «Batalla del Vino»? (una ayudita: en esta fiesta los proyectiles son tomates) ¿Por qué crees que hay estas fiestas en las que existe cierta forma de «batalla»? ¿Hay alguna tradición similar en tu país en la que se use comida o bebida como punto central de la fiesta? Explica tu respuesta.

_____

_____

_____

_____

2 **3.** Jesús se centró en el Carnaval en Tenerife. ¿Conoces alguna celebración similar en el mundo hispano o en otra cultura que no haya sido mencionada por el hablante? ¿Qué opinas de que la gente vaya a su trabajo disfrazada?

_____

_____

_____

_____

_____

4 **4.** ¿Te gusta disfrazarte? Si te gusta, ¿cuándo lo haces? ¿Cuál es el disfraz más «interesante» que te has puesto? Si no te gusta, ¿por qué no? Si pudieras disfrazarte de algo que normalmente no te atreves a disfrazarte, ¿de qué te disfrazarías? Para ti, ¿qué significado simbólico tiene o puede tener el mero hecho de disfrazarse? ¿Qué conseguimos o podemos conseguir al disfrazarnos aparte de divertirnos?

_____

_____

_____

_____

_____

_____

T **5.** De todas las fiestas mencionadas, ¿cuál te parece más atractiva? ¿Qué te llama más la atención de ellas: la comida, las actividades, el origen...? ¿En cuál(es) de estas fiestas te gustaría participar? ¿Por qué?

_____

_____

_____

_____

_____

3 **6.** Todas las fiestas españolas que describen los hablantes tienen al menos un componente en común: se celebran en la calle. ¿Ocurre esto también en tu país? ¿De qué manera crees que afecta o puede afectar la concepción del espacio (público-privado) en la forma en que una cultura o sociedad celebra sus tradiciones o fiestas? ¿A qué crees que puede deberse esta diferencia entre las fiestas de España y las fiestas de tu país o región?

¿Dirías que la cultura o la herencia de un pueblo influyen en su forma de celebrar ciertos ritos o tradiciones? Si es así, ¿cómo lo hace?

_____

_____

_____

_____

_____

7. Además de las fiestas citadas, ¿qué otras fiestas de España conoces? ¿Sabes su origen? [2] ¿Dónde se celebran? ¿Qué ocurre durante estas fiestas? ¿A cuáles te gustaría ir? ¿En cuáles no participarías nunca? No olvides justificar tus respuestas.

_____

_____

_____

_____

_____

8. Vicente menciona también que es divertido ver a la gente. ¿Crees que en este tipo de [T] celebraciones una parte de la diversión es ver a la gente? ¿Por qué? ¿Ocurre esto en alguna festividad o celebración de tu país, estado o región?

_____

_____

_____

_____

III. Leamos

Para el tema de «Fiestas de España», vas a leer la descripción de tres fiestas diferentes. Antes de leer, trabaja con el vocabulario que aparece a continuación y que viene de la lectura.

9.2-7 Descubre el significado: Identifica y empareja

Lee las siguientes oraciones y encuentra el significado de las doce palabras _en cursiva_, ayudándote del contexto en que aparecen. Luego, empareja las palabras con su definición. Te presentamos las palabras en tres bloques de cuatro palabras.

1. Griselda tiene una manía de _protagonismo_ en las reuniones; siempre quiere sobresalir y ser la figura central.

No podemos negar el _protagonismo_ de Rudy Giulianni durante la crisis del once de septiembre de 2001 en Nueva York.

2. Los grandes diseñadores _confeccionan_ modelos especiales para que las actrices más famosas los lleven el día de la entrega del Oscar®.

Raquel lleva un vestido muy elegante, pero práctico, _confeccionado_ por Isaac Mizrahi.

3. Sin la *pólvora,* no podemos hacer fuegos artificiales.

Cuando una persona dispara un arma, es fácil encontrar restos de *pólvora* en su mano.

4. Cuando puse la carne en la barbacoa, el *fogonazo* le quemó el pelo y las pestañas.

En los inicios de la fotografía, se usaba un *fogonazo* de magnesio para iluminar los salones.

Ahora, empareja la palabra con su definición o sinónimo.

Palabras

_____ 1. protagonismo

_____ 2. confeccionar

_____ 3 pólvora

_____ 4. fogonazo

Definiciones o sinónimos

a. hacer una prenda de vestir

b. emisión de llamas producida por un material inflamable

c. elemento / producto / sustancia que sirve / se usa para hacer explosivos

d. sobresalir, ser la persona más importante

5. Manolo no cena con nosotros hoy; como es aficionado a los toros, se ha ido a ver el *encierro,* porque quiere ver los toros antes de la corrida de mañana.

Este *encierro* promete mucho; todos los toros son hermosos y muy activos.

6. Ten cuidado cuando vayas por la Avenida de las Rosas. Hay un *tramo* que está en muy malas condiciones. Esta mañana hubo un accidente y hay vidrio por todas partes.

Cuando salimos a pasear por el campo, vimos un *tramo* del camino que era muy lindo y estaba cubierto de flores silvestres de muchos colores.

7. La gente que está en la plaza espera con ansiedad la salida de los *astados,* porque les han dicho que son unos toros muy bravos.

Ramiro se dedica a la ganadería de lidia. Sus *astados* se usan con frecuencia en corridas muy prestigiosas.

8. Celina pasa el verano en la granja de su abuela y se encarga del *corral* de las gallinas.

Ignacio no quiere comer carne de animales que han estado en *corrales* demasiado pequeños. Por eso no consume ni pollo ni ternera.

Ahora, empareja la palabra con su definición o sinónimo.

Palabras

_____ 5. encierro

_____ 6. tramo

_____ 7. astado

_____ 8. corral

Definiciones o sinónimos

e. toro

f. sitio cerrado que sirve para guardar animales

g. segmento de un camino

h. acción de guardar en un lugar; sitio donde se tiene encerrados a los toros

9. Los toros que corren por la calle en Pamplona serán *lidiados* en la corrida de la noche.

Por culpa de Marcela, llegamos tarde a la corrida y ya había empezado la *lidia.* El torero estaba en el ruedo y nos perdimos la primera parte de su actuación.

10. María descubrió que era hija adoptiva; este *hallazgo* la deprimió mucho al principio.

Los arqueólogos encontraron fósiles de dinosaurios con características muy peculiares, y este *hallazgo* los hará muy famosos.

11. Compré flores para *adornar* la oficina; me parece que se ve más bonita así.

Liliana quiere *adornar* las mesas con velas y uvas de plástico, ¿qué te parece?

12. Esta *colcha* es tan linda que no me atrevo a ponerla en la cama.

Si quieres ver las *colchas* y edredones más caros y elaborados del mundo, tienes que venir conmigo a Pensilvania.

Ahora, empareja la palabra con su definición o sinónimo.

Palabras	Definiciones o sinónimos
_____ 9. lidiar, lidia	i. cosa encontrada o descubierta
_____ 10. hallazgo	j. embellecer, decorar
_____ 11. adornar	k. pieza de tela que se usa para cubrir una cama
_____ 12. colcha	l. pelear, luchar con un toro; corrida de toros

9.2-8 Antes de leer

Antes de empezar a leer, reflexiona un poco.

1. ¿Conoces alguna celebración que recree batallas? ¿Puedes describirla?

2. Seguramente sabes algo de los Sanfermines. ¿Qué sabes de esta fiesta? ¿Por qué crees que es tan popular?

3. ¿Has participado alguna vez en una celebración religiosa? ¿Qué tipo de actividades tuvieron lugar durante la celebración?

La lectura presenta tres fiestas populares de España: la fiesta de Moros y Cristianos de Alicante, los Sanfermines de Pamplona y el Día de la Cruz de Granada. Una vez que hayas leído, vamos a trabajar con la lectura. ¡Ya puedes empezar a leer! ¡Diviértete!

Alicante: Fiesta de Moros y Cristianos

La Fiesta de Moros y Cristianos de Alcoi se celebra desde el siglo XVII, y puede considerarse como la más importante tradición sociocultural de la ciudad. Mantiene su *protagonismo* a lo largo de todo el año y es ocasión para debates, e incluso polémicas, que involucran a casi todos sus estados.

Origen de la fiesta.

Veinte años después de la fundación de la villa de Alcoi, los seguidores de Al-Azraq,

continúa

señor anterior de la comarca, atacaron la villa para recuperar sus posesiones. Los muros resistieron y la fortaleza quedó intacta. Esta victoria de los cristianos se atribuye a la intervención de San Jorge, patrón de los reinos de la Corona de Aragón.

La fiesta se celebra del 22 al 24 de abril y está dividida en tres partes: desfiles, actos religiosos y escenificación bélica. Los participantes se dividen en bandos, unos representan a los moros y otros a los cristianos. Cada bando se esmera en representar a su grupo fielmente, para eso *confeccionan* atuendos ex profeso para la ocasión que no volverán a usarse en años sucesivos, lo que estimula la creatividad de la industria festera alcoyana.

La noche de la víspera se congregan las bandas de música en la plaza (casi novecientos músicos), se interpreta y canta a coro el Himno de Fiestas. A continuación, cada grupo celebra la cena típica a base de Olleta (estofado de alubias con embutidos) y salen a desfilar, aún de paisano, como en un último ensayo. Pocas horas después, a las 6 del día 22, se anuncia el principio de la fiesta. El bando de los cristianos —vestidos en los trajes de la representación— hace su entrada un poco antes de las 11 horas. Por la tarde, hace su entrada el grupo de los moros. El 23 de abril es la jornada de procesiones cívico-religiosas donde participa la multitud, en este día central. Con horario más relajado, hay lugar para toda clase de celebraciones informales. Sin duda, la ciudad luce como en ningún otro día del calendario, y la fiesta se prolonga hasta un nuevo amanecer, cuando se prepara para su cita anual con la *pólvora*.

El día de la batalla constituye todo un contrapunto. Aquí, la fiesta parece encontrar sus verdaderas raíces. Las Embajadas de ambos bandos —tanto moros como cristianos—, se introducen en un contexto donde los protagonistas son la teatralidad y la pólvora. El ruido es indescriptible y los *fogonazos*, estampidos y humaredas, alcanzan momentos de plástica extraordinaria. Cuando termina el episodio bélico con la victoria final cristiana, llegará otro emotivo acto, tan breve como el que inició la Fiesta tres días atrás: al anochecer, la población recibe al pequeño héroe, al Sant Jordiet —San Jorge representado como un niño— lanzando flechas de paz al pueblo que se ha congregado para aclamarle.

De todo lo expuesto hasta ahora, se deduce que existe un factor histórico relevante en la raíz de la Fiesta, pero tengamos en cuenta la abrumadora aportación de elementos religiosos, costumbristas, políticos, culturales o, incluso, económicos, que se reúnen en esta manifestación personalísima de la sociedad alcoyana a lo largo de siglos.

Pamplona: San Fermín

Los «Sanfermines» son las fiestas que Pamplona celebra entre el 6 y 14 de julio en honor a San Fermín, copatrón de Navarra. Según la tradición, Fermín, hijo del senador Firmus que gobernó Pamplona en el siglo III, se convirtió al cristianismo y fue ordenado sacerdote en Toulouse (Francia). Regresó luego a Pamplona como obispo y murió decapitado en Amiens, adonde había ido a predicar el Evangelio, el 25 de septiembre del año 303. San Fermín da nombre y es la excusa para que durante 204 horas Pamplona se transforme en una permanente fiesta. En ella conviven en armonía las ceremonias religiosas con las profanas, los actos oficiales con el bullicio popular, el culto al toro con el vino y el buen comer. Pero principalmente, son unas fiestas populares, en las que no es suficiente ser espectador y en las que el de fuera enseguida se siente como si estuviese en su casa.

A pesar de su evolución a través de los siglos, los Sanfermines siguen manteniendo como protagonista la calle, que es donde verdaderamente está la fiesta. También los toros son elemento imprescindible, presente en el *encierro* por la mañana, en la plaza por la tarde y en el encierrillo por la noche, cuando a oscuras y en silencio se trasladan los toros a los de Santo Domingo desde donde, a la mañana siguiente, partirá la singular y peligrosa carrera. En cualquier caso, para disfrutar de los Sanfermines, no es obligatorio acudir a los actos más señalados o de más tradición. Basta con sumergirse en el ambiente y dejarse llevar por la alegría con respeto hacia los demás porque, en definitiva, los Sanfermines están en la calle y se hacen entre todos.

El Encierro es el acto que más se conoce de los Sanfermines y el motivo por el que muchos extranjeros llegan a Pamplona el 6 de julio. Básicamente consiste en correr delante de los toros un *tramo* de calle convenientemente vallada, y tiene como fin trasladar a los *astados* desde los *corrales* de Santo Domingo hasta los de la Plaza de Toros donde, por la tarde, serán *lidiados*. En total corren seis toros y dos manadas de mansos, y el trayecto, que transcurre por diferentes calles del Casco Viejo de la ciudad, mide 848,6 metros. La carrera tiene una duración media de 3,55 minutos, que se prolongan en la medida en que alguno de los astados se separa de sus hermanos.

Aunque todos los tramos son peligrosos, la curva de la calle Mercaderes y el tramo comprendido entre la calle Estafeta y la Plaza son los que más riesgo entrañan. Actualmente, la aglomeración es uno de los principales problemas del encierro y aumenta la peligrosidad de la carrera en la que los mozos no deberán intentar estar por más de 50 metros delante de los toros. Todos los tramos del recorrido están vigilados por un amplio dispositivo de seguridad y atención médica. No obstante, la peligrosidad de la carrera ha hecho que entre 1924 y 2002 se haya registrado un total de 14 muertos y más de 200 heridos por asta.

Granada: El Día de la Cruz

El origen del Día de la Cruz se relaciona con el relato del *hallazgo* de la auténtica Cruz de Cristo por Santa Elena. Este relato se encuentra en narraciones del siglo X y puede resumirse así: en el sexto año de su reinado, el emperador Constantino se enfrentó contra los bárbaros a orillas del Danubio. La victoria se consideraba imposible a causa de la magnitud del ejército enemigo. Una noche

continúa

Constantino tuvo una visión: en el cielo se apareció brillante la Cruz de Cristo y encima de ella unas palabras, In hoc signo vincis («Con esta señal vencerás»). El emperador hizo construir una Cruz y la puso al frente de su ejército, que entonces venció sin dificultad a la multitud enemiga. De vuelta a la ciudad, después de investigar el significado de la Cruz, Constantino se convirtió a la religión cristiana y mandó edificar iglesias. Enseguida envió a su madre, santa Elena, a Jerusalén en busca de la verdadera Cruz de Cristo, quien encontró la Cruz al producirse un milagro. Santa Elena murió rogando que celebraran la conmemoración del día en que fue encontrada la Cruz, el tres de mayo.

Esta fiesta presenta una serie constante de elementos comunes. El centro de la fiesta es una cruz, de tamaño natural o reducido, que *se adorna*, en la calle o en el interior de una casa, con flores, plantas, objetos diversos (pañuelos, *colchas*, cuadros, candelabros, etc.) y adornos elaborados. A su alrededor se practican bailes típicos, se realizan juegos y se cantan coplas alusivas. A veces hay procesiones, de carácter religioso o pagano.

Como el mes de mayo se ha considerado desde siempre el mes del esplendor de la vegetación y, por extensión, el mes amoroso por excelencia, ha sido desde tiempos remotos el escenario temporal de un buen número de fiestas populares.

Como consecuencia del empeño de la jerarquía cristiana por eliminar prácticas paganas y supersticiosas, muchas veces escandalosas y casi siempre contrarias a su moral, las fiestas naturalistas de mayo se transformaron y agruparon en torno a un nuevo motivo, la Cruz. En un maravilloso ejemplo de asimilación y sincretismo de fiestas y símbolos, el árbol fue sustituido por una cruz.

En cualquier caso, el día 3 de mayo —como cada año— los granadinos se lanzan a la calle a celebrar el Día de la Cruz. Se organizan bailes y tenderetes por doquier, corre el vino a raudales, y la preciosa Granada se viste de cruces inundadas de claveles, rosas, mantillas, etc.

9.2-9 A vista de pájaro: ¿Cierto o Falso?

Ahora que ya has leído, señala si las siguientes oraciones son ciertas (C) o falsas (F). Recuerda que si las oraciones que aparecen a continuación son falsas, tienes que modificarlas para que reflejen el contenido que verdaderamente aparece en la lectura.

_____ **1.** El origen de la Fiesta de Moros y Cristianos es una batalla en la que se menciona la intervención milagrosa de San Jorge.

_____ **2.** Para la fiesta de Moros y Cristianos, los trajes que llevan los participantes se guardan cuidadosamente para usarlos en años posteriores.

_____ **3.** El último día de la fiesta se recrea la batalla entre moros y cristianos, y termina con la entrada del santo.

_____ **4.** Los Sanfermines son una fiesta estrictamente religiosa.

_____ **5.** Para divertirse en los Sanfermines, es necesario participar en la carrera.

_____ **6.** Para participar en la carrera de los Sanfermines, es necesario tener buena condición física ya que hay que correr por más de una hora.

_____ **7.** El origen del Día de la Cruz es muy reciente.

_____ **8.** La Fiesta de la Cruz, como muchas otras, presenta elementos religiosos y seculares.

_____ **9.** Todas las fiestas mencionadas incluyen celebraciones en la calle, comida y bailes.

9.2-10 Vayamos por partes

Contesta las siguientes preguntas con la información de la lectura.

1. Haz una lista de elementos que tienen en común la Fiesta de Moros y Cristianos, los Sanfermines y el Día de la Cruz.

2. Selecciona una fiesta y resume brevemente el relato religioso que la origina.

3. En la Fiesta de Moros y Cristianos se simula una batalla. ¿Quiénes participan en esta batalla? ¿Qué implicación político-cultural encontramos en ella?

4. La Fiesta de Moros y Cristianos dura tres días. ¿Podrías mencionar algunas actividades que tienen lugar cada día? Completa la tabla siguiente.

Actividades de la Fiesta de Moros y Cristianos
1er día
2° día
3er día

5. ¿Qué otros elementos en los Sanfermines, además del encierro, hacen que esta fiesta sea tan atractiva?

6. Explica el sincretismo entre los elementos paganos y religiosos en la celebración del Día de la Cruz.

9.2-11 Adivina... ¿Quién lo diría?

¿Quién diría lo siguiente: Moro (M), Cristiano (C), Participante en Sanfermines (P), Granadino (G) o Extranjero (E)?

_____ **1.** ¡Qué bien me la estoy pasando! La calle está llena de gente, hay vino bueno en todas partes y ahora vamos a la plaza de toros.

_____ **2.** Tengo que preparar mi traje para desfilar el 22 de abril por la mañana.

_____ **3.** Todos los vecinos vamos a cooperar para adornar la cruz.

_____ **4.** ¡Qué lástima! Siempre perdemos la batalla.

_____ **5.** Desde que era pequeño, siempre tuve interés en venir a España en julio.

_____ **6.** Gracias a la intervención de San Jorge, hemos vencido al enemigo.

_____ **7.** ¡Vamos! ¡Va a empezar la carrera!

_____ **8.** Qué linda está mi ciudad este tres de mayo.

9.2-12 Y, ¿qué piensas tú?

Ya has leído sobre las fiestas. Ahora, contesta según tu opinión.

1. ¿Te gustaría ir a alguna de estas fiestas? ¿Qué harías allí?

_____

_____

_____

2. De las actividades típicas de estas fiestas, ¿cuál te parece más peculiar o extraña? ¿Cuál es la más divertida? ¿Y la más peligrosa? Justifica tus respuestas.

_____

_____

_____

3. Después de haber oído y leído las descripciones de seis fiestas populares españolas, ¿te atreverías a hacer una lista con características representativas de las fiestas españolas? Puedes hacer referencia al origen, lugar, duración, lo que se hace, quién participa, etc.

_____

_____

_____

_____

_____

4. ¿Qué te parece la idea de simular una batalla? ¿Crees que es similar o diferente a lo que se hace para conmemorar la Guerra Civil Norteamericana?

_____

_____

_____

5. El sincretismo entre lo religioso y lo secular es un fenómeno presente en muchas fiestas. ¿Puedes encontrar estos elementos en otras fiestas, por ejemplo: la Pascua de Resurrección o la Navidad? Explica.

_____

_____

_____

_____

IV. Escribamos

Escribe sobre uno de estos temas según las indicaciones que te dé tu profesor.

9.2-13 Diario

Has escuchado a los hablantes y ahora tienes información sobre fiestas de España que posiblemente no conocías. Vuelve a tu diario y escribe tu opinión sobre la celebración de San Isidro, la Batalla del Vino o el Carnaval de Tenerife. No olvides mencionar razones que apoyen tu opinión. Puedes ayudarte con el vocabulario de «Para hablar de...».

9.2-14 Composición

Después de leer sobre la Fiesta de Moros y Cristianos, los Sanfermines y el Día de la Cruz, imagínate que eres un corresponsal en el extranjero y tienes que escribir un reporte sobre una fiesta en España. Sin usar ninguna de las fiestas que mencionan los hablantes o las de la lectura, investiga en el Internet sobre una celebración para informar a tus lectores. Recuerda que el tono de tu redacción puede tener un efecto positivo o negativo en el ánimo de los lectores. ¿Qué aspectos de la fiesta vas a mencionar? ¿Qué quieres expresar? ¿Entusiasmo o rechazo?

Estructuras que podrías usar al escribir:

- El origen de esta celebración es...
- Durante esta fiesta...
- Las actividades que se llevan a cabo...
- Lo mejor / peor

Nuestra música y comida

10.1 Música

I. Escuchemos

10.1-1 Piensa...

En este tema, Laura, Victoria y Óscar nos hablan de los bailes típicos de sus países. Piensa en lo siguiente antes de escuchar.

1. ¿Te gusta la música folclórica?
2. ¿Sabes bailar algún baile típico de algún lugar? ¿Cuál(es)?
3. ¿Te gustaría aprender a bailar tango, flamenco, salsa, etc.? ¿Por qué?

10.1-2 Para hablar de...

A continuación verás cuatro categorías de vocabulario relacionado con el tema. Trabajando con toda la clase y con la ayuda de tu profesor/a, piensa en palabras asociadas a cada bloque que puedan ser útiles para hablar sobre el tema. ¿Qué palabras crees que es necesario incorporar? Te damos un ejemplo de cada una.

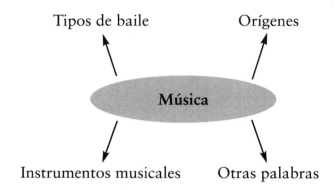

Tipos de baile	Orígenes	Instrumentos musicales	Otras palabras
chachachá	fusión	acordeón	bailarín / bailarina

10.1-3 ¿Qué nos cuentan estas personas?

En esta sección Laura, Victoria y Óscar hablan de algunos bailes típicos de sus países, sus orígenes, los instrumentos musicales que los acompañan y el vestuario que se usa. Debes escribir en el cuadro las ideas que hayas podido entender (ver Apéndice D).

10.1-4 Adivina... ¿Quién diría esto?

Después de escuchar a los hablantes y teniendo en cuenta lo que han contado, adivina quién diría esto. Identifica cada enunciado con un hablante y escribe el número del hablante en el espacio que corresponda. Recuerda que solamente hay tres hablantes; un enunciado debe quedar en blanco.

H＿＿＿: Esta música se baila el día de la fiesta nacional de mi país y todos la bailan.

H＿＿＿: Me entra nostalgia cuando escucho esta música.

H____: La música de mi país varía según la región. Nuestro baile nacional es difícil de bailar.

H____: Esta música tiene influencias de muchos tipos y, entre otras cosas, representa el dolor de un pueblo perseguido.

10.1-5 Información cultural: ¿Lo sabías?

Veamos algo sobre los elementos culturales que mencionan los hablantes; después, responde a las preguntas.

En la película *Tango* (1998) de Carlos Saura, se pueden ver claramente los orígenes del tango. Algunos de los números musicales ilustran el carácter inmigrante de esta música. Un número, en particular, ilustra la costumbre de bailarlo entre hombres.

La palabra «gitano» es una derivación de «egiptano», porque al principio se creyó que los gitanos provenían de Egipto. Se calcula que en España viven 600.000 gitanos, 5% de los cuales viven en Andalucía.

La palabra «hindú» en español se usa con frecuencia para designar tanto a las personas que practican el hinduismo, como a los originarios de la India.

«Guaso» es el término que se usa en Chile para designar a los campesinos de ese país.

El Fado es la música por excelencia de Lisboa y refleja la esencia que los portugueses llaman «saudade» (lo inevitable, la idea de una nación destinada a la gloria de sus hombres) y que es su símbolo de identidad. El Fado está relacionado con el folklore urbano y comparte rasgos con el Tango de Buenos Aires y el rebetika de Atenas. Todos ellos surgen a mediados del siglo XIX en barrios pobres o periféricos de grandes ciudades de industria naciente con una población que vive en la marginalidad, entregada a una vida bohemia y visitante de las tabernas y los prostíbulos. La recurrencia temática refuerza esta semejanza: el amor desmedido y reflejado en sus más diversas facetas.

En la película *Hable con ella* (2002) de Pedro Almodóvar se puede ver una presentación de Fado.

Después de leer la información cultural, contesta las siguientes preguntas.

1. ¿Conoces otros casos de palabras como «gitano» e «hindú» donde el significado o la forma de la palabra ha sido alterado de alguna manera?

_____

_____

2. ¿Dónde vive la mayoría de los gitanos en España?

_____

3. ¿Cuáles son las características del Fado que lo hacen similar al tango?

_____

_____

II. Conversemos

10.1-6 Y ahora tú...

En esta sección vas a hablar sobre los bailes que han mencionado Laura, Victoria y Óscar. También vas a discutir la importancia de la música para ti. Trabaja siguiendo las instrucciones de las actividades y de tu profesor.

A. Tus experiencias con el tango, flamenco y cueca

T **1.** Laura dice que el tango refleja sentimientos de pérdida y tristeza. ¿Has visto alguna vez un espectáculo de tango? Si es así, ¿qué te pareció? ¿Percibiste la tristeza y la nostalgia? ¿Conoces algún tipo de música de otro país que también tenga este tono de melancolía?

_____

_____

_____

_____

_____

T **2.** Victoria habló del flamenco y de lo importante que es el lenguaje corporal y la expresión de los bailao/res. ¿Crees que es posible expresar emociones profundas por medio del baile? ¿Puedes dar ejemplos?

_____

_____

_____

3. ¿Crees que el flamenco y el tango comparten elementos? ¿Cuáles?   `3`

_____

_____

4. Óscar dice que los temas de la cueca exploran asuntos tanto domésticos como políti-   `3`
cos. ¿Qué piensas de usar temas políticos en la música?

_____

_____

B. Tus experiencias con otros tipos de música

1. Tomando en cuenta la temática, los instrumentos musicales y sus orígenes, ¿podrías   `4`
comparar el flamenco, el tango y la cueca con la música _country_ o el _blues_?
¿Encuentras elementos o temas similares?

	Música	Instrumentos musicales	Orígenes	Temática
Flamenco	_____	_____	_____	_____
Tango	_____	_____	_____	_____
Cueca	_____	_____	_____	_____
Country	_____	_____	_____	_____
Blues	_____	_____	_____	_____

2. En los últimos años ha habido debates acerca de las letras agresivas y gráficas de   `4`
algunas canciones, por ejemplo las de la música rap. ¿Qué opinas de la música que
tiene letras agresivas? ¿Crees que el arte justifica el contenido de las canciones? ¿Crees
que artistas como Eminem tienen derecho a expresar su opinión sin importar lo vio-
lenta que sea? ¿Conoces algunos raperos que canten en español? ¿Qué opinas de
ellos?

_____

_____

_____

_____

_____

3. Entrevista. Cuando escuchas música, ¿qué tipo sueles escuchar y qué emociones te   `3` `T`
produce? Entrevista a tres de tus compañeros/as y después compara sus respuestas.
¿Son semejantes sus gustos musicales? ¿Escuchan el mismo tipo de música en las mismas situaciones? ¿Cuántas situaciones y emociones diferentes se generaron en la
clase?

Situación: para relajarte, dormir, bailar, acompañar, en situaciones románticas...

Adjetivos: sensual / sensualidad, triste, alegre, romántico, trágico, violento...

Tipo de música	Situación en que se escucha	Emoción que produce
Jazz	_____	_____
Blues	_____	_____
Rock and Roll	_____	_____
Clásica	_____	_____
Salsa, merengue	_____	_____
Flamenco	_____	_____
Rap	_____	_____
Tango	_____	_____
Pop	_____	_____
¿?	_____	_____

C. Role-play

Últimamente ha habido mucha controversia con respecto a «bajar» música del Internet. Las grandes compañías discográficas han demandado a niños, ancianos y otras personas que afirman que no sabían que estaban «robando» las canciones. ¿Qué opinas de esta situación? ¿Crees que las grandes compañías están exagerando? ¿Crees que los «ladrones» deben ir a la cárcel? La clase se divide en cinco grupos. Cuatro grupos deben escoger una de las siguientes situaciones y preparar un argumento convincente para presentárselo al quinto grupo que servirá de jurado. Este último grupo deberá discutir sus opiniones sobre esta situación antes de escuchar a sus compañeros.

- Tu grupo representa a la compañía discográfica que ha perdido millones de dólares en ventas de discos porque la gente «baja» música del Internet y la distribuye entre sus amigos. En el mes de septiembre tu compañía publicó un anuncio en los principales periódicos de la nación para advertir de la ilegalidad de estos actos. El mensaje se difundió también por radio y televisión.

- Ustedes son los padres de un niño de once años que ha sido acusado de robar y compartir música que ha obtenido del Internet. Su hijo dice que él no sabía que estaba haciendo algo ilegal.

- Eres un/a joven soltero/a de veintitrés años que trabaja como analista de datos. Tú y tus compañeros de apartamento han sido acusados de robar y distribuir música por el Internet. Tú habías leído en el periódico un anuncio de las compañías discográficas advirtiendo sobre la ilegalidad de esta práctica, pero no se lo dijiste a tus compañeros/as.

- Ustedes son un grupo de estudiantes de secundaria que «bajaron» música del Internet como parte de un proyecto escolar. Ustedes no sabían que al hacerlo estaban cometiendo un delito.

III. Leamos

Para este tema, vas a leer el ensayo «México Canta y Escucha» del escritor mexicano Jorge Ibargüengoitia, donde se nos habla sobre el temperamento musical de los mexicanos. Antes de leer, trabaja con el vocabulario que aparece a continuación y que viene de la lectura.

10.1-7 Descubre el significado: Identifica y empareja

Lee las siguientes oraciones y encuentra el significado de las diez palabras *en cursiva*, ayudándote del contexto en que aparecen. Luego empareja las palabras con su definición. Te presentamos las palabras en dos bloques de cinco.

1. Adriana se prepara para el espectáculo de esta noche. Como es *cancionera*, tiene que llevar ropa típica mexicana y ensayar sus canciones.

   La fiesta se animó mucho cuando llegaron las *cancioneras* y empezaron a cantar «Cielito lindo».

2. Cuando Alberto no quiere ir al colegio, le dice a su madre que está enfermo. Ella sabe que el malestar es *fingido,* que Alberto no está enfermo, y por eso nunca lo deja quedarse en casa.

   Marisol tuvo que *fingir* un dolor de cabeza para poder salir de la reunión pronto.

3. En México el transporte colectivo más popular es el *camión,* porque es muy barato y transporta a un gran número de personas.

   Si quieres llegar a tiempo, toma un taxi, porque tendrás que esperar el *camión* una hora.

4. Raúl y Jaime fueron a un instituto donde los *adiestraron* como técnicos electricistas.

   Felipe decidió no *adiestrar* a su perro porque es muy tranquilo.

5. Lorenzo está muy enamorado de Marujita y le lleva *gallo* todos los fines de semana. Ella piensa que es muy romántico, pero sus padres están cansados porque estas serenatas los despiertan en la madrugada.

   Mercedes está muy cansada; anoche su novio le trajo *gallo* y no pudo dormir.

Ahora, empareja la palabra con su definición o sinónimo.

Palabras	Definiciones o sinónimos
_____ 1. cancionera	a. instruir, enseñar
_____ 2. fingir	b. mujer que canta canciones típicas mexicanas
_____ 3. camión	c. autobús (mexicanismo)
_____ 4. adiestrar	d. simular, aparentar algo que no es
_____ 5. gallo	e. serenata que se lleva después de la medianoche

6. Algunos jóvenes se preocupan por reducir el número de *analfabetos* en su comunidad. Ellos creen que es necesario que todas las personas sepan leer y escribir.

   Te lo he dicho muchas veces: mi abuelo no era *analfabeto.*

7. María Luisa no es nada *pudibunda*, porque le encanta vestirse de manera atrevida. Le gustan las minifaldas, los pantalones cortos y los escotes pronunciados.

   Este serial no es nada *pudibundo;* es más bien vulgar.

8. Mira, yo no he trabajado tanto para que, de buenas a primeras, venga *Fulano de Tal* a decirme que tengo que cambiarlo todo. Ningún desconocido me va a decir cómo debo hacer mi trabajo.

Mónica se enfadó con Juan Diego porque llegó a la fiesta con un *Fulano de Tal* y la ignoró completamente.

9. Si no te gustan las *tercerías*, tienes que hablar con la gente cara a cara y eliminar la intervención de otras personas en tus asuntos.

La única manera de arreglar este asunto es por medio de *tercerías*. De otra manera pasarás varios días haciendo gestiones.

10. Roberto *le tiene puesto el ojo* a un descapotable rojo. Lo único que necesita es deshacerse de sus deudas universitarias para poder comprarlo.

Hace tiempo que Carlos le *tenía puesto el ojo* a una de sus compañeras de trabajo. Finalmente, el viernes pasado la invitó a salir y ella le dijo que no.

Ahora, empareja la palabra o expresión con su definición o sinónimo.

Palabras o expresiones

_____ 6. analfabeto
_____ 7. pudibundo
_____ 8. Fulano de Tal
_____ 9. tercería
_____ 10. tenerle puesto el ojo

Definiciones o sinónimos

f. que no sabe ni leer ni escribir
g. estar muy interesado en algo
h. hacer algo por medio de una tercera persona
i. persona desconocida o de la que se desconoce su nombre
j. que tiene recato y pudor

10.1-8 Antes de leer...

Ahora vas a leer el texto, titulado «México Canta y Escucha», de Jorge Ibargüengoitia. En él nos habla de las curiosas costumbres musicales de muchos mexicanos.

Antes de empezar a leer, reflexiona un poco.

1. ¿Te gusta cantar en público? ¿Prefieres hacerlo en privado?

2. ¿Cómo prefieres escuchar la música —en casa o en el coche— a todo volumen o solamente para ti?

Una vez que hayas leído, vamos a trabajar con la lectura. ¡Ya puedes empezar a leer! ¡Diviértete!

MÉXICO CANTA Y ESCUCHA

JORGE IBARGÜENGOITIA

El invento científico que más ha transformado la sociedad mexicana no es ni la locomotora, ni el teléfono, ni la energía atómica. No es, ni siquiera, y a pesar de la enorme importancia que ésta ha tenido, la «tortilladora automática». La tortilladora ocupa un triste segundo lugar. El invento fundamental en la transformación de nuestra cultura es la radio de transistores.

Los mexicanos, como los italianos, son músicos de nacimiento. Cada niño que se agrega a nuestra ya inflada población es un mariachi innato, o una *cancionera*.

Antiguamente no se podía uno acercar a los lavaderos públicos, porque estaban llenos de mujeres cantando, cada una a su manera, al amor *fingido*, traicionado o no correspondido. Tampoco podía uno dormir después de las cuatro de la mañana, porque el aire de las ciudades, los pueblecillos y hasta de los más humildes caseríos se impregnaban con las notas de cientos de borrachos cantando al amor no consumado. Por si fuera poco, los domingos, la gente se congregaba en las plazas públicas a escuchar a las bandas de música locales interpretando fragmentos de ópera.

¡Qué tiempos aquellos! Todo ha cambiado. Ahora no puede uno ni dormir, ni trabajar, ni viajar en *camión*, sin escuchar radios de transistores. Los antiguos cantantes individuales que abrían la boca para expresar su pena, han sido sustituidos por profesionistas especialmente *adiestrados* (y algunos hasta bien pagados) para expresar las penas, los anhelos y las alegrías de todo el mundo.

Hay quien prefiere la autenticidad a la habilidad en la expresión. Yo no. Si me dan a escoger entre oír a una criada y oír a una cancionera, prefiero la cancionera. Aunque si me dan a escoger entre estas dos alternativas y la de no oír nada, prefiero no oír nada. Y aquí está lo malo: en la expresión cantada del mexicano siempre ha habido algo (bastante) de exhibicionismo. El borracho antiguo llevaba *gallos* en vez de escribir cartas eróticas o cualquier otro recurso que nosotros podríamos considerar más eficaz para obtener favores, no sólo porque posiblemente su novia fuera *analfabeta*, sino porque el galán ha de haberse dicho para sus adentros:

— *Quiero que sepan que te quiero.*

El primer paso del camino entre el gallo y la radio de transistores fue la sinfonola. En las cantinas de rancho, las sinfonolas funcionaban con acumuladores. Le daba uno veinte centavos al dueño de la cantina —la tienda, como se llamaban estos establecimientos en las regiones más *pudibundas* de nuestro país— y éste tomaba un micrófono y decía:

—*Ahora vamos a ofrecer una bonita selección que el señor Fulano de Tal ha solicitado para felicitar a la señorita Fulanita de Tal en el día de su onomástico.*

Todo esto, así como la selección, era escuchado, no sólo por Fulanita, sino por todas las personas que tuvieran la desgracia de estar a cinco kilómetros a la redonda.

Lo que haya pensado la festejada es imponderable, y, además, carece de importancia, porque en la mayoría de los casos, el enamorado, después de haber gastado todo su dinero en canciones apasionadas y cervezas, acababa conquistando a su amada a golpes, que no era más que un preludio de lo que iba a ser la vida matrimonial.

Pero las sinfonolas de rancho no son más que otro recuerdo del pasado. En la actualidad, como no hay nadie que se respete y tenga salario mínimo que no tenga radio de transistores, el expresar amor público es algo mucho más sencillo y mucho más perfeccionado. Además, no cuesta nada. Basta con llamar por teléfono a una de las estaciones especializadas en esta clase de *tercerías*, para que al día siguiente, la voz bien adiestrada de un locutor, diga quién le dedica a quién (con sus direcciones respectivas) la siguiente pieza. La intención o la ocasión de la dedicatoria no se dice, pero las palabras de la canción lo explican. Por ejemplo, si alguien pide «Las mañanitas», ya sabemos que es santo de la señorita a quien va dedicada la pieza; también sabemos que el solicitante quiere quedar bien con la señorita en cuestión, quiere demostrarle que se acuerda de ella, que *le tiene puesto el ojo*, etc. Quiere

continúa

demostrarle todo esto, no sólo a ella, sino a nosotros, que no tenemos nada que ver, que no conocemos a ninguno de los interesados, que probablemente no conocemos ni siquiera las calles donde viven, que quizá ni siquiera sabemos dónde quedan las colonias. A nosotros, a quienes probablemente no nos gusta la canción que ha sido dedicada con tanto cariño y con intenciones tan complejas. A nosotros, que estamos oyendo la radio, nomás porque tenemos la mala suerte de ir viajando en un camión, al lado de un maniático que quiere compartir sus bienes con los demás viajeros, o porque tenemos la desgracia de vivir junto a un sordo.

10.1-9 A vista de pájaro: ¿Cierto o Falso?

Señala si las siguientes oraciones son ciertas o falsas. Si son falsas, corrígelas.

_____ **1.** Según la lectura, la «tortilladora automática» es el invento más importante de los últimos años.

_____

_____ **2.** El autor piensa que los italianos y los mexicanos no tienen nada en común.

_____

_____ **3.** De acuerdo con el artículo, la gente en México escucha la radio en todas partes, en los lugares privados y públicos.

_____

_____ **4.** El autor prefiere escuchar a una cancionera porque canta música mexicana auténtica.

_____

_____ **5.** El autor dice que los mexicanos quieren que todos se enteren de sus sentimientos porque son un poco exhibicionistas.

_____

_____ **6.** En algunos lugares la cantina se llama «tienda», porque se vende de todo.

_____

_____ **7.** En estos días la gente dedica canciones a sus novios o novias por medio de las estaciones de radio.

_____

_____ **8.** El autor piensa que la gente que escucha la música con el volumen demasiado alto está sorda.

_____

10.1-10 Vayamos por partes

Contesta las siguientes preguntas con la información de la lectura.

1. ¿Por qué cantan los mexicanos? ¿Cuáles son las razones que menciona el autor?

_____

_____

_____

2. ¿Qué desventajas trae la radio de transistores?

_____

_____

_____

3. ¿Cómo se explica la necesidad de hacer públicos los sentimientos de una persona?

_____

_____

_____

4. ¿Qué es una sinfonola y cómo funcionaba?

_____

_____

_____

5. Si un hombre quiere demostrarle su cariño a una mujer por medio de una canción, ¿qué debe hacer?

_____

_____

_____

10.1-11 Adivina... ¿Quién lo diría?

¿Quién diría cada una de estas afirmaciones? Fulano de Tal (F); Dueño de una cantina (D); Señorita (S); Locutor (L); Jorge Ibargüengoitia (J).

_____ **1.** Deme dinero y pongo la canción que quiera.

_____ **2.** Luis me dedicó una canción en la radio porque me quiere mucho.

_____ **3.** ¿Por qué tiene que oír la música a todo volumen?

_____ **4.** Quiero que ponga la canción «Cielito Lindo» para mi novia Adelita.

_____ **5.** Yo prefiero no escuchar la música de otras personas.

_____ **6.** ¿Quién es Adelita? ¿Y a quién le importa?

_____ **7.** Julián de la colonia Oblatos le dedica esta canción a su novia que vive en Lomas del Bosque...

_____ **8.** Hace un año que Roque no me lleva gallo ni me dedica canciones.

10.1-12 Y, ¿qué piensas tú?

Ya has leído la lectura. Ahora, contesta según tu opinión.

1. ¿Cuándo escuchas música? ¿Qué tipo de música te gusta?

_____

_____

2. ¿Escuchas la radio? ¿Tienes una estación / emisora favorita? ¿Cuál es?

_____

_____

3. ¿Crees que las canciones o la música pueden provocar emociones o contener mensajes románticos? ¿Has hecho alguna vez algo romántico con la música —llevar serenata, cantar, tocar música especial en una cita— para expresar tus sentimientos? ¿Por qué? ¿Qué pasó?

_____

_____

_____

_____

_____

4. ¿Cuál es tu canción favorita? ¿Escuchas canciones diferentes dependiendo de tu estado de ánimo? ¿Cuáles escuchas en cada momento?

_____

_____

_____

_____

5. Escoge una canción para tu novio/a, esposo/a o amigo/a favorito/a y escribe una dedicatoria para que la lean en la radio.

_____

_____

_____

_____

IV. Escribamos

Escribe sobre uno de estos temas según las indicaciones que te dé tu profesor.

10.1-13 Diario

¿Cuál de los bailes descritos por los hablantes te gustó más y por qué?

¿Es importante para ti conocer las tradiciones musicales de tu región? ¿Por qué?

Para escribir, puedes ayudarte con el vocabulario de «Para hablar de...».

10.1-14 Composición

Un día sin música. Imagina que durante veinticuatro horas la música estuviera prohibida en todas sus modalidades. Ni siquiera puedes cantar. ¿Cómo sería este día? ¿Horrible, extraño, normal? Descríbelo con tantos detalles como puedas.

Éstas son estructuras que te pueden servir mientras escribes:

- Si (_imperfecto del subjuntivo_)....+ (_condicional_): Si no pudiera... no tendría...
- Si (_presente_)....+ (_presente / futuro_): Si no escuchas... estás / estarás...

10.2 Comida

I. Escuchemos

10.2-1 Piensa...

Este tema trata de la comida, Sandra, Vicente y Andrea describen algunos de sus gustos culinarios.

1. ¿Qué piensas que oirás en la actividad?

2. ¿Qué imágenes o sensaciones provoca en ti la comida de diferentes países de habla hispana?

3. ¿Qué comidas has probado?

4. ¿Hay restaurantes hispanos en la ciudad donde vives?

10.2-2 Para hablar de...

Para hablar de la comida, aquí tienes palabras que se relacionan con el tema. Es muy importante que añadas las palabras que quieres recordar. ¿Qué palabras crees que es necesario incorporar? Te damos un ejemplo de palabras que podrías usar en cada categoría.

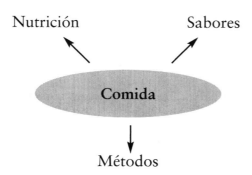

Nutrición	Sabores	Métodos	Otras palabras
aceites y grasas	salado	freír	subir / bajar de peso

10.2-3 ¿Qué nos cuentan estas personas?

Vas a escuchar a Sandra, Vicente y Andrea que nos hablan sobre la comida de sus países, las costumbres que tienen y cuáles son sus platos favoritos. Recoge en el cuadro siguiente la información que hayas entendido (ver Apéndice D).

10.2-4 Adivina... ¿Quién diría esto?

Después de escuchar a los hablantes y teniendo en cuenta lo que han contado, adivina quién diría esto. Identifica cada enunciado con un hablante y escribe el número del hablante en el espacio que corresponda. Recuerda que solamente hay tres hablantes; un enunciado debe quedar en blanco.

H_____: Me encanta comer y cocinar.

H_____: Cada sábado preparo comida de diferentes partes del mundo.

H_____: Sin arroz, no hay comida.

H_____: ¿Cocinar yo? ¡Ni hablar!

10.2-5 Información cultural: ¿Lo sabías?

En algunos países de Latinoamérica el maíz es parte importante de la dieta diaria. Muchos países tienen un platillo típico muy popular que se vende en la calle.

La sobremesa es el momento justo después de terminar una comida. Después de comer, los comensales se quedan sentados, simplemente charlando, tomando café y, quienes fuman, fumando. Esta excelente costumbre, que se está perdiendo en los países hispanos por las exigencias de la vida moderna, brinda la oportunidad de disfrutar de grata compañía mientras se empieza la digestión.

En la región de los Andes la papa es parte esencial de la dieta diaria. Hay muchas variedades de papa y cada una tiene sabor, color o textura diferente.

De la información que has leído, escribe tres cosas que hayas aprendido o que te parezca útil recordar:

1. _____

2. _____

3. _____

II. Conversemos

10.2-6 Y ahora tú...

Ahora vas a discutir tus impresiones sobre lo que han dicho Sandra, Vicente y Andrea. También tendrás oportunidad de expresar tu opinión y tus preferencias sobre la comida. Trabaja siguiendo las instrucciones de las actividades y de tu profesor.

1. ¿Has oído hablar de algunos de los platos mencionados por Sandra, Vicente y Andrea? ⊤
¿Los has probado? ¿Te gustaría hacerlo? Completa el siguiente cuadro con aquellas comidas de países hispanos que hayas probado, te gustaría probar o nunca probarías. En la segunda columna, puedes incluir comida de otros países. Después, comparte tu experiencia culinaria con la clase. Te damos unos ejemplos de comidas típicas de países hispanos pero puedes hacer referencia a otras: paella, pastel de choclo, gazpacho, quesadillas, tortilla de patatas, tortillas, sancocho, pupusas, churrasco, arroz con frijoles, plátanos fritos, etc.

	comida de países hispanos	comida de otros países
La he comido	_____	_____
Me gustaría probarla	_____	_____
Nunca la comería	_____	_____

Ahora, según tu experiencia culinaria con la comida hispana, ¿cómo caracterizarías el «sabor» de esta comida? ¿Qué es lo que te gusta más y menos de ella?

_____

_____

_____

2. Escriban un cuestionario con seis preguntas que investiguen los hábitos y gustos culi- 3 ⊤
narios de una persona. Las preguntas pueden estar relacionadas con el horario de sus comidas, lugar en que come (sala, cocina, etc.), comida o restaurantes favoritos, etc. Después, comparen los cuestionarios de todos los grupos y escojan las seis preguntas mejor redactadas. Con ellas, confeccionen un único cuestionario para toda la clase. ¡Sean creativos!

Cuestionario:

1. _____

2. _____

3. _____

4. _____

5. _____

6. _____

Ahora, en parejas, uno será el entrevistador y otro el entrevistado. Recojan las respuestas para después presentar un informe oral sobre los hábitos y gustos culinarios de tu compañero/a. ¿Cuál es la comida favorita de la clase? ¿Y el restaurante o tipo de comida?, etc

`2` `D` `0` **3.** La cocina y tú. ¿Quién cocina normalmente en tu casa? ¿Hay algún platillo especial en tu familia? ¿Cuándo lo comen? ¿Quién lo prepara habitualmente? ¿Eres buen cocinero/a? ¿Qué cocinas normalmente? ¿Cuál es tu especialidad?

_____

_____

_____

_____

_____

`T` `0` **4.** ¿Puedes explicar la expresión «es un gusto adquirido»?

_____

_____

_____

_____

_____

Role-play. Trabaja con un compañero. Uno de Uds. es un famoso experto culinario que ha sido invitado a un programa de televisión para preparar un platillo de comida para los espectadores del programa. Tu compañero es el presentador del programa. El resto de la clase será la audiencia del programa. Así que... saca las cosas de cocinar y... luces, cámara... ¡Acción!

5. La clase se divide en grupos. Cada grupo debe buscar en el Internet un plato y un postre típico de un país que no se ha mencionado en este capítulo. El grupo debe explicar brevemente al resto de la clase qué es, en qué consiste y cuáles son sus ingredientes. En clase, cada grupo expone lo que ha encontrado.

	Plato típico	Postre típico
Costa Rica	_____	_____
México	_____	_____
Argentina	_____	_____
Venezuela	_____	_____
Chile	_____	_____
Puerto Rico	_____	_____
Perú	_____	_____
¿?	_____	_____

III. Leamos

Para el tema de la comida vamos a leer un artículo de la revista electrónica *Saludmanía*. Antes de leer, trabaja con el vocabulario de la lectura que presentamos a continuación.

10.2-7 Descubre el significado: Identifica y empareja

1. Dice el *dicho*: somos lo que comemos.

Hay muchos *dichos* que se refieren a la salud, por ejemplo, mente sana en cuerpo sano.

2. La manera de comer revela *facetas* de nuestra personalidad.

Halle Berry es una actriz con muchas *facetas*; ha hecho comedias, dramas y películas de acción.

3. El que es *meticuloso* para comer, presta mucha atención a lo que come.

Julia es muy *meticulosa*; siempre pone mucho empeño en los detalles.

4. Para *averiguar* la mejor forma de bajar de peso, es necesario que analices tus hábitos alimenticios.

El gobierno *averiguó* que un medicamento contra el colesterol era peligroso para la salud.

5. Todos queremos eliminar las grasas *encubiertas* en nuestra dieta.

Marcelo no deseaba que se descubriera la verdad; por eso había *encubierto* los hechos.

Ahora, empareja la palabra con su definición o sinónimo.

Palabras	**Definiciones o sinónimos**
____ 1. dicho	a. una expresión popular, muchas veces graciosa, que usa la gente para explicar algo
____ 2. faceta	b. buscar la verdad hasta encontrarla
____ 3. meticuloso	c. excesivamente interesado en los detalles
____ 4. averiguar	d. escondido, oculto, que no se puede ver a simple vista
____ 5. encubierto	e. aspecto diferente de algo, como la personalidad

6. Algunos no *escatiman* a la hora de comer: comen y beben mucho.

Amanda es muy generosa. Cuando da una fiesta, no *escatima* en nada. Sirve el mejor vino, comida deliciosa y unos postres divinos.

7. A muchas personas les gustan los platillos *contundentes* porque los hacen sentirse satisfechos.

Anoche comimos una tarta de queso tan *contundente* que no pude dormir.

8. Eres caprichoso y *sibarita* a la hora de comer.

Tristán no es nada *sibarita*: come lo que sea y cuando sea, y tiene un carácter práctico.

9. Cuando se enamora, se pone como una *sílfide*.

Las bailarinas de ballet son tan delgadas que parecen *sílfides*.

10. Muchas personas creen que la alarma contra la obesidad *no es para tanto*.

Rocío olvidó traer el postre cuando vino a casa. Para tranquilizarla, le dije que *no era para tanto* porque siempre tengo helado en casa.

Ahora, empareja la palabra o expresión con su definición o sinónimo.

Palabras o expresiones

_____ 6. escatimar

_____ 7. contundente

_____ 8. sibarita

_____ 9. sílfide

_____ 10. no es para tanto

Definiciones o sinónimos

f. pesado, que tiene sustancia, que llena

g. expresión que significa «no te preocupes, no es tan importante»

h. disminuir la cantidad de algo

i. una persona que disfruta de las cosas

j. ninfa, una mujer muy delgada y delicada

10.2-8 Antes de leer

La lectura a continuación, *Dime cómo comes y te diré cómo eres*, presenta una clasificación de la personalidad basada en cinco hábitos y preferencias al comer y lo que este tipo de personas debe hacer para adelgazar. También habla del peligro que supone para la salud el comer mal y de algunos alimentos que previenen el envejecimiento.

Reflexiona sobre la siguiente pregunta: ¿Crees que es posible deducir cómo es una persona de acuerdo a su manera de comer?

Una vez que hayas leído, vamos a trabajar con la lectura. ¡Ya puedes empezar a leer! ¡Diviértete!

DIME CÓMO COMES Y TE DIRÉ CÓMO ERES

Dice un *dicho* que somos lo que comemos. Y es cierto: la dieta que seguimos determina nuestro aspecto y estado de salud. Pero además, nuestros gustos, costumbres y manías a la hora de comer, revelan *facetas* muy interesantes de nuestra personalidad e incluso deberían tenerse en cuenta al diseñar una dieta de adelgazamiento.

En la actualidad, las enfermedades de mayor incidencia en el «mundo civilizado» son las patologías cardiovasculares, la diabetes, los diversos reumatismos y el cáncer, por citar sólo algunas. Y gran parte de su origen se encuentra en una alimentación incorrecta. Por no hablar de la importancia que tiene el análisis del comportamiento alimentario en una persona para detectar enfermedades como la anorexia, la bulimia o la ortorexia, la ansiedad o la depresión.

Pero nuestros gustos y hábitos alimenticios no sólo son determinantes sobre nuestra salud, sino que pueden ser un síntoma o una clave de nuestro estado psicológico y nuestro carácter. Pararnos a ver cómo come una persona puede revelarnos aspectos muy interesantes sobre su personalidad.

En este artículo descubrirás no sólo si tu dieta es saludable, sino si eres nervioso, extrovertido, apasionado, *meticuloso*, tímido o si hay algo que te preocupa. En función de tu forma de comer también *averiguarás* qué deberías hacer para adelgazar cuando necesites ponerte a dieta. Además, te servirá para extraer interesantes conclusiones sobre la gente que te rodea.

Si comes así, eres...

¿Con cuál de estos tipos de comensal te identificas?

- **El comedido/a:** no te gusta cometer excesos y tiendes a llevar una dieta variada, sana y equilibrada. Te gusta disfrutar de lo que comes, le das importancia a la preparación y presentación de los platos y tus modales en la mesa son bastante refinados.

- **Adelgazar:** ya que no te pasas comiendo; para adelgazar necesitas hacer ejercicio, eliminar las posibles grasas *encubiertas* de la dieta (quesos grasos, frutos secos, embutidos...) e incluir más pescados, verduras y legumbres.

- **El/la comedor/a vocacional:** te gusta todo y no *escatimas* a la hora de servirte las raciones. Te encanta la comida casera y los platos sabrosos. Todas las cosas de «dieta» te deprimen. Para ti, comer es un placer al que no piensas renunciar.

- **Adelgazar:** ya que no estás dispuesto a seguir una dieta baja en calorías, necesitas hacer alguna actividad física. Intenta preparar platos de verduras y ensaladas que te entren por los ojos para olvidarte un poco de los platos *contundentes*.

- **El/La «tiquismiquis»:** «esto no me gusta» es tu frase. Eres caprichoso y *sibarita* comiendo; muchas cosas las rechazas sin haberlas probado y siempre te dejas comida en el plato o comes a la carrera. Tu dieta se limita a las cuatro cosas que te gustan. Si la comida no te entra por el ojo, no hay nada que hacer.

- **Adelgazar:** no suelen tener sobrepeso, y si lo padecen es porque los pocos alimentos que componen su dieta son justamente los menos recomendables. Imprescindible empezar a adquirir unos buenos hábitos alimenticios e incluir en la dieta todo tipo de alimentos o, al menos, de cada grupo los que más te gusten. Hacer ejercicio te abrirá el apetito y te hará ser menos selectivo/a con la comida.

- **El/la ansioso/a:** calmas la ansiedad con la comida y ahogas tus problemas en la nevera. En períodos de crisis aumentas de peso, lo que hace que te deprimas y comas más. Cuando estás contento/a o enamorado/a, te quedas como una *sílfide*.

continúa

- **Adelgazar:** antes que nada debes calmar tus nervios o solucionar tus problemas. Después, procura no tener en casa dulces, golosinas o cosas que engorden mucho. Ten siempre a mano fruta o yogures para cuando te entre la ansiedad. Hacer algún ejercicio tranquilo como el yoga o el tai chi te ayudará mucho a relajarte y comer menos.

- **El/la que siempre está a dieta:** vives pendiente de las calorías y las raciones, siempre preocupado/a por tu aspecto. Tras los excesos siempre te arrepientes e intentas compensarlos con un nuevo régimen o haciendo ejercicio. Te privas constantemente de lo que más te gusta, por lo que muchas veces acabas dándote un atracón.

- **Adelgazar:** evita las dietas «milagro» y ponte en manos de un especialista. Cuando salgas, evita los dulces y el alcohol. Hacer ejercicio te ayudará a conciliar cuerpo y mente.

Mal comer, mala salud

¿En tu dieta abundan los fritos, pasteles, embutidos, snacks...? ¿Piensas que *no es para tanto*, que llevas toda la vida comiéndolos y nunca te han hecho daño? Te equivocas; poco a poco nuestras arterias se recubren de pequeñas pero peligrosas placas de colesterol y residuos metabólicos. Nuestros huesos también acusan los efectos de la dieta basura, ya que para digerir los azúcares y harinas refinadas se necesita una gran cantidad de calcio y minerales que tiene que aportar el organismo, «robándolos» de huesos, cartílagos y otras reservas. Cuando te lo pida el cuerpo, piénsatelo dos veces.

En cuanto a los embutidos y otros productos industriales de origen animal, ricos en proteínas y grasas saturadas, tomados en exceso, a la larga se van acumulando como residuos metabólicos tóxicos. Nuestro sistema de eliminación los va depositando en tejidos internos y articulaciones, donde forman vertederos invisibles que tarde o temprano se manifestarán.

Pueden pasar muchos años sin un solo síntoma: el colesterol en forma de placas no aparece en los análisis; la osteoporosis sólo se manifiesta a partir de cierta edad; la diabetes es normal y ¡quién no tiene reuma cuando hace frío!... Si te paras a pensarlo, seguro que entre tu círculo de amigos o familiares, conoces a alguno que ha tenido un infarto, otro que padece de sobrepeso grave, otro que es diabético, algún caso de cáncer... Comer rápido y mal pasa factura a la larga, pero a corto plazo sus efectos también son visibles: piel sin brillo, malas digestiones, pelo débil, caries, cansancio... Si tienes alguno de estos síntomas analiza inmediatamente tus hábitos alimenticios.

En la asimilación de los alimentos también influye el estado mental en que nos encontremos. Si comemos con tensión, esa tensión llegará a cada célula de nuestro cuerpo, desequilibrando su comportamiento. Si comemos en paz y en un entorno armónico, aprovecharemos la energía de cada alimento y disfrutaremos más de su sabor.

Dime qué comes... para estar tan guapo/a

La mayoría de nosotros tenemos a nuestro alcance muchos medios para tener una buena calidad de vida y retrasar el proceso de envejecimiento. Una de las mejores armas para conseguirlo es la alimentación.

Muchos científicos han investigado los tipos de alimentación en los cinco continentes para descubrir los alimentos «maravilla», aquellos que retardan el envejecimiento, previenen el cáncer y nos ayudan a tener más calidad de vida. Entre estos alimentos milagro destacan los que provienen del mar, sobre todo los pescados grasos, como el atún, la anchoa, el jurel y el salmón, que tienen una alta concentración de ácidos grasos Omega-3.

Mar adentro, el tomate es uno de los alimentos más beneficiosos, ya que contiene altos niveles de licopeno, un antioxidante que contribuye a prevenir el desarrollo de cáncer, especialmente de próstata. La dieta asiática, pobre en grasas y rica en soja, es una de las más beneficiosas del mundo junto con la mediterránea, basada en la abundancia de frutas, verduras, legumbres, pescados y el mágico aceite de oliva.

10.2-9 A vista de pájaro: ¿Cierto o Falso?

Señala si las siguientes oraciones son ciertas o falsas; si son falsas, corrígelas.

____ **1.** Las enfermedades cardiovasculares son el resultado de la falta de ejercicio.

____ **2.** Al comensal comedido no le gusta comer.

____ **3.** El comedor vocacional debe hacer ejercicio y comer ensaladas si quiere bajar de peso.

____ **4.** El ansioso come según sus preocupaciones: o come demasiado o deja de comer.

____ **5.** El que siempre está a dieta puede comer dulces porque no engorda nunca.

____ **6.** Tener una dieta mal equilibrada afecta también los huesos.

____ **7.** El colesterol no tiene síntomas inmediatos.

____ **8.** Es recomendable comer pescados como atún y salmón.

____ **9.** La soja y el aceite de oliva son productos buenos para la salud.

10.2-10 Vayamos por partes

Contesta las siguientes preguntas con la información del artículo.

1. ¿Qué es más importante: lo que comemos o cómo comemos? ¿Por qué dices eso?

_____

_____

_____

2. Según lo que has leído, ¿quién crees que es el comedor más saludable? ¿En qué se basa tu opinión?

_____

_____

_____

3. ¿Crees que es posible tener características de más de uno de los tipos o perfiles descritos? ¿Conoces a gente que corresponda a alguno de esos perfiles? Explica.

_____

_____

_____

4. ¿Cuáles son las consecuencias de estar siempre a dieta y no hacer ejercicio? ¿Qué es más recomendable?

_____

_____

_____

5. ¿Hay algún problema en disfrutar de la comida y tener buena salud? ¿Es posible hacer las dos cosas al mismo tiempo? Explica.

_____

_____

_____

_____

10.2-11 Adivina... ¿Quién lo diría?

¿Quién de los tipos de comensales diría cada una de estas afirmaciones? Comedido (C), Vocacional (V), Tiquismiquis (T), Ansioso (A), Siempre a dieta (D).

_____ **1.**   Yo nunca como hidratos de carbono.

_____ **2.**   Me gusta todo: la pizza, la comida china, la pasta, las hamburguesas,...

_____ **3.**   Yo quiero solamente un poco de carne. No me des demasiado.

_____ **4.**   Tengo demasiado estrés; voy a comer helado.

_____ **5.**   No me gustan ni los vegetales, ni el pollo, ni el arroz...

10.2-12 Y, ¿qué piensas tú?

Ahora que has leído la lectura, contesta las siguientes preguntas según tu punto de vista.

1. ¿Te identificas con alguno de los prototipos o perfiles de comensal de la lectura? ¿Con cuál? ¿Por qué?

_____

_____

_____

2. ¿Te preocupa lo que comes? ¿Crees que los problemas de corazón, colesterol y diabetes en este país son muy graves? ¿Por qué? ¿Qué problemas de salud asociados a la comida son más importantes según tú?

_____

_____

_____

3. Las personas que tienen muchas responsabilidades o mucho trabajo tienen poco tiempo para cocinar. ¿Qué pueden hacer estas personas para tener una dieta saludable? ¿Qué les recomiendas?

_____

_____

_____

4. Todos sabemos que la «comida basura» es perjudicial para la salud; sin embargo, es parte de la dieta de mucha gente. ¿Cómo se podría explicar esta contradicción?

_____

_____

_____

5. Muchas personas son vegetarianas; sin embargo, otras no pueden vivir sin comer carne. ¿A qué grupo perteneces tú? ¿Por qué?

_____

_____

_____

6. Últimamente se habla mucho de los alimentos transgénicos —genéticamente alterados. Uno de ellos es el maíz. El gobierno mexicano está haciendo grandes esfuerzos para impedir la introducción del maíz transgénico en el país. Según los expertos, el maíz mexicano se ha conservado intacto desde sus orígenes; es decir que el maíz que consumían los habitantes originales de Mesoamérica es genéticamente idéntico al que se cultiva en México actualmente. ¿Qué opinas de esta situación? ¿Debemos aceptar los alimentos transgénicos como consecuencia de la vida moderna? ¿Debemos preservar la naturaleza sin cambiarla? ¿Qué consecuencias tendrá la introducción de estos alimentos en la vida diaria?

_____

_____

_____

_____

IV. Escribamos

Escribe sobre uno de estos temas según las indicaciones que te dé tu profesor.

10.2-13 Diario

Escribe en tu diario sobre la importancia que tiene la comida en tu vida. Después, danos la receta de uno de tus platos o comidas favoritas —los ingredientes, la preparación, los sabores. Puedes ayudarte con el vocabulario de «Para hablar de...» y con las estructuras de «se» impersonal.

10.2-14 Composición

Muchos de los eventos importantes en nuestra vida se celebran con comida. Algunas celebraciones tienen lugar cada año: los cumpleaños, el Día de Acción de Gracias, el 4 de julio, Navidades... Otras son eventos que ocurren una vez en la vida: nacimientos, graduaciones, bodas, funerales, etc. Escoge un evento importante en tu vida y describe los platillos que se sirvieron, las personas que estuvieron presentes, lo que hicieron y otros detalles importantes.

Haz un esquema antes de empezar a escribir. A continuación te presentamos una guía que te ayudará a organizar tus ideas.

- Escoge el evento y menciona por qué es tan importante.
- Describe el tipo de comida que se sirvió.
- Describe a las personas presentes y lo que hicieron.
- Concluye con una expresión que resuma tus sentimientos y emociones de ese día.

Éstas son estructuras que te pueden servir:

- *Pretérito* e *imperfecto*
- Lo que más / menos me gustó...
- Creo que + *indicativo*
- No creo que + *subjuntivo*

Apéndice A: Narrow Listening Guidelines

Narrow Listening is a new approach to developing listening skills. Listening is done for meaning. You want to know what the speaker says or experiences about one specific topic. The best way for you to understand what the speaker says is to listen to the same passage several times (rather than translating, slowing down, or breaking language input into smaller segments) and to pay attention to the content of the message.

How to use NL student guidelines

I. Key principles to success with Narrow Listening activities

The effectiveness of Narrow Listening activities is ensured if you take all of the following information into account.

1. First, do the activity *for your own benefit;* that is, for the language gain YOU WILL experience, not because it is part of your coursework.

2. Unlike most experiences with listening activities you may have had in the past, these listening activities are *done for overall meaning,* not for specific details. In this case, you listen to a passage because you want to do it, because you are interested in the topic, or because you are curious about what the recorded speakers have to say. You should concentrate on the speakers' ideas and comments and not be too concerned with specific details.

3. The listening passages are *real communicative situations.* Each topic is developed by three native speakers. They are talking freely, spontaneously and naturally about their own experiences and points of view. Unlike listening materials used in other first- and second-year foreign language textbooks, the recordings are not edited or scripted speech; rather, the speakers are using real Spanish as if they were talking to another native speaker.

4. The *degree of difficulty* of the listening passages will vary according to:
   - *the topic* you are listening to: if you are interested in the topic and it is familiar to you, it will be easier to understand the recordings. In some topics you will hear more abstract vocabulary and words that are not as common in the foreign language classroom. In addition, the linguistic structures used in some passages will be more complex than in others.
   - *the speaker* you are listening to: some people will be easier to understand than others (speech style), some will be more talkative than others (rate of speech), and some will speak more clearly than others (accent, intonation, modulation, tone of voice).

5. *Keep trying.* Because you will be listening to authentic, spontaneous speech, you may have some difficulty understanding in the beginning. You should not be discouraged if that happens. It takes time to train your ear when listening to real speech in another language. Please understand that there is nothing wrong if you can only understand bits and pieces in some cases.

6. *Tolerate vagueness.* In this context, vagueness means "not having a thorough understanding of every detail." You are not expected to understand every single word the speakers utter. During the first two times you listen, you should not stop the CD to listen again to any section that you missed or that you did not understand. You should just let the track play from the beginning to the end.

7. *The more you listen* to a particular segment, *the more you will understand* in the end. We recommend that you listen to each speaker at least three or four times but you may listen to the segment as many times as you consider it necessary.

8. You will be exposed to *different accents* (from Spain, Mexico, South and Central America), different speech styles, and natural (not scripted) Spanish so that you will be prepared to cope with the *real world of the target language.*

9. You can *listen* to the passages *at your convenience*, in your spare time, and at your leisure: while driving, when out for a walk, before going to bed, etc.

II. How to carry out the activity *¿Qué nos cuentan estas personas?*

(You will find this activity at the end of the book in Appendix D.)

1. *Listen to one speaker at a time* and listen to the whole segment. Do not stop the CD until the speaker finishes talking (at least during the first two listening sessions). Try to get the gist of what the speaker is saying. When you have finished listening to the whole segment, write down what you understood in the chart provided.

2. *Repeat* a particular segment several times before moving to another. Add the new information you understand in the chart every time you listen to the segment.

3. *Move on to another speaker* or topic if:

   a. you understand almost everything.

   b. you get to a point when you do not understand anything new.

   c. you are getting tired.

4. The *process of understanding is gradual.* Research has shown that you will increase your understanding of a listening passage each time you repeat it. At first, you will be able to recognize some words. Listen again to the already familiar context to discover new words and to understand new sentences. Use your background knowledge and linguistic context to make educated guesses. Hypothesize about the content and check if your hypotheses are correct. Adjust them according to what you are understanding.

5. The *process of understanding will take place* as you become familiar with the activity, as your ear gets used to the Spanish language, and as you try to focus on content.

Apéndice B: Estructuras lingüísticas para usar en «Conversemos» y «Escribamos»

Las actividades en las secciones de *Conversemos* y *Escribamos* requieren que uses las siguientes funciones: Comparar, Describir, Expresar gustos y preferencias, Narrar, Opinar, Recomendar y Especular. A continuación te damos algunas estructuras lingüísticas y formas verbales que puedes usar con ellas.

1. Comparar

1.1 Estructuras para comparar cosas, situaciones, ideas, personas, etc. que son iguales

Tan *adj.* **como** = Juan es tan alto como Pedro

Tan *adv.* **como** = Juan vive tan lejos como Pedro

Tanto/a/os/as *noun* **como** = Juan tiene tantos libros como Pedro

verb **tanto como** = Juan estudia tanto como Pedro

1.2 Para comparar cosas, situaciones, ideas, personas, etc. que son desiguales

más / menos *adj. / adv. / noun* **que** = Juan es más / menos alegre que Pedro

verb **más / menos que** = Juan pesa más que tú

más de / menos de (*número*) = Juan mide menos de dos metros

1.3 Superlativos

art. + *noun* **más / menos** *adj.* **de** = Juan es el hombre más guapo de todos

-ísimo/a = Juan es guapísimo

Las siguientes expresiones también te pueden servir para comparar o contrastar ideas, conceptos, situaciones, etc.

A diferencia de...

Al contrario que / Por el contrario, ...

Por una parte...por otra (parte) / por un lado...por otro (lado)

2. Describir

Cuando describas, ten en cuenta, lo siguiente:

Concordancia (*agreement*) entre el sujeto y el verbo; nombre y adjetivo; artículo y nombre; participio pasado usado como adjetivo.

Uso de **ser y estar**

3. Expresar gustos, preferencias, sentimientos, y estados de ánimo

Las siguientes expresiones te servirán para expresar tus gustos y preferencias:

Me gusta / me agrada / me encanta / me fascina / me disgusta / me desagrada / me molesta / me fastidia (*singular noun* / *infinitive*) la música / cantar.

Me gustan / me agradan / me encantan / me fascinan / me disgustan / me desagradan / me molestan / me fastidian (*plural noun*) las películas.

Prefiero / adoro / odio / detesto la música y las películas.

4. Narrar

Las formas verbales que vas a usar para narrar son los tiempos pasados, pretérito e imperfecto. Repasa la formación de estos tiempos verbales y las formas irregulares. Recuerda que:

Pretérito (énfasis en...)	**Imperfecto** (énfasis en...)
narración de eventos	descripción de eventos o circunstancias
un instante en el tiempo	duración en el tiempo
acción terminada	acción en progreso
no repetitivo / habitual / frecuente	repetitivo / habitual / frecuente

También se puede narrar en el presente, usando el presente histórico.

Algunos adverbios que puedes usar cuando estás narrando:

Generalmente / asiduamente / normalmente / diariamente / siempre / de vez en cuando / a veces / de repente/ en 1995 (*año*) / hace dos días / el verano pasado / una vez / de repente, etc.

5. Opinar

5.1 Expresiones que puedes usar para dar tu opinión:

Expresión + indicativo	Expresión + subjuntivo
Creo/ pienso/ opino / considero que...	No creo/ pienso/ opino / considero que...
Me parece que...	No me parece que...
A mi parecer / a mi entender...	Dudo que...
Para mí ...	No tengo la impresión de que...
Tengo la impresión de que...	

Ejemplos:

Creo que tienes razón cuando dices eso (al decir eso)

No creo que tengas razón cuando afirmas eso (al afirmar eso)

A mi parecer, no tienes razón cuando dices eso.

5.2. Diferencia entre opinar y valorar

La diferencia básica entre valorar y opinar se puede ver claramente en los siguientes ejemplos:

Opinión:	Me parece	que ellos no quieren venir a la fiesta.
Valoración:	Me parece curioso	que ellos no quieran venir a la fiesta.

Como ves, una valoración es una forma de expresar una opinión, pero es diferente de una simple opinión, porque además la valoración expresa un comentario o juicio subjetivo sobre la situación que se menciona. Como en el ejemplo de arriba, es común encontrar adjetivos (curioso, en este caso). Estos son algunos ejemplos de adjetivos y expresiones que frecuentemente denotan una valoración.

- Me/Te/Le... parece + adjetivo + que + subjuntivo
- ser/estar + adjetivo + que + subjuntivo

Ejemplos de adjetivos que se pueden usar para expresar valoraciones: *absurdo, alucinante, bárbaro, bestial, bueno, conveniente, difícil, espantoso, estupendo, fabuloso, fácil, fatal, genial, horroroso, ilógico, indignante, lógico, maravilloso, mejor, necesario, normal, posible, probable, terrible, útil,...* Y, claro, hay más adjetivos que se pueden usar para valorar.

Ejemplo:

Me parece ridículo / indignante / curioso que piense de esa forma.

Palabras que expresan distinto grado de certeza:

Poca certeza	Bastante o total certeza
A lo mejor (*ind.*) Posiblemente / Probablemente (*sub.*) Tal vez / Quizá(s) (*sub.*)	Está claro / demostrado que... (*ind.*) Es indudable / incuestionable / indiscutible que... (*ind.*) Tengo la certeza de que... (*ind.*) Tengo la convicción de que... (*ind.*) Estoy (completamente / totalmente / absolutamente) convencido / seguro de que (*ind.*) Seguramente (*ind.*)

Estos son algunos ejemplos:

A lo mejor tienes razón.

Posiblemente tengas razón.

Está claro que tienes razón.

Tengo la certeza de que tienes razón.

6. Recomendar, aconsejar, sugerir

A. Las formas verbales que podrías usar para dar consejos, recomendaciones y sugerencias son: mandatos; presente de indicativo y subjuntivo; imperfecto de subjuntivo, condicional e infinitivo. Repasa su conjugación.

A continuación te presentamos una lista de expresiones que te ayudarán a dar consejos y recomendaciones:

Expresión	+ *que* + subjuntivo + infinitivo
Es recomendable / aconsejable... Lo más recomendable / aconsejable es... Lo mejor / peor es... Es bueno / necesario / importante / preferible / preciso / conveniente... Conviene	**que comas** menos y **hagas** más ejercicio (A) **comer** menos y **hacer** más ejercicio (B)

La elección (infinitivo / que + subjuntivo) en estas estructuras de arriba depende de si hay cambio de sujeto.:

- **infinitivo:** recomendación <u>general</u> o impersonal (ejemplo A de arriba)
- **que + subjuntivo:** recomendación <u>individualizada</u>, dirigida a un sujeto concreto y diferente (ejemplo B)

Expresión	+ infinitivo
Lo que tienes que hacer es Intent<u>a</u> / Procur<u>a</u> (tú) Intent<u>e</u> / Procur<u>e</u> (Ud.) Te digo que debes Tienes que	**comer** menos y **hacer** más ejercicio.

Expresión	+ *que* + subjuntivo
Quiero Te exijo / pido / propongo/ ruego / suplico/ sugiero / propongo / recomiendo	**que comas** menos y **hagas** más ejercicio

Expresión	+ presente de indicativo
¿Por qué no... ¿Y si... ¿Qué tal si...	**comes** menos y **haces** más ejercicio?

Condicional tipo 1

Si + <u>presente de indicativo,</u>	+ presente de indicativo + mandato
<u>Si quieres</u> estar más delgado,	**come** menos. **haz** más ejercicio.

Ejemplos:

Si vienes a casa, te invito a comer.

Si llegas a tiempo, prepara la comida.

Condicional tipo 2

Si + <u>imperfecto/pasado de subjuntivo,</u>	condicional simple
<u>Si</u> yo <u>quisiera</u> estar más delgado, Si yo fuera tú/Ud, Yo que tú/Ud, Yo, en tu/su lugar/situación/caso,	**comería** menos y **haría** más ejercicio.

Ejemplos:

Si fuera presidente, daría más becas a los estudiantes.

Yo en tu lugar, no usaría la tarjeta de crédito en el supermercado.

Mandatos	
Informales (Tú / vosotros)	Formales (Ud. / Uds.)
¡**Come** menos y **haz** más ejercicio!	¡**Coma** menos y **haga** más ejercicio!
¡**Comed** menos y **haced** más ejercicio!	¡**Coman** menos y **hagan** más ejercicio!

7. Especular

A. Las formas verbales que puedes usar para especular son el futuro y condicional

Expresiones	futuro
Al parecer, Según parece, Parece que	la vida en el futuro será mejor. nunca encontraré a mi hombre ideal.

Ejemplos que usan el condicional:

¿Cuántos años *tendría* el profesor cuando empezó su carrera?

Habla muy bien español, ¿dónde lo *aprendería*?

8. Conectores (*transition words*)

A continuación te presentamos algunas palabras y expresiones que puedes usar cuando converses o escribas para:

8.1 Expresar causa y efecto

causa/razón	efecto/consecuencia/resultado
• porque • a causa de (que)… • debido a (que)… • por eso… • por esta/esa razón/causa… • por este/ese motivo…	• en/como consecuencia… • consecuentemente • como resultado/consecuencia de… • por (lo) tanto • luego… • entonces…

Ejemplo:

No fui al cine porque me sentía mal.

Mañana son las elecciones por lo tanto tenemos que ir a votar.

8.2 Expresar finalidad

• para + infinitivo	• para que + subjuntivo[1]	
• a fin de	• con el fin de	• con la finalidad de
• con el propósito de	• con la intención de	
• de modo que	• de manera que	• de forma que[2]

Ejemplo:

Mi novio fue a Madrid para estudiar filosofía.

Elena fue a ver a un abogado con la intención de hacer un testamento.

Notas de uso:

(1) "para" lleva infinitivo cuando su sujeto es el mismo que el de la cláusula principal (ejemplo A). Si los dos sujetos son diferentes, "para" tiene que ir seguido por "que" y el verbo en subjuntivo (ejemplo B); por ejemplo:

A) *Ayer trabajé muy duro <u>para poder</u> ir de vacaciones la semana que viene.*

B) *Ayer trabajé muy duro <u>para que mi jefe</u> me <u>permitiera</u> ir de vacaciones…*

(2) Estas tres estructuras (*de modo/manera/forma que*) no pueden llevar detrás un infinitivo. Pueden expresar finalidad o manera. Cuando expresan manera, el verbo que las sigue va en indicativo; si el verbo aparece en subjuntivo, expresan finalidad, como en el ejemplo B de arriba.

(3) Excepto las expresiones mencionadas en (2), el resto de expresiones de finalidad se pueden usar como alternativas a "para". Lo único que tienes que hacer es eliminar "para" y poner la estructura que quieras usar; por ejemplo:

A) *Ayer trabajé muy duro <u>con la intención</u> de poder ir de vacaciones…*

B) *Ayer trabajé muy duro <u>a fin de que</u> mi jefe me permitiera ir de vacaciones…*

9. Estrategias para...

Las siguientes palabras y expresiones te servirán para que cuando escribas o converses puedas:

9.1 Expresar acuerdo y desacuerdo

Las expresiones siguientes las puedes usar en debates o diálogos. Los elementos entre paréntesis son opcionales: los puedes añadir a la expresión para poner más énfasis.

Estar de acuerdo (+)	Estar en desacuerdo (−)
• Estoy (totalmente/súper) de acuerdo. (absolutamente/muy) (completamente)	• Estoy en (total) desacuerdo. • No estoy (muy) de acuerdo. • No estoy (para) nada de acuerdo.
• Es una opinión (muy) acertada. • Opino/pienso (exactamente) igual / lo mismo.	• No es una opinión (muy) acertada. • Opino/pienso (exactamente) lo contrario.
• Claro que sí. / Sí, claro.	• Claro que no. / No, claro que no.
• Es cierto. • Es (una gran) verdad.	• Es incierto. / No es cierto. • No es verdad.
• Te doy (toda) la razón. • Tienes (toda la/mucha) razón.	• No puedo darte la razón. • No tienes (ninguna) razón.

9.2 Reforzar o enfatizar argumentos:

- También...
- Además,
- Asímismo,...
- Todavía más,...
- Es más...
- Incluso,...
- Incluso si...
- Más aún,...
- Para colmo...
- Aparte,...
- De igual forma,...
- De la misma forma,...
- Lo (más) importante/destacado/relevante/fascinante/... es que...

9.3 Ser más preciso o corregirse:

- Bueno,...
- En realidad...
- Bueno, en realidad...
- O sea...
- Es decir...
- Mejor dicho,...
- En otras palabras...
- Quiero decir (que)...
- O lo que es lo mismo...
- Lo que quiero/quería decir es que...

9.4 Dar ejemplos:

- Por ejemplo,...
- ...como...
- Como por ejemplo,...
- tal como...
- tal que,
- Pongo/Pongamos por caso (que) ...

9.5 Recapitulación

- en resumen
- en suma
- resumiendo
- en resumidas cuentas
- en una palabra
- en dos/pocas palabras

9.6 Conclusión

- en/como conclusión
- en/como consecuencia
- en definitiva

Apéndice C: Topics available in the audio-library

The audio-library contains 24 topics divided in three categories: *Personales, Especulativos y Controversiales,* and *Informativos.*

PERSONALES

Tema	Contenido
1. Descripciones personales	¿Cómo eres? ¿Qué te gusta? ¿Qué haces?
2. La familia	¿Cómo es tu familia? ¿Qué hacen juntos? ¿Cuál es tu pariente favorito?
3. De viaje	¿Has viajado por el mundo? ¿Adónde has ido? ¿Qué has hecho?
4. Fin de semana típico	¿Cómo es un fin de semana típico en tu vida?
5. La universidad	¿Cómo es en tu país? ¿Qué diferencias hay con los Estados Unidos?
6. Nuestra salud	¿Tienes buena salud? ¿Haces algo para cuidarte? ¿Qué consejos tienes?
7. La casa ideal	¿Cómo es tu casa? ¿Cómo sería tu casa ideal?
8. Cine y televisión	¿Te gustan? ¿Cuál prefieres? ¿Qué programas ves?

ESPECULATIVOS Y CONTROVERSIALES

Tema	Contenido
1. Vida en el futuro	¿Cómo será la vida en el futuro? ¿Será mejor o peor?
2. ¿Vida en otros planetas	¿Será verdad que existe vida en otros planetas?
3. Problemas del medio ambiente	¿Qué problemas hay en el medio ambiente? ¿Soluciones?
4. Pareja ideal	¿Crees que existe el hombre o la mujer ideal? ¿Cómo sería? ¿Y la cita perfecta?
5. El trabajo ideal	¿Cómo sería tu trabajo ideal? ¿Qué características tendría?
6. Tres deseos	¿Qué tres deseos le pedirías al genio de Aladino?
7. Los toros	¿Estás a favor o en contra?
8. La eutanasia	¿Compasión o brutalidad?

INFORMATIVOS

Tema	Contenido
1. Valores de la familia	Los valores de sus familias y la relación entre sus miembros.
2. Valores de la juventud	Comparación de los valores de la juventud antes y ahora.
3. Papel de la mujer en la sociedad de hoy	Reflexión del papel tradicional que tenía la mujer antes y el que tiene hoy en día.
4. Lo diferente: choque cultural	Situaciones que provocaron un choque cultural al visitar otro país.
5. Fiestas latinoamericanas	Descripción de fiestas latinoamericanas: en qué consisten, cuándo y cómo se celebran.
6. Fiestas de España	Descripción de fiestas españolas: en qué consisten, cuándo y cómo se celebran.
7. Música	Explicación de los bailes y música típicos de Argentina, España y Chile.
8. La comida	Descripción del plato típico de El Salvador, España y Colombia. Tipo de comida que prefieren y cualidades como cocineros.

Apéndice D: ¿Qué nos cuentan estas personas?

1.1-3 Descripciones Personales

	Origen del hablante	Rasgos personales	Ocupación / Estudios	Pasatiempos / Actividades / Gustos	Otra información
H1					
H2					
H3					

1.2-3 Nuestra familia

	Origen del hablante	¿Cómo es su familia?	Costumbres que tienen	Pariente preferido	Otra información
H1					
H2					
H3					

2.1-3 De viaje

	¿Dónde, cuándo y con quién?	Actividades realizadas	Información del lugar	Otra información
H1				
H2				
H3				

2.2-3 Fin de semana típico

	Los quehaceres	Las diversiones	Otra información
H1			
H2			
H3			

3.1-3 La universidad

	Especialización o carrera	¿Dónde estudia o estudió?	Diferencias entre los sistemas educativos
H1			
H2			
H3			

3.2-3 Nuestra salud

	¿Es importante la salud?	¿Qué hacía/hace para mantenerse sano/a?	¿Qué aconseja para estar bien o mejorar la salud?	Otra información
H1				
H2				
H3				

4.1-3 La casa en que vivo

	Características de su vivienda	¿Cómo es o sería su casa ideal?	¿Dónde le gustaría tenerla?	Otra información
H1				
H2				
H3				

4.2-3 Cine y Televisión

	¿Qué papel tiene el cine para los hablantes?	¿Qué opinan de la televisión?	Tipos de películas o programas favoritos	Otra información
H1				
H2				
H3				

5.1-3 Vida en el futuro

	¿Mejor o peor?	Mejoras en la vida	¿Qué le preocupa del futuro?	Otra información
H1				
H2				
H3				

5.2-3 Vida en otros planetas

	¿Hay vida?	Razones	Pruebas o ejemplos mencionados	Otra información
H1				
H2				
H3				

5.3-3 Medio ambiente

	Problemas mencionados	Zonas del planeta afectadas	Soluciones propuestas	Otras ideas
H1				
H2				
H3				

6.1-3 Pareja ideal. Cita pefecta

	Rasgos físicos	Personalidad	Cita perfecta	Otra información
H1				
H2				
H3				

6.2-3 Tu trabajo idea

Características de su trabajo ideal	¿Por qué?	Otra información
H1		
H2		
H3		

6.3-3 Tres deseos

	Deseos y razones para pedirlos	Deseo más importante: ¿cuál y por qué?	Otra información
H1			
H2			
H3			

7.1-3 Los toros

	¿A favor o en contra?	Sus experiencias personales	Otra información
H1			
H2			
H3			

7.2-3 Eutansia

	¿Qué representa la eutanasia para el hablante?	¿Está a favor o en contra?	Razones	Otra información
H1				
H2				
H3				

8.1-3 Valores de la familia

	Valores familiares	Relación entre los miembros de la familia	Otra información
H1			
H2			
H3			

8.2-3 Valores de la juventud

	¿Cómo es la juventud de hoy?	¿Cómo era la generación pasada?	Otra información
H1			
H2			
H3			

8.3-3 El papel de la mujer

	Rol tradicional de la mujer	Presencia de la mujer en la sociedad actual	Referencias históricas
H1			
H2			
H3			

8.4-3 Lo diferente: choque cultural

	País	Problemas descritos	Otra información
H1			
H2			
H3			

9.1-3 Fiestas latinoamericanas

¿Dónde y cuándo se celebra	¿Cómo se celebra? ¿Cuánto tiempo dura?	Otra información
H1		
H2		
H3		

9.2-3 Fiestas de España

	Nombre, lugar y fecha de la fiesta	¿Por qué se celebra? ¿Dónde?	¿Qué se hace? ¿Quién?	Otra información
H1				
H2				
H3				

10.1-3 Música

	Música y país	Antecedentes históricos	Instrumentos o componentes	Características de la música	Baile y vestuario
H1					
H2					
H3					

10.2-3 Comida

	¿Saben cocinar?	Especialidad culinaria	Ingredientes y utensilios usados	Tipo de comida preferida	Otra información
H1					
H2					
H3					

Apéndice E: Mapas

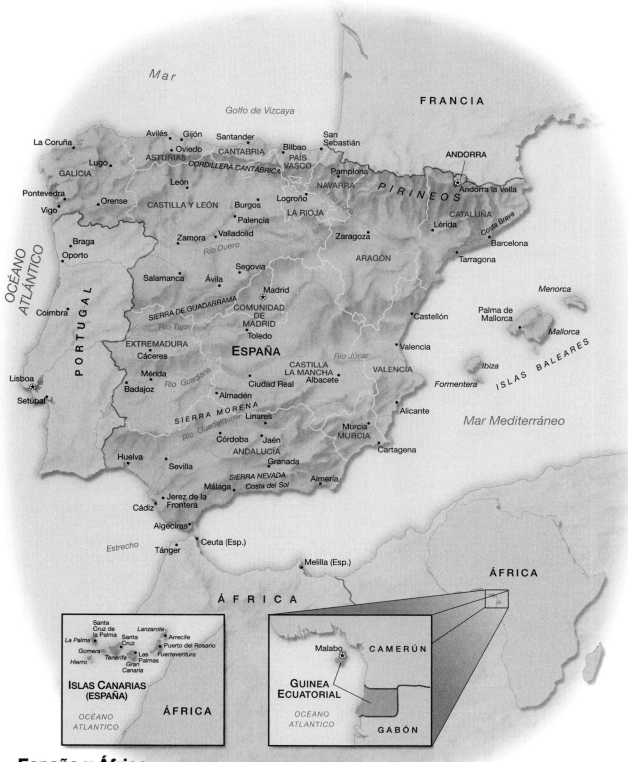

España y África

HONDURAS

Río Coco

EL
SALVADOR

Puerto
Cabezas

Cayos
Miskitos

Matagalpa

Río Grande de
Matagalpa

León

NICARAGUA

Golfo de

Managua⊛

Bluefields

Islas del
Maíz

Granada

Lago de
Nicaragua

Mar   Caribe

Río San

Juan

COSTA
RICA

Puntarenas

Orosí

San José⊛

Puerto Limón

Bocas
del Toro

Canal de
Panamá

Colón

Panamá⊛

Puerto Quepos

Golfito

David

PANAMÁ

Balboa

Santiago

Archipiélago
de las Perlas

La Palma

AMÉRICA
DEL SUR

OCÉANO

PACÍFICO

Isla de
Coiba

Golfo de
Panamá

COLOMBIA

ESTADOS UNIDOS

Estrecho de la Florida

LAS BAHAMAS

OCÉANO ATLÁNTICO

La Habana · Matanzas
Pinar del Río · Santa Clara · CUBA
Cienfuegos · Morón · Nuevitas
Isla de la Juventud · Camagüey
Holguín
Manzanillo · Guantánamo
Santiago de Cuba

REPÚBLICA DOMINICANA
Puerto Plata
HAITÍ
Santiago · Sabana de La Mar
San Juan
Santo Domingo
Isla Mona
Bayamón · San Juan
Mayagüez · Río Piedras
Ponce
PUERTO RICO

Islas Caimanes

Antillas Mayores
JAMAICA

Mar Caribe

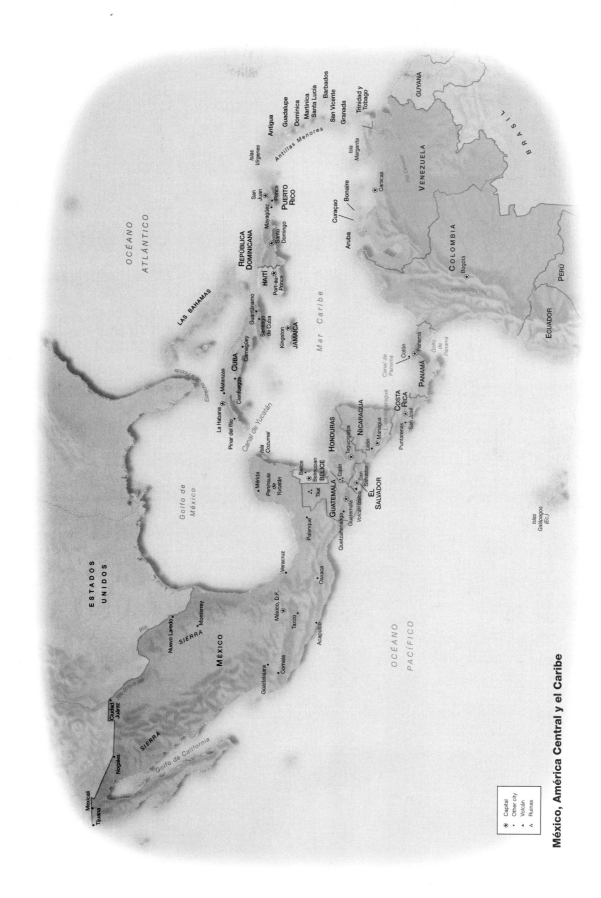

México, América Central y el Caribe

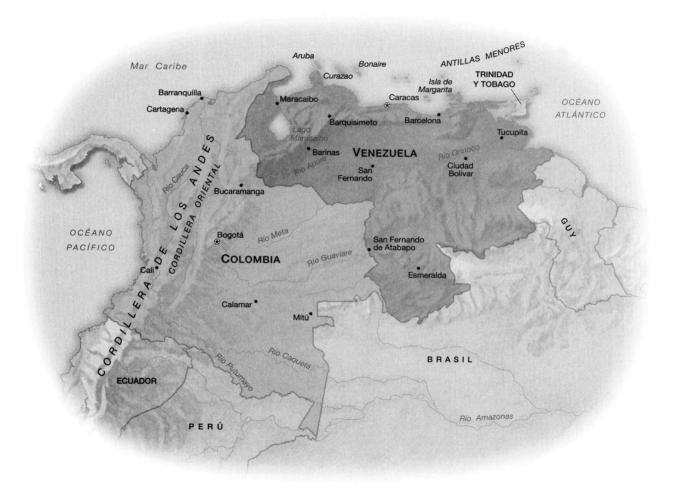

Mar Caribe

Aruba

Bonaire

Curazao

ANTILLAS MENORES

Isla de
Margarita

TRINIDAD
Y TOBAGO

OCÉANO
ATLÁNTICO

Barranquilla

Cartagena

Maracaibo

Caracas

Barquisimeto

Barcelona

Tucupita

Lago
Maracaibo

VENEZUELA

Río Orinoco

Barinas

Río Apure

San
Fernando

Ciudad
Bolívar

CORDILLERA DE LOS ANDES

CORDILLERA ORIENTAL

Río Cauca

Bucaramanga

OCÉANO
PACÍFICO

Bogotá

Río Meta

San Fernando
de Atabapo

GUY

COLOMBIA

Río Guaviare

Cali

Esmeralda

Calamar

Mitú

ECUADOR

Río Putumayo

Río Caquetá

BRASIL

PERÚ

Río Amazonas

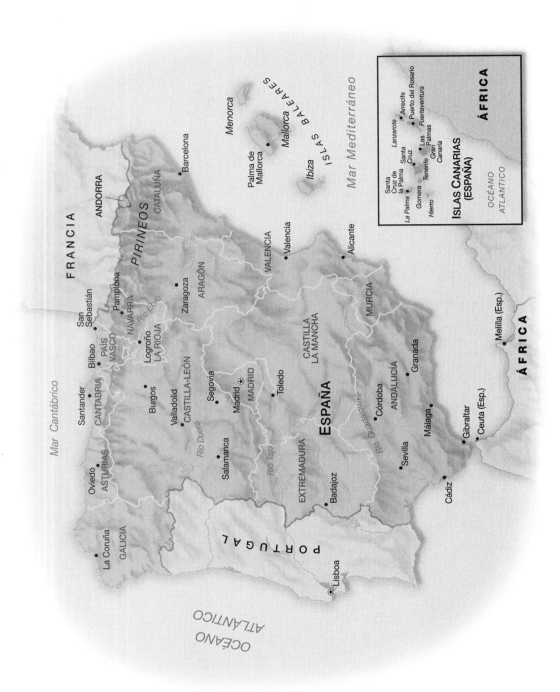

América del Sur

PERÚ

BOLIVIA

B R A S I L

PARAGUAY

CHILE

CORDILLERA DE LOS ANDES

Salta

Río Salado

Formosa

Río Paraná

Río Uruguay

OCÉANO
PACÍFICO

Córdoba

Rosario

Salto
Melo
URUGUAY

Buenos Aires
La Plata
Montevideo
Río de la Plata

ARGENTINA

Neuquén

Mar del Plata

Río Negro

OCÉANO
ATLÁNTICO

San Carlos
de Bariloche

Río
Chubut

Estrecho de
Magallanes

Islas
Malvinas

Tierra
del Fuego

Ushuaia

Cabo de Hornos

ESTADOS UNIDOS

Tijuana

Ciudad Juárez

Hermosillo

SIERRA MADRE OCCIDENTAL

Baja California

Golfo de California

Chihuahua

Río Bravo o Río Norte

MÉXICO

Torreón

Monterrey

Golfo de México

Culiacán
La Paz

Durango

CUBA

San Luis Potosí

SIERRA MADRE ORIENTAL

Tampico

Guadalajara

Mérida

Cancún

Bahía de Campeche

Campeche

México, D.F.

OCÉANO PACÍFICO

Puebla

Veracruz

Oaxaca

Tuxtla Gutiérrez

BELICE

Acapulco

SIERRA MADRE DEL SUR

GUATEMALA

HONDURAS

EL SALVADOR

NICARAGUA

Apéndice F: Linguistic forms used by the speakers in the audio-library

The following tables show you the most prevalent linguistic forms in the speech samples from the audio-library. The numbers in parentheses indicate the speaker or *hablante* (H) or speakers where use of the linguistic form can be observed.

Formas verbales y estructura

Tiempos o formas verbales	Temas personales	Temas especulativos y controversiales	Temas informativos
condicional simple	1.1 Descripciones personales (H2, H3) 2.1 De viaje (H3) 3.1 La universidad (H3) 4.1 La casa en que vivo (H1) 4.2 Cine y televisión (H2)	5.3 Medio ambiente (H1, H3) 6.1 Tu pareja ideal. Cita perfecta (H1, H3) 6.2 Tu trabajo ideal (H1) 6.3 Tres deseos (H1, H2, H3) 7.1 Los toros (H2) 7.1 La eutanasia (H2, H3)	8.1 Valores de la familia (H2) 10.1 Música (H1)
estar + gerundio	1.1 Descripciones personales (H1) 4.2 Cine y televisión (H2)	5.1 Vida en el futuro (H1)	
estar + participio	1.2 Nuestra familia (H2)	5.3 Medio ambiente (H1)	
ir a + infinitivo	2.1 De viaje (H3)	5.1 Vida en el futuro (H2, H3)	9.1 Fiestas Latinoamericanas (H2)
futuro simple	2.1 De viaje (H3)	5.1 Vida en el futuro (H3) 5.2 Vida en otros planetas (H2)	
presente (indicativo)	1.2 Nuestra familia (H1, H2, H3) 2.1 De viaje (H1, H2, H3) 2.2 Fin de semana típico (H1, H2, H3) 3.2 Nuestra salud (H1) 4.1 La casa en que vivo (H2) 4.2 Cine y televisión (H1, H2, H3)	5.2 Vida en otros planetas (H1) 6.1 Tu pareja ideal. Cita perfecta (H1, H2, H3)	8.1 Valores de la familia (H3)

Tiempos o formas verbales	Temas personales	Temas especulativos y controversiales	Temas informativos
presente (subjuntivo)	1.2 Nuestra familia (H1) 3.1 La universidad (H1) 4.1 La casa en que vivo (H2, H3)	5.3 Medio ambiente (H2, H3) 6.1 Tu pareja ideal. Cita perfecta (H1, H2, H3) 6.2 Tu trabajo ideal (H2) 7.1 La eutanasia (H1, H3)	8.2 Valores de la juventud (H3) 9.1 Fiestas Latinoamericanas (H3) 9.1 Fiestas de España (H2, H3) 10.1 Música (H3)
pretérito indefinido[1]	1.1 Descripciones personales (H3) 1.2 Nuestra familia (H2, H3) 2.1 De viaje (H2, H3) 3.1 La universidad (H1, H2, H3) 4.1 La casa en que vivo (H1)	5.3 Medio ambiente (H3)	10.1 Música (H2)
pretérito perfecto[2] (indicativo)	1.1 Descripciones personales (H2, H3) 1.2 Nuestra familia (H2)	7.1 Los toros (H2)	8.2 Valores de la juventud (H2) 8.3 Papel de la mujer (H1) 8.4 Lo diferente: choque cultural (H3)
pretérito imperfecto[3] (indicativo)	1.1 Descripciones personales (H3) 1.2 Nuestra familia (H2, H3) 2.1 De viaje (H3) 3.1 La universidad (H2) 3.2 Nuestra salud (H1) 4.1 La casa en que vivo (H1, H3)	7.1 Los toros (H1)	8.2 Valores de la juventud (H1, H2) 10.1 Música (H1, H2)
pretérito imperfecto (subjuntivo)		6.2 Tu trabajo ideal (H1) 6.3 Tres deseos (H3)	
gustar + sustantivo	4.2 Cine y televisión (H3)		
* gustar / preferir + inf. * gustar + que + subj.	1.1 Descripciones personales (H1, H2, H3) 2.1 De viaje (H3) 3.1 La universidad (H3) 4.1 La casa en que vivo (H2) 4.2 Cine y televisión (H1)	6.1 Tu pareja ideal. Cita perfecta (H2) 6.2 Tu trabajo ideal (H3) 7.1 La eutanasia (H1) 6.1 Tu pareja ideal. Cita perfecta (H2)	10.2 Comida (H1)

Tiempos o formas verbales	Temas personales	Temas especulativos y controversiales	Temas informativos
oraciones condicionales: * Tipo 1 * Tipo 2		6.3 Tres deseos (H1, H2) 6.3 Tres deseos (H1, H3) 7.1 Los toros (H1)	
comparaciones:			
* más/menos… que * … + de + relativo	1.1 Descripciones personales (H2) 3.1 La universidad (H2)	5.1 Vida en el futuro (H2)	
pronombres relativos: * prep. + artículo + que * todo + lo que		5.1 Vida en el futuro (H2) 6.3 Tres deseos (H1)	
que (relativo) + ind./subj.:	3.1 La universidad (H1, H3)	5.1 Vida en el futuro (H3) 5.2 Vida en otros planetas (H3) 6.3 Tres deseos (H1) 7.1 Los toros (H3) 7.1 La eutanasia (H1)	
"se" impersonal	3.1 La universidad (H1)	6.2 Tu trabajo ideal (H3)	8.1 Valores de la familia (H1) 8.3 Papel de la mujer (H3) 9.1 Fiestas Latinoamericanas (H1, H2) 9.1 Fiestas de España (H1) 10.2 Comida (H1, H3)
ser + adj. / ser de + origen	1.1 Descripciones personales (H1, H2, H3)		10.1 Música (H2)

[1]pretérito   [2]presente perfecto   [3]imperfecto

Créditos

Unidad 1: page 3, Stockbyte; 3, Stockbyte; 5, Jeff Greenberg/PhotoEdit; 17, Photo-library.Com; 17, Rob Lewine/Corbis/Stock Market; 19, Englebert Photography, Inc.; 20, R. Matina/AGE Fotostock America, Inc.

Unidad 2: page 28, Jeff Greenberg/PhotoEdit; 39, Romilly Lockyer/Getty Images Inc.-Image Bank; 39, Photolibrary.Com; 39, David Buffington/Corbis.

Unidad 3: page 54, Gary Conner/PhotoEdit, 55, Flip Chalfant/Getty Image, Inc.-Image Bank; 65, Grantpix/Index Stock Imagery, Inc.; 65, David Madison/Getty Images, Inc.-Stone Allstock; 65, David Young-Wolff/PhotoEdit; 66, Michael Goldman/Getty Images, Inc.-Taxi; 74, Phil Schermeister/Getty Images Inc.-Stone AllStock.

Unidad 4: page 81, David Roth/Getty Images, Inc.-Stone Allstock; 81, David Sacks/Getty Images, Inc.-Taxi, 81, Dorling Kindersley Media Library, © Dorling Kindersley; 81, Santiago Fernandez/AGE Fotostock America, Inc.; 93, RNT Productions/ Corbis/ Bettman; 93, Chip Henderson/Getty Images, Inc.-Stone Allstock; 93, Gary Buss/Getty Images, Inc.-Taxi; 99, Agence France Presse/Getty Images.

Unidad 5: page 107, Jason Reed/ Getty Images, Inc.-Photodisc; 107, Photofest; 109, Jacob Halaska/ Index Stock Imagery, Inc.; 109, Spots on the Spot; 119, Globe Photos, Inc.; 119, Globe Photos, Inc.; 119, Joe McBride/Getty Images, Inc.-Stone Allstock; 136, Getty Images, Inc.-Hulton Archive Photos; 136, David Young-Wolff/PhotoEdit; 137, AFP/ Agence France Presse/Getty Images; 138, John Keating/Photo Researchers, Inc.; 138, Tracey Wheeler/Silver Burdett Ginn, 140, Reinhard Janke/Peter Arnold, Inc.

Unidad 6: page 149, Photolibrary.Com; 149, Photolibrary.Com; 151, Stockbyte; 160, Masterfile Corporation; 160, Kevin Fleming/Corbis/Bettmann; 160, Will Hart/ PhotoEdit; 167, Digital Vision Ltd.; 171, Andrew Shennan/Getty Images, Inc.-Taxi; 171, Willie Maldonado/Getty Images Inc.-Stone Allstock; 175, Susan Van Etten/ PhotoEdit; 179, Will Crocker/Getty Images, Inc.-Image Bank.

Unidad 7: page 188, Andrea Pistolesi/Getty Images, Inc.-Image Bank; 197, Joe Patronite/ Getty Images, Inc.-Image Bank; 198, Carlos Alvarez/Getty Images; 203, AP Wide World Photos; 207, Joe Walles/St. Petersburg Times.

Unidad 8: page 215, Stockbyte; 222, Michael Heron/Pearson Education/PH College; 222, Getty Images, Inc.-Hulton Archive Photos; 222, Getty Images, Inc.-Hulton Archive Photos; 225, Corbis/Bettman, © CORBIS; 232, Latin Focus Photo Agency/Latin Focus.com; 232, Grant LeDuc; 236, AP Wide World Photos; 240, Christoph Wilhelm/Getty Images, Inc.-Taxi; 241, Cindy Karp/Time Life Pictures/Getty Images; 241, Gary Payne/Getty Images, Inc.-Liaison; 242, PhotoEdit; 242, Jack Hollingsworth/Getty Images, Inc.-Photodisc; 242, Myrleen Ferfuson/PhotoEdit; 243, Jiang Jin/SuperStock, Inc.; 247, B & M Productions/ Getty Images, Inc.; 254, Heidi Grassley © Dorling Kindersley; 258, Miguel Ángel Muñoz/ AGE Fotostock America, Inc.; 259, Max Alexander © Dorling Kindersley.

Unidad 9: page 274, Ary Diesendruck/Getty Images, Inc.-Stone Allstock; 276, Paul Trummer/Getty Images, Inc.-Image Bank; 277, Contreras_y_Vilaseca_Madrid (Ag)/Getty Iimages, Inc.-Hulton Archive Photos; 283, © Oliver Benn/Stone/Getty Images; 283, Peter Bowater/AGE FotoStock America, Inc.; 288, Robert Arakaki/ImageState/International Stock Photography Ltd.

Unidad 10: page 289, Carlos Goldin/Latin Stock/Corbis/Bettmann; 289, Pearson Education Corporate Digital Archive; 289, Evans/Getty Images, Inc.-Hulton Archive Photos; 292, Geoffrey Clifford/Getty Images, Inc.-Image Bank; 292, Dave King © Dorling Kindersley; 301, Stockbyte.

Índice

Numbers in italics indicate terms found in footnotes.

A

Abril, Feria de, 190, 196
adelgazar, 307
ADN, 113, *114*
aficionados, 197
África, 67
Agresti, Alejandro, 95
Aguascalientes (México), 190
aguas frescas, 67–68
agujero, negro errante, 114
aimará, 253
Al-Azraq, 281
Alcoi (España), 281
alguacilillos, 196, 197
Alicante (España), 5, 281–282
alimentos transgénicos, 142–145
Allen, Woody, 113, 115
Almería, 58, 60
Almodóvar, Pedro, 95, 291
Alonso Fernández, Francisco, 167, 168
Amazonas, 136
Amazonía, 136
ambiente, medio, 135–136, 323
Amenábar, Alejandro, 95, 97, 99–101
América
    Central, 264 (*ver también*
        Centroamérica)
    del Sur, 31, 253 (*ver también*
        Sudamérica)
    Latina, 53, 226, 253, 264 (*ver*
        también Latinoamérica)
Amiens (Francia), 282
ancianos, 217
Andalucía (España), 58, 74, 76, 95, 291
Andes, 302
Ángeles Durán, María, 248
anorexia, 307
ansiedad, 307
ansioso, 307
Antena 3, 95
Antillas, 6
Año Nuevo, 276
apellidos, 19
Aragón (España), 74, 76, 282
araucano, 20
árbol de la ciencia, El, 58, 59
Argentina, xvii, 95, 190, 233, 244
arte
    de Marialva, 190
    musulmán, 20

Asociación por el derecho a morir
    dignamente (ADMD), 209
Asociación Ramón Santos de Estudios
    Sobre el Cannabis (ARSEC), 75
asteroides, 114
Atenas (Grecia), 291
Atlántico, 6, 31, 120
Atocha (España), 46
Audiencia Nacional, 58, 60
Audio-library, Spanish (AL), viii, xvi,
    xvii–xviii

B

bachillerato, 53
Bahamas, 136
balboa, 6
Baleares, 74, 76
banderilla(s), 197, 198
banderillero(s), 196, 198
bandos, fiesta de, 272
Barcelona (España), 46–47, *47*, 77,
    259
Barrymore, Drew, 113
Battison, Toni, 168
Bélgica, 76, 227
Belice, 264
Bermudas
    Islas de, 121
    Triángulo de las, 121
bilingüe, 6, 31
bolívar, 31
Bolivia, 190, 253
Bollaín, Icíar, 95
Borinquén, 6
Buenos Aires (Argentina), 226–227,
    291
bulimia, 306

C

Cabo Finisterre (Galicia, España), 136
Cáceres
    España, 20
    Pepe, 191
Cahuita (Costa Rica), 31
Calderas de Taburiente, 67
caléndula, 266
California, 191, 226
Camagüey (Cuba), 270
campesinas, fiestas, 269–271
Camp Nou, 46, *47*
Canadá, 227

Canal
    9 (Canal 9—Comunidad Valencia),
        95
    Plus (España), 95
    Sur (Andalucía), 95
Canarias, Islas, 67 (*ver también*
    Canario, Archipiélago)
Canario, Archipiélago, 276 (*ver*
    también Islas Canarias y
    Canarias, Islas)
cáncer, 74, 306, 309
cannabis, 75
cantinas de rancho, 297
Capilla del Monte, 122
capote, 197
Caracas (Venezuela), 31
Caribe, 5, 6, 20, 31
carnavales, 270, 276
carrozas, 270
casa, la, 81–82, 323
Casco Viejo, 283
castellano, 6, 95, 259
Castellón (España), 5
catalán, 5
Cataluña, 5, 74, 76, 95
Catedral del toreo, 196
católica, religión, 19
causa y efecto, 320
celtibéricos, 196
cempasúchil, 264
Centroamérica, 6, 19 (*ver también*
    América Central)
Cerro
    Pajarillo, 121
    Uritorco, 121
CHA, 227
Chamorro, Violeta, 241
changüí, 271–272
charangas, 271, 272
chía, 68
chicha, 265
Chile, xvii, 19–20, 53, 94, 173, 190,
    244, 264, 291
Chirac, Jacques, 209
choque
    cultural, 252–253, 324
    de mentalidad, 257–258
ciber-cafés, 233
Ciego de Ávila (Cuba), 270
Cigliutti, César, 227

cine, 93–94, 95, 323
Cisneros, Sandra, 86, 88
clarín, 197, 198
CNNenEspañol.com, 226
colesterol, 308
Colombia, xvii, 31
colón, 31
colores, 8
Columbia Británica (Canadá), 227
comedido/a, 307
comedor/a vocacional, 307
comida, 301–303, 324
Comisión Nacional de Valores, 58, 61
Comunidad Valenciana, 5, 95
condicional, 322
Cono Sur, 20
Constantino, emperador, 283–284
Copenhague (Dinamarca), 259
Coquí, 31
Córdoba (Argentina), 121
Cornell, Universidad de, 25
Corona de Aragón, 282
corrida
    caballeresca, 190
    (de toros), 58, 189–191, 196–199
Costa Rica, xvii, 31, 190
Creta, isla de la, 189–190
Cristo, Cruz de, 284
Cruise, Tom, 100–101
Cruz
    de Cristo, 284
    Día de la, 284
    Penélope, 99, 101
cuadrilla(s), 196, 197
cuaresma, 270
Cuarón, Alejandro, 95
Cuba, 190, 264, 269–271
cueca, 264
culebrones, 95

D
Daisy (oveja artificial), 113–114
departamento, 41
deportes, 68
depresión, 306
derechos humanos, 233
descripción (de acciones, circunstancias y hábitos), 315
descripciones personales, 3–4, 323
deseos, 171–172, 323
Día
    de la Cruz, 286
    de los Santos Inocentes, 276
diabetes, 306
dialectos, 254
diestro(s), 196, 199
dieta, 306–309
Dinamarca, 227

directores de cine, 95
doblaje de películas, 95
dólar, 6
domingo, el, 19

E
Ebro, Valle del (España), 276
ecoturismo, 31
Ecuador, 31
Egipto, 291
El Salvador, xvii, 243, 264
Encierro, El, 283
espada(s), 196, 198
España, 5, 19, 53, 58, 75, 76, 83, 95, 136–137, 173, 190, 196, 217, 227, 233, 248, 253, 259, 260, 264, 276, 291 (*ver también* Spain)
Estación de Viticultura y Enología de Haro, 276
Estados Unidos (EE.UU.), 5, 6, 19, 20, 41, 68, 75, 95, 99, 101, 142, 145, 173, 226, 237, 259
estilo mediterráneo, 83
estoque(s), 196, 198, 199
estrés, 167–168, 248
estudiantes internacionales, 41
Europa, 145, 196, 227, 237
Europea, Unión, 5
Euskal Telebista (País Vasco), 95
eusquera, 5
eutanasia, 203–204, 209–210, 323
Evangelio, 282
Extremadura (España), 20

F
Fado, 291
faena, 196, 197, 198, 199
Fallas,
    Feria de, 190
    Las, 5
familia, 17–18, 19, 24–25, 217, 323
Feria de
    Abril, 190, 196
    Fallas, 190
    San Fermín, 190
    San Isidro, 190
    San José, 190
    San Marcos, 190
fiesta de
    bandos, 270
    Moros y Cristianos, 281–282
    San Fermín, 282–283
    San Isidro, 276
    torneos, 270
    del Fuego, 269–270
fiestas
    campesinas, 270
    de España, 274–276, 324

folklóricas, 270–271
latinoamericanas, 263–264, 269–270, 324
patronales, 269
tradicionales, 269–271
fin de semana típico, 38–40, 323
flor de muertos, 264
Food and Drug Administration, 142
Francia, 20, 76, 196, 209, 227, 282
Franco, General Francisco, 276
Fuego, Fiesta del, 269–271
Fuente de la Juventud, 174
Fuerteventura (Islas Canarias), 67
Futurama, 115
futuro, 107–108, 323

G
Galápagos, archipiélago, 31
Galicia (España), 5, 95, 136
gallego
    (gente), 258, 260
    (lengua), 5, 259
Gallito, 191
gallos, 297
García-Clairac, Santiago, 10
garífonas, 264
Gibraltar, 137
gitano, 291
glifosato, 144
glufosinato, 144
Golfo (de México), 121
González Iñárritu, Alejandro, 95
Granada (España), 58, 283–284
Gran Bretaña, 74 (*ver también* Inglaterra y Reino Unido)
Gran Canaria, 67
Granero, Manuel, 191
Grecia, 189, 190
Greenpeace, 136
gritones, 173
Groening, Matt, 115, *115*
Guantánamo (Cuba), 270
Guardia Civil, 46, 47
guaso, 291
Guatemala, 264
guateque, 271
Guayaquil (Ecuador), 31

H
Haití, 20, 270
Hamburgo (Alemania), 257
Hawai, 226
hepatitis, 237
herbicidas, 142–145
Hércules, 190
Herodes, 276
hindú, 291
hinduismo, 291
Hitchcock, Alfred 101

Holanda, 76, 227
Honduras, 264
horchata, 68
Humbert, Vincent, 209
Hurtado, Laura, 74

I
Ibargüengoitia, Jorge, 296
Ibérica, Península, 58, 67, 189, 196, 270, 276
Iglesia Católica, 269
Inglaterra, 244 (*ver también* Gran Bretaña y Reino Unido)
Internet, 233
Islandia, 227
Islas Canarias, 67 (*ver también* Canario, Archipiélago)
Italia, 227

J
Jamaica, 31
Japón, 145
Jesús, 264, 276
José y María, 264
Jospin
    Lionel, 209
    Mireille, 209
Juegos Olímpicos, 47
Juli, El, 196

K
Kevorkian, Jack, 203
Kidman, Nicole, 99–101
Kubrick, Stanley, 101

L
La Habana (Cuba), 270
Lanzarote (Islas Canarias), 67
Latinoamérica, 19, 53, 217, 233, 253, 302 (*ver también* América Latina)
lenguaje corporal, 254
León, Ponce de, 174
lidia, 196, 197, 199
Lisboa (Portugal), 291
Littín, Miguel, 95
llamas solares, 114
Llobregat, 47
lotería, 173

M
Madrid
    (España), 46, 95, 190, 276
    Universidad Computense de, 167
Maestranza de Sevilla, 196
maestro(s), 196–199
maíz, 144, 302
Mango Street, 86, 88–89
Manolete, 191
mapuche, 20
mapudungu, 20

Maracaibo (Venezuela), 83
maravilla, 264
marea negra, 136–137
mariachi, 296
Marialva
    arte de, 190
    Marqués de, 190
Mariel (Cuba), 270
marihuana, 74–77
Marruecos, 35
Marshall, Margaret, 226
Massachusetts, 226
matador(es), 58, 196, 198, 199
matrícula, 58, 59
matrimonio entre homosexuales, 226–227
Matrix, 115
medio ambiente, 135–136, 323
Mediterráneo, 5, 189
Menchú, Rigoberta, 241
mestizos, 31
México, xvii, 19, 53, 67–68, 94, 173, 190, 264, 296
Miami, 120
Minotauro, 189
Miró, Pilar, 95
Montevideo (Uruguay), 83, 253
Montjuic, 46, 47
Moros y Cristianos, Fiesta de, 281–282
Movimiento de Mujeres (MAM), 243
mujer, papel de la, 241–242, 324
muleta, 197, 198
mundo laboral, 248
Murcia (España), 58
música, 291–292, 324

N
Nabilona, 76–77
Narrow Listening
    Activities, xvi–xviii
    Guidelines, 313–314
Navarra
    (España), 282
    Pilar, 58, 59–61
Navidad, 265
Nicaragua, 264
Nixon, Richard, 115
Noruega, 227
noticias, 95
Nuestra Señora de la
    Candelaria, 270
    Caridad, 270
Nueva York, 114
Nuevo
    México, 68
    Mundo, 174, 264

O
Olleta, 282
ONCE, 173

Ontario (Canadá), 227
ONU, 75, 75
Organismo Genéticamente Modificado (OGM), 143
Otros, Los, 97, 99–101
OVNIs, 121

P
Pacífico, 5, 6, 31
País Vasco (España), 5, 95
Pajarillo, Cerro, 121
Palau Sant Jordi, 46, 47
Palma, isla de la, 67
Pamplona (España), 190, 282–283
Panamá, 5–6
papa, 302
papel de la mujer, 241–242, 324
Paquirri, 191, 198
Paraguay, 190
paranormal, 121
pareja ideal, 149–150, 157, 323
París (Francia), 209
parrandas, 269, 271
Partido Socialista Obrero Español (PSOE), 58, 61
paseíllo, 197
patronales, fiestas, 269
películas extranjeras, 95
Península (Ibérica), 58, 67, 189, 196, 270, 276
Perú, 31
peso, 20
pica, 197
picadores, 196, 197–198
piercings en la lengua, 237–238
Pinto (España), 46
piñata, 265
piso, 41
plaza, 196
Polla, 173
Polonia, 190
Ponce de León, 174
Port Aventura, 47
Portugal, 20, 190
portugués, 259
Posadas, las, 265
Prado, El (Uruguay), 83
Premio Nacional, 59, 60
Prestige, 136–137
Programa Federal de la Mujer, 244
promedio de notas, 53
Puenzo, Luis, 95
Puerto
    Limón (Costa Rica), 31
    Rico, xvii, 6, 53, 174, *183*
Puntarenas, 31

Q
quechua, 31, 253
Quito (Ecuador), 31

R

radio de transistores, 298
Radio Televisión Española (RTVE), 58,
  61
Ramblas, las, 46, *47*
Real Academia de la Lengua Española,
  183
redondel, 196
Reino Unido, 76, 77 (*ver también*
  Gran Bretaña y Inglaterra)
rejoneo, 190
Remedios (Cuba), 270
República Dominicana, 20, *183*
Rioja, La (España), 276
ritual de la vestimenta, 58, 60
Rivera Ordóñez, Francisco, 196, 197,
  198
Rivero, Jordi, 44, 45, 46–47
Rodríguez Zapatero, José Luis, *58*
Romero
  Fausto, 60
  Pedro, 191
Roque de los Muchachos, 67

S

Sahara, desierto del, 67
salud, 64–66, 307–310, 323
San
  Agustín (Florida), 174
  Fermín, Feria/Fiesta de, 190, 282–
    283
  Ildefonso, Colegio de, 173
  Isidro, 190, 277
  Jorge, 282, 283
  José
    (Costa Rica), 31
    (Feria de), 190
  Juan
    Bautista, 270
    (Puerto Rico), 6, 120
  Marcos, Feria de, 190
  Vicente (isla), 264
Sancti Spíritus (Cuba), 270
Sanfermines, 282–283
Sant
  Boi, 46, 47
  Jordiet, 282
Santa Elena, 284
santería, 270
Santiago
  (Chile), 20
  de Compostela, 258
  de Cuba, 270
Santo Domingo
  (España), 283
  (República Dominicana), 20

saudade, 293
Saura, Carlos, 291
Sevilla (España), 190, 196
SIDA, 74, 75, 237
Sierras Chicas de Córdoba (Argentina),
  121
Silveti, Juan, 191
Simpsons, Los, 115
sinfonolas, 297
Singapur, 137
Sitges (España), *259*
sobremesa, 302
soja, 144, 307
Sorteo
  del Niño, 173
  de Navidad, 173
Spain, xvii (*ver también* España)
Spanish Audio-library (AL), viii, xvi,
  xvii–xviii
Spielberg, Steven, 101
subalternos, 196, 198
sucre, 31
Sudamérica, 20, 136 (*ver también*
  América del Sur)
Suecia, 227
suerte, 197, 198, 199
  suprema, 197, 198
sufragistas, 244
supermujeres, 248
Supremo, el, 58, 59, 60

T

taíno
  (lengua), 6
  (tribu), 6
tango, 293
tecnología, 233
Teide, El, 67
Tele 5, 95
Telemadrid (Comunidad de Madrid),
  95
telenovelas, 95
televisión, 93–94, 95, 323
Televisión Gallega (TVG—Galicia), 95
Tenerife (Islas Canarias), 67, 276
tercio(s), 197, 198
Tesis, 101
Tibet de las Américas, 253
Tibidabo, 46, 47
tiempo libre, 41
Tierra, la, 114–115
Tigre de Guanajuato, 191
tiquismiquis, 307
toma de la alternativa, 196
tomate, 142, 144, 309
tongo, 58, 60

toreo, 190
torero(s), 58, 59, 191, 196–199
toriles, 197
torneos, fiesta de, 270
toros, 188–191, 285, 323
  corrida de, 196–199
tortilladora automática, 296
Toulouse (Francia), 282
trabajo ideal, 160–161, 323
tradicionales, fiestas, 269–271
traje de luces, 196
Triángulo de las Bermudas, 120–121
Turia, río, 5
TV3 (Cataluña), 95
TVE (España), 94

U

Ubrique, Jesulín de, 196
Unión Europea, 5
Universidad, 51–53, 323
  Computense de Madrid, 167
  de Cornell, 25
Uritorco, Cerro, 122
Uruguay, xvii, 190, 253

V

vacaciones, 35–36
Valencia (España), 5, 68, 190
valenciano, 5
Valle de Punilla (Argentina), 121
valores de la
  familia, 215–216, 326
  juventud, 231–232, 326
varas, 197
vascuence, 5
Venezuela, xvii, 53, 83, 190
verbena, 270
Vermont, 226
viajar, 35–36
viaje, de, 28–29, 323
vida en otros planetas, 119–120, 323
Vigo (España), 47

Y

Yanomai, 136
Yiyo, el, 191

Z

zapateo, 270
Zaragoza (España), 46
Zulia (Venezuela), 82

América del Sur